JN125677

18歳から考える日本の政治

［第3版］

五十嵐仁 著 *Igarashi Jin*

法律文化社

第３版はしがき

「主権者としての『知力』を養い、政治を見る目を鍛えることがますます必要になっています。政治と政治家を見極め、誤りのない道を選択し、日本の政治を前に進めるために、これからもこの本が役に立つことを願っています。」

こう書いて本書の第２版を刊行してから４年の月日が経ちました。本書の初版は2010年に出されていますから、それから数えれば10年が経過したことになります。幸いにして、本書は版を重ね、このたび第３版を出すことになりました。これもひとえに本書を活用していただいた皆さんのおかげです。この場を借りてお礼申し上げます。

第３版では、全体にわたって可能な限り新しいデータに入れ替えました。また、新たに第16章として「第２次安倍政権以降の政治と政党」を設け、第２版以降の政治過程と政党動向について補充しました。これによって、戦前から今日にいたるまで、日本の政治と政党について概観できるようにしてあります。

本書の第３版を準備している過程で、大きな出来事が相次ぎました。世界と日本で新型コロナウイルスの感染が急拡大し、世界は未曽有の危機に見舞われました。アメリカではトランプ前大統領がバイデン大統領に交代し、日本でも安倍晋三前首相から菅義偉首相へと政権が変わっています。

野党の側にも大きな動きがありました。立憲民主党と国民民主党が解党して新しい立憲民主党が誕生したのです。新自由主義に反対し、共産党との連携も視野に入れた大きな「受け皿」の誕生です。

新たに発足した菅政権は日本学術会議の会員任命拒否事件を引き起こし、新型コロナウイルスの感染拡大による第３波に見舞われるなど、波乱含みの出発となりました。安倍前首相による「桜を見る会」前夜祭の費用補填や元農相への現金提供疑惑なども明るみに出ています。

2021年夏に延期されたオリンピック・パラリンピックが予定通り開催できるのか、秋までには任期が切れる衆院議員の改選がいつになるのか、コロナ禍を収束させて経済の回復を図ることができるのか、菅新政権の前途には多くの難題が横たわっています。いずれにしても、政治の本分は国民の生命と生活を守ることであり、いかなる政権であってもこの本分を全うするために全力を尽くしていただきたいものです。

本書の初版の「はしがき」に、私は次のように書きました。

「生活が守られてこその社会です、健康であってこその人生です。人々の生命（いのち）と生活（くらし）を支えることこそ政治の要諦（ようてい）である——このことを再確認しなければならない時代が、この日本にもやってきたのではないでしょうか。」

このことが本格的に問われ、希望の持てる「新しい政治」が求められているように思われます。主権者としての「知力」を養い、政治を見る目を鍛えて、新しい時代の扉を開くために、本書がいささかでも役立つことを願っています。

2020年12月３日

五十嵐　仁

はしがき

人びとの生活のあり方は、いつの時代にも大きな問題だったはずです。しかし、「豊かさ」は達成されたと、誤解された一時期がありました。「バブル経済」によって物があふれ、生活を支えることは、もはや政治の課題とはされませんでした。

ところが、時移り時代が変わり、「おにぎり食べたい」という言葉を残して餓死する人が現れたのです。何という社会になったのでしょうか。どうして、これほど大きく変わってしまったのでしょうか。

その最大の理由は、新自由主義によって、規制緩和、官から民へ、市場原理主義、自己責任論などの掛け声が強まり、効率とコスト削減を最優先する考え方がはびこってしまったからです。財界と政府は構造改革の旗を振って社会保障財政を削り、非正規労働を拡大して賃金を上げず、可処分所得の減少を招いて内需を停滞させました。

その結果、貧困と格差が拡大するという、以前には考えられなかったような劣悪社会へと変容してしまったのです。財界に支援された自民党は、大きな間違いを犯しました。その責任を取らされたのが、2009 年の政権交代です。

人々の願いは、当たり前に働いて普通の生活が送れ、健康に毎日を過ごすことです。これを実現することこそ、新政権が担うべき課題でした。しかし、その方向はあやふやで一貫していません。自民党に愛想を尽かした民意は、民主党にもきちんと受け止められなかったようです。

それでは、どの政党がこの願いを受け止められるのでしょうか。今ほど、それを見極める力が求められているときはありません。

生活が守られてこその社会です。健康であってこその人生です。人びとの生命(いのち)と生活(くらし)を支えることこそ政治の要諦(ようてい)である——このことを再確認しなければならない時代が、この日本にもやってきたのではないでしょうか。

この本は、「日本の政治」についての入門書です。この一冊で、政治とは何か、日本の政治はどのように変化してきたのか、政治の仕組みはどうなっているのかなどについて、基本的な知識が得られるようにしてあります。難しく言えば、政治思想と政治理論、近現代日本政治史、政治制度・機構論、行政学と地方自治、国際政治について一冊にまとめたものが、この本だということになります。

私は 2004 年に、『現代日本政治——「知力革命」の時代』という本（本書の図表の出典表記では、『現代日本政治』と略）を、八朔社から刊行しています。本書の叙述には、一部、この本と重なる部分があることをお断りしておきます。また、図表の一部も、この本から再利用させていただきました。

日本の政治は、2009 年の政権交代によって、これまで経験したことのないような新しい時代に入りました。しかし、政権交代の期待を裏切った民主党は 12 年暮れの総選挙で惨敗し、再び自民党中心の政権が復活することになりました。このような時代であればこそ、政党と政治家を見極め、選択する国民の力量が試されることになるでしょう。

主権者としての「知力」を蓄えることが必要です。政治を学び、政治を見る目を鍛えることが、これまで以上に大切になってきました。皆さんの「知力」を高め、日本の政治を前進させていくために、この本が役に立つことを願っています。主権者が賢くなればなるほど、よりよい政治を実現できるにちがいないのですから。

2013 年 3 月 23 日

五十嵐　仁

目次

第Ⅲ部　政治の仕組み

第 I 部
私たちと政治

政治って、見るもの？ するもの？ 闘うもの？

1　見る政治

政治というと、すぐに思い浮かぶのはテレビの討論番組や国会の映像です。新聞の一面や週刊誌にも、政治についての記事がよく出てきます。

最近では、**インターネット**の世界でも、政治関連のウェブ・サイトや記事が目に付きます。国会や省庁、各政党はホームページを公開したり動画配信を行ったりして、政治情報へのアクセスが容易になっています。

⊸インターネット
複数のコンピュータを接続し世界的規模で電子メールやデータベースなどをやり取りできるネットワーク。標準化された通信規約（プロトコル）を使うため機種によらず通信が可能で、文書以外にも画像や音声、動画などのデータを閲覧・視聴できる。

通学や通勤の途中で、街頭演説をする姿やビラの配布を眼にすることもあるでしょう。政治的な主張を掲げた集会やデモに出会うかもしれません。

これらの政治報道や政治宣伝、政治活動を目にしたら、皆さんはどうされますか。チャンネルを変えたり、目を背けたりしていませんか。ビラを受け取らなかったり、道を避けたりしていませんか。それは、「見る政治」を拒むことになるのではないでしょうか。

政治を見ることは重要です。見ることは、知ることの第一歩だからです。

私たち人間にとって、ある意味では、目に入らないことは存在しないことと同じです。しかし、それは、見ていない、その人にとってだけです。実際には存在しています。それが見えず、分かっていないだけなのです。だから、その人にとっては存在していないことになるのです。

しかし、政治の力は、そのような人にも及びます。見えていても見えていなくても、知っていても知らなくても、分かっていても分からなくても、人々の生活は等しく政治によって左右されます。国会で決まった法律には、どのような人でも従わなければならないからです。

近年、テレビのワイドショーなどで政治が取り上げられることが多くなりました。これを称して「**観客民主主義**」という言い方もあります。しかし、政治についての話題を避け、「劇場」に入らず、「観客」にさえなろうとしない人々も沢山います。このような現状からすれば、まず「劇場」に入って「客席」に座り、政治に目を向けることも、それなりに意味のあることではないでしょうか。

⊸観客民主主義
主権者であるはずの国民自身が政治に主体的に参加していない様子を皮肉った表現。本来は、舞台に上がって民主主義のアクター（俳優）となるはずの国民が、まるでショーを見ている観客のように、舞台を眺めているという批判が込められている。

見るだけでは不十分だというのは、その通りですが、しかし、物事はまず、見ることから、知ることから始まります。政治に関心を持ち、その現実に触れ、それを凝視し、事実を知ろうとすることこそ、政治にかかわることの出発点なのです。

まず、ビラを受け取り、政治家の訴えに耳を傾けてください。テレビのスイッチを入れてニュースや政治番組にチャンネルを合わせ、政治を報ずる新聞記事を毛嫌いせず、インターネットの政治サイトにアクセスしてみてはどうでしょうか。そこから、新しい世界が見えてくるかもしれません。

2　する政治

政治を見ること、知ることが必要ですが、それは第一歩にすぎません。次に歩を進めて、「すること」が必要です。いや、「見る」ことがすでに「すること」であるとも言えます。「見る」という行為を行っているのですから。

それでは、「見る」ことの次に行うべき行動とは何でしょうか。それは、参加する、発言する、討論する、決定に加わる等の行為です。難しく言えば、**受動**的な行為から**能動**的な行為への発展ということになります。

ある日、学校からの帰り道、駅の改札口を出たところで、A君は宣伝カーの上で演説している人の姿を眼にしました。しばらく立ち止まって聞いていると、「戦争に反対しましょう」と訴えています。

近寄ってきた人に勧められて戦争反対の署名をしたA君は、渡されたビラを読んで興味を持ちます。数日後、そこに書いてあった集会に顔を出し、列には入らなかったもののデモと一緒に歩道を歩きました。

翌日、学校に行き、友人との会話の中で、A君はこの時の見聞を話します。クラス討論でも、「やはり戦争には反対だ」と発言します。これまで出たことのなかった学生大会にも出席し、**学生自治会**が提案した戦争反対の決議に賛成しました。

これは、私が大学生だった頃のある友人A君の姿です。ここでの「戦争」は**ベトナム戦争**でした。それが誤りに満ちた不正義の戦争であったことは、今日では明らかになっています。ベトナム戦争は1975年に**解放民族戦線**側の勝利で終わりました。私も友人もこの戦争に反対しましたが、それは国際的な反戦世論を高めるために役立ったにちがいありません。

この不正義の戦争をやめさせるために、私や友人たちは、ニュースを見て新聞や本を読んだだけでなく、ベトナム反戦運動に参加し、発言し、討論し、

➾受動と能動
受動とは他からの働きかけを受けてから動き出すこと。これに対して、能動とは他からの働きかけを待たずに自らが進んで行動を起こすこと。

➾学生自治会
課外活動、福利厚生事業、教育環境の整備などを行うための学生による自治組織。日本での大衆的な学生自治会は第二次世界大戦後に発展し、1948年9月、全国の145の自治会によって全日本学生自治会総連合（全学連）が結成された。

➾ベトナム戦争
1960年代初頭から、一方はアメリカ軍とそれに支援された南ベトナム政府（サイゴン政権）、他方は北ベトナムとそれに支援された解放民族戦線との間で闘われた戦争。1975年4月30日にアメリカ軍が撤退して戦争は終結した。南ベトナム政府は倒れ、南北ベトナムは統一された。

➾解放民族戦線
正式には南ベトナム解放民族戦線のこと。越南共産（ベトナムコンサン）を略した蔑称である「ベトコン」と呼ばれることが多かったが、共産主義者だけでなく、アメリカの支配とサイゴン政権に反対する民族主義者を幅広く結集した統一戦線で、1960年12月に南ベトナムで結成された。

資料1-1　インターネットの政治サイト一覧

首相官邸	http://www.kantei.go.jp/
内閣府	http://www.cao.go.jp/
衆議院	http://www.shugiin.go.jp/
参議院	http://www.sangiin.go.jp/
最高裁判所	http://www.courts.go.jp/
自由民主党	http://www.jimin.jp/
立憲民主党	https://cdp-japan.jp/
公明党	http://www.komei.or.jp/
日本維新の会	https://o-ishin.jp/
日本共産党	http://www.jcp.or.jp/
国民民主党	https://new-kokumin.jp/
社会民主党	http://www5.sdp.or.jp/
れいわ新選組	https://reiwa-shinsengumi.com/
読売新聞	http://www.yomiuri.co.jp/
朝日新聞	http://www.asahi.com/
毎日新聞	http://mainichi.jp/
日本経済新聞	http://www.nikkei.com/
東京新聞	https://www.tokyo-np.co.jp/
NHK	http://www.nhk.or.jp/

資料1-2　大学生の平和活動（ピースナイト9）のポスター

出典：http://www.peace9.net/main/index.html

戦争反対の決議に加わりました。このような人々の声もあって、戦争は終わりました。私たちの声は国際政治を変える力となったのです。政治は人間によって動かされており、人々の考え方を変えれば政治を変えることができるという、例証の1つがここにあります。

政治は、社会現象であって自然現象ではありません。明日の天気は変えられなくても、明日の政治を変えることはできます。そのために行動することこそ、「する政治」にほかなりません。

3 闘う政治

「する政治」のバージョン・アップが、「闘う政治」です。「闘う政治」も「する政治」の一部ですが、そのための行動力とエネルギーは格段に大きくなります。政治を変えるためには、時として激しい対立と闘争の局面を経過しなければならない場合があるのです。

政治には2つのイメージがあります。それは横のイメージと縦のイメージです。前者は西洋的なもので自治と呼ばれます。後者は東洋的なもので**統治**と呼ばれます。実際の政治は両者の複合で、「する政治」はこの両方にかかわっていると言えるでしょう。

これに対して、基本的に、「闘う政治」は統治にかかわるものです。「闘う」とは、争う、競う、勝負するなどの意味があり、そこには対立と紛争が存在しています。

自治とは自分たちのことを自分たちで処理することですから、基本的には「闘う」ほどの対立は前提とされていません。しかし、統治とは支配し治めることですから、時として敵対的な激しい対立も生じます。

歴史上、統治をめぐる対立と闘争の例は、数限りなく存在しています。治めるものの過ちは、治められるものの異議申し立てと闘いによって正され、新たな統治に置き換えられてきました。人類の歴史は、「闘う政治」によって進歩し発展してきたと言うこともできます。

今日の社会は、基本的に民主主義の原理に基づく民主社会です。国を動かす主権者は国民ですから、治めるものと治められるものとがはっきりと区別されているわけではありません。しかし、このような社会においても、**階級**的な相違は残り、対立と闘争がなくなることはありません。

現代の社会において、政治がもたらす最大の不幸は**テロ**と戦争です。この不幸を防ぐためには、それをもたらす原因を除去するために闘わなければなりません。政治グループや国家、民族間の対立の解消に努め、相互理解を増進することに務めることが必要です。

しかし、「闘う」と言っても、行動のレベルを高めるということであって、**9.11米国同時多発テロ**のように**暴力**的な手段を用いるということではありません。たとえ、その主張が正しくとも、暴力や政治テロに訴えることは許されません。暴力に頼った瞬間から、その主張の正当性と説得力が失われてしまうからです。

民主社会における「闘う政治」は、その主張だけでなく手段もまた、民主的で非暴力的なものでなければなりません。人々の理性に訴え、合意を獲得することによって多数者となることこそ、民主社会における「闘う政治」のあるべき姿なのです。

➾統　治
本来は、統(す)べ治めること。統べるとは全体をまとめて支配あるいは統轄することを言い、治めるとは秩序ある状態にすること。つまり、権力者が国土や人々を支配し、治めることを言う。

➾階　級
ある一定の恒常的格差によって区別された社会集団。生産手段の所有や社会的地位などによって規定されるとする客観的階級論と、同類意識や連帯感情などによって規定されるとする主観的階級論がある。

➾テ　ロ
政治的な目的を達成するための計画的で組織だった暴力の行使あるいは暴力による脅迫。テロリズムとはそのような考え方、それを実行することがテロル、実行するものがテロリスト。通常、目的を同じくする集団が主体となって実行される。

➾9.11米国同時多発テロ
2001年9月11日に、アメリカの中枢部で発生したテロ。ニューヨークの世界貿易センタービル2棟に民間航空機2機が激突して倒壊。ワシントンの米国防総省ビルにも航空機が突入。ピッツバーグ近郊で1機が墜落した。犠牲になった死者は3025人で犯人はアラブ系乗客19人とされている。

➾暴　力
直接的具体的で物理的な力の行使による強制。道理や正当性を欠いているという点で乱暴な力であり、ルールや法を無視するという点で無法な力である。人間の心身への直接的な損害や苦痛を与えることによって目的を達成しようとする点で、最も野蛮な手段だと言える。

4　政治とは、見るもの、するもの、闘うもの

「ラストゲーム　最後の早慶戦」という映画があります。1943 年、「戦時に敵国のスポーツなど敵愾心（てきがいしん）に欠く」として、文部省は六大学野球を禁止しました。その後、**学徒出陣**で学生は戦地に赴くことになります。「その前に、もう一度早慶戦を行い、戦場に向かう若者たちに生きた証を残してやりたい」と、関係者が奔走して「出陣学徒壮行早慶野球戦」が決行されます。10 月 16 日のことでした。映画は、この経緯を描いています。

「最後の早慶戦」の 5 日後の 10 月 21 日、東京・明治神宮外苑の陸上競技場で「出陣学徒壮行会」が行われ、77 校の学徒が雨の中を行進しました。学業を中断して戦争に動員された彼らの多くは戦場の露と消えました。

この映画で、小泉信三慶應義塾大学塾長を演じた石坂浩二さんは、「この時代の学生は人生の大事な時間を、学徒出陣という国の方針にならって生きるしかなかった」と述べています（『朝日新聞』2008 年 8 月 18 日付夕刊）。学生から勉学や野球を取り上げて戦場に送ったのは、「国の方針」だったのです。

このような不幸を二度と繰り返してはなりません。そのためには、「国の方針」を注視し、それが間違えそうになったら是正するために行動し、時には、それを変えるために闘うことが必要なのです。

政治は、時として大きな過ちを犯します。**アジア・太平洋戦争**では約 310 万人の日本人が死に、アジア全域では約 2000 万人の命が奪われました。それは、当時の日本における誤った「国の方針」のためでした。その過ちを、再び繰り返してはなりません。

そのために、しっかりと政治を見ること、主権者として行動すること、必要であれば、過ちを防ぐために闘うことが必要です。政治とは、見るものであり、するものであり、そして時には、闘うべきものなのです。

➡学徒出陣
アジア・太平洋戦争下で行われた徴兵猶予措置の停止による学生や生徒の出陣。下級指揮官の深刻な不足を補うため、1943 年に 20 歳以上の文科系（および農学部農業経済学科などの一部の理系学部の）学生を在学途中で徴兵し出征させた。

➡アジア・太平洋戦争
日本と米英中などの連合国との間で闘われた戦争。従来、1941 年 12 月 8 日から 1945 年 8 月 15 日までの戦争は太平洋戦争と呼ばれてきたが、中国大陸などアジアでの戦争を含める呼称に変えられた。ただし、時間的にも拡張して、始期を 1931 年からとするかどうかという点では見解が分かれる。

ベトナム戦争とイラク戦争

第 2 次世界大戦後、アメリカに引きずられて日本は 2 度、大きな間違いを犯した。ベトナム戦争とイラク戦争である。それは安保条約に基づく「日米同盟」のせいだった。

日本が出撃基地にならなかったら、ベトナム戦争はあれほど長くは続けられなかったにちがいない。今では、あの戦争はアメリカにとって完全な誤りだったと総括されている。日本が反対していれば、イラク戦争を始められなかったかもしれない。

ワシントンのリンカーン記念堂の左前方にベトナム戦争の記念碑がある。私は 2001 年の元旦にここを訪れた。黒い御影石が三角形の壁のようになっていて、面に名前が書かれている。ベトナムで死んだ若者たち 5 万 8000 人の名前だ。

壁の前に手向けられたポインセチアの赤い花が目にしみた。ここに葬られているのは、私と同世代だった青年たちなのだ。生きていれば、私と同じような年になったことだろう。

もし、1 年早く戦争が終わっていれば、このうちの何人かは助かったかもしれない。もう 1 月、あるいは 1 週間でも早く終わっていれば、それだけ犠牲者は少なかったはずだ。

イラク戦争でも 4000 人以上の若者が亡くなっている。アフガン戦争でも 2000 人以上が死んだ。2001 年 9 月 11 日にアメリカは世界貿易センタービルを攻撃され、2900 人が命を落としている。ブッシュ大統領は「二度と再びこのような犠牲者を出さない」と言って、「対テロ戦争」を始めた。

その「対テロ戦争」で、ブッシュ大統領は世界貿易センターで亡くなった人々より多くの若者を、イラクとアフガンで死に追いやったのだ。何と、愚かなことだろうか。

このように、アメリカはベトナムとイラクで過ちを犯している。出撃拠点となって戦争に協力した日本も無縁ではない。そのアメリカの言うがままに付き従っているのが、今の日本なのだ。それで、良いのだろうか。

政治って、役に立つの？ 政治の仕組みがわかると楽しくなる？

1　ものごとを決めるのが政治

そもそも政治とはどういうものなのでしょうか。それは、どのような働き（**機能**）を持っているのでしょうか。

政治とは何か。この問いについては、漢字一字で答えることができます。政治とは決定の「決」です。同じように、経済とは何かを漢字一字で示せば、それは生産の「産」です。社会とは何かを一字で示す漢字は関係の「関」だと思います。

政治とは、ものごとを決めることです。経済とは、財やサービスを産み出すことです。この経済が生みだした財やサービスを、どのように配分あるいは再配分するかを決めるのが政治です。同じように、社会とは人と人とのかかわりによって成り立っています。だから、社会は「関」なのです。

ものごとを決めるのが政治だといっても、自分についてのことがらを自分で決めるのは、政治でも何でもありません。他人を含む複数の人々にかかわる共通のことがらについて決めるのが政治です。

最も少ない複数は２人です。恋人とのデートでも、どこに行くのか、食事はどうするのか、誰が支払うのか等について決めなければなりません。２人の意見が同じであれば問題はありませんが、違った場合にはどちらかに決めるか、別の案を考えなければなりません。２人の間の話し合いや交渉によって決めれば、そこに政治という現象の芽が生まれます。

２人が結婚して家族ができます。夕食のおかずや休日の過ごし方、家族旅行や将来の計画など、家族で話し合って決めなければならないことがらは数多くあります。これも広くとらえれば政治です。最後には、一定の決定が下されるからです。

いくつかの家族が集まって**地域社会**が形成されます。地域社会がまとまって地方となり、国の一部となります。国は**国際社会**を形成し、地球規模でのまとまりができます。これらの部分社会から全体社会に至るまで、構成員にとって共通する大切なことがらを決める場面は、数多く存在しています。

地域社会には町内会があり、地方には市町村や都道府県などの地方自治体の議会があります。国には国会があり、国が集まって作られている**国際連合**（**国連**）には総会があります。すべて、ものごとを決めるための場所です。

このように、人間の社会には、複数の人々に関わる大切なことがらを決めなければならない場面が多くあり、そのためのルールや仕組みが作られることになります。これが政治です。このようなルールや仕組みについて決める人々が政治家であり、議会などの仕組みは、決定のための**制度**として生み出されてきたものです。

➾機　能
ある物が本来備えている働きのこと。全体を構成する個々の部分が果たしている固有の役割や、そうした働きをすることを言う。

➾地域社会
その地域に住んだり働いたりしている人々によって形作られる近隣関係。それは、人々にとっては居住の場、消費の場であるとともに、労働の場、生産の場でもある。

➾国際社会
国家を基本的な構成単位とし、国と国との相互関係によって成り立っている地球的規模の社会。国内社会とは異なって、社会の構成単位である諸国家を規制する公的な強制力は存在していない。

➾国際連合（国連、United Nations、UN）
第二次世界大戦後、戦勝国である連合国（United Nations）を中心に設立された国際平和機構。国際平和と安全の維持、経済･社会･文化面の国際協力の達成などを目的とする。総会･安全保障理事会･経済社会理事会などが主要な機関。原加盟国は51ヵ国で、2020年現在の加盟国数は193ヵ国。本部はニューヨーク。

➾制　度
社会において人々の行動や関係を規制するために定められている決まりや仕組み。この下で、人々は一定の型にはまった行動を取ることが求められる。社会全体にかかわる決まりや仕組みは社会制度であり、法によって定められている場合が多い。

2　政治を動かすのは人間──人間観と価値観

政治とはものごとを決めることであり、決めるのは人間です。それは社会的な活動領域の一部にすぎません。しかし、何がどのように決められるかによって、人々の生活や社会のあり方が左右されます。政治には、人間の運命や社会の進路を決定づけるある種の恐ろしさ（魔力（デーモン））が秘められていると言ってよいでしょう。

戦前の日本がそうであったように、どんなに間違った戦争でも、政治が決定すればそれに従って戦わなければなりません。紛争を武力によって解決するか、交渉によって解決するかを決めるのも政治です。**人類の歴史**において、政治によって人々の運命が左右され、翻弄された例は数限りなくあります。

だからといって、政治にかかわる人間が常に悪魔のようなものだと考えるのは間違いです。人間は、時には悪魔にもなり、時には神にもなります。悪と善の両面を持っているのが人間というものの特性だと言うべきでしょう。

人間は悪魔ではなく、もちろん神でもありません。だから、人間なのです。

人間は神ではありませんから、時には誤りを犯すことがあります。失敗もあります。だから、それを防ぐための工夫が必要なのです。

間違ったり失敗したりしたら、直せばよいのです。悪魔ではありませんから、正しいことができないわけではありません。いくらでも、是正することができるはずです。

人間に対する見方（人間観）については、古くから**性善説と性悪説**がありました。私の見方は、この中間に位置しています。

それでは、政治において、何が正しく、何が間違っているのでしょうか。成功とは何を言い、失敗とはどのようなことを言うのでしょうか。それを決めるのも人間です。

➾ 人類の歴史
人類の誕生は数百万年前で、1万年前頃に農耕が始まり、紀元前3500年頃から都市が形成される。紀元前800年頃から紀元前500年頃に哲学の誕生があり、15世紀から19世紀に近代世界が生じた。地球の歴史を24時間とした場合、人類の存在は約2分にすぎない。

➾ 性善説と性悪説
性善説とは、人間の本性は基本的に善であるとする説。中国、戦国時代の儒者である孟子（もうし）が説いた。これに対して、人間の本性は基本的に悪であるとする説が性悪説で、紀元前3世紀ごろの中国の思想家荀子（じゅんし）が主張した。

資料 2-1　国連の組織図

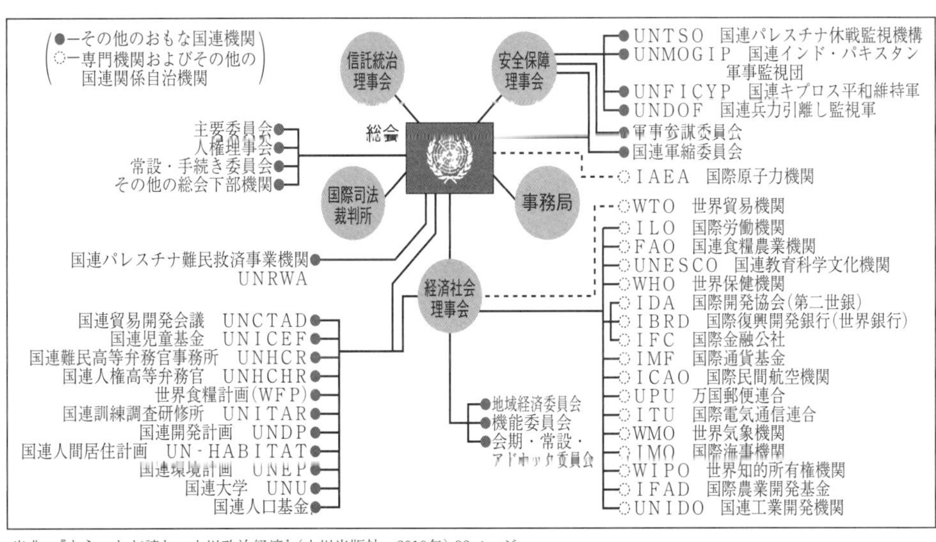

出典：『もういちど読む　山川政治経済』(山川出版社、2010年) 98ページ。

➾主観と客観
主観とは、対象を認識し行為する主体としての自我のこと。客観とは、認識し行為する対象となるもの。私たちの意識や認識とは独立して存在するものが客観であり、それを私たちが認識して内部に採り入れたものが主観である。

➾価値と価値観
価値とはその人にとって何か大事なものであり、何がどのように大事であるかを判断する基準が価値観。ものごとを評価したり判断したり、優先順位をつけるときの基準になるのが価値観であり、それによって価値の内容や大きさは変化する。

➾法　則
一定の条件の下で、どのようなものであっても例外なく認められる規則や決まり。条件が同一であれば、このような規則性は繰り返し現れ、確認することができる。

➾ルール
人々の行動を一定の方向へと導く規定やきまり。罰則のない緩やかなものから、罰則や制裁のある厳しいものまで、様々なレベルのものがある。

➾制度論と行動論
政治を研究する上で、人々の行動を規制する制度の研究こそが重要であるとするのが制度論。これに対して、一定の制度の下で実際に活動する人々や組織の行為・行動の研究こそが重要であるとするのが行動論である。実際にはこのいずれも必要であるだけでなく、制度と行動の相互関係についても研究しなければならない。

ここで問題になるのが、それぞれの人の**主観**であり、**価値観**です。それぞれの人は、自分の価値観に基づいて判断するからです。ある人にとっての善は、他の人にとっては悪かもしれません。ある人にとっての成功は、別の人にとっては失敗かもしれないのです。

このように、ものごとを決めるうえで、価値観の違いは大きな意味をもちます。政治は、人々の主観や価値観と深い関わりを持っています。ここに政治の難しさがあり、面白さもあるということになるでしょう。

3　政治には仕組みがある――法則と制度

個々人の主観によって判断される政治は、偶然の世界であるように見えます。しかし、そうではありません。他の社会現象と同様に、そこには一定の**法則**性が存在しています。

1人ひとりが自らの意思に基づいて行動しているにもかかわらず、社会現象には法則性があります。それは、政治という社会現象においても例外ではありません。

なぜ、そのような法則性が生まれるのでしょうか。それは、人間もまた動物であり、自然の一部だからです。意識するにせよ、しないにせよ、私たちの身体は自然の法則によって支配されているからです。

生物である以上、モノを食べなければ生きていけません。人々を飢えさせるような政治が拒否されるのは、ある意味では、自然法則の表れだと言ってよいでしょう。したがって、政治において一番大切なことは、人々を飢えさせず、生活を安定させることです。

このような法則性は、集団としての行動においてはっきりと示されます。もちろん例外はありますが、人々の数が多くなれば一定の法則性が浮かび上がってきます。社会科学において大量観察という方法が多用されるのは、そのためです。

人間の行動には法則性があります。だから、一定の行動をパターン化する仕組みを作ることも可能なのです。政治についてのこのような仕組みを政治制度といいます。それは、政治についての人間の行動や関係を規制するために作られている**ルール**であり、仕組みなのです。

このような仕組みによって、政治のあり方や効果が変化します。そこに問題が生じれば、制度を変えなければなりません。制度によって人々の行動は規制され、人々の行動によって制度は変わっていきます。両者は互いに影響を与え合う関係にあります。

政治をよりよく理解するためには、政治制度と政治行動の両方をつぶさに観察し、両者の関係に注意しなければなりません。**制度論**と**行動論**のどちらか一方に偏ってはならないのではないでしょうか。

4　役に立つか、楽しいか、得になるか、正しいか

政治をよりよく理解することによって何が得られるのでしょうか。政治って役に立つのでしょうか。政治の仕組みがわかると、楽しくなるのでしょうか。それで、何か得になることがあるのでしょうか。

このような問いの全てに対して、「イエス」と答えることができます。政治は、平和の維持と生活の安定にとって不可欠です。人々が平和で安全な社

会を維持していくうえで、政治は大いに役立っています。もし、そうなっていないのであれば、それは「政治が悪い」のではなく、「悪い政治」だからです。「悪い政治」は「よい政治」に変えればいいのです。

政治の仕組みが分かれば、世の中がどうなっているのか、どう動いていくのかが分かるようになります。何か大きな力によって動かされるのではなく、自分自身の力で少しでも世の中を動かすことができるようになるでしょう。それは、自由を獲得するということです。これは、楽しいことではありませんか。

政治が役に立ち、楽しいことであれば、それは皆さんの得になるということでもあります。政治をよりよく理解することは、皆さんの役に立ち、楽しいことであり、得になることなのです。

でも、それは政治によって得られる本来的な成果ではありません。役に立たなくても、楽しくなくても、得にならなくても、政治によって得られるべきものがあります。それは正しさを実現するということです。正しくあることこそ、政治の本来的な役割なのです。

役に立つか立たないか、楽しいか楽しくないか、得になるか損になるか、正しいか正しくないか。これらはいずれも、人々の価値を判断する基準になります。このうち、政治において最も重要な判断基準は、正しいか正しくないかということです。不正を許さず、不条理と闘うことこそ、政治においてあるべき本来の姿なのです。

たとえ、自分の役には立たなくても、楽しいことではなくても、得にならないことであっても、それが正しいことであれば、人間は命をかけることができます。正しいことのために戦い続けた人たちによって、人類の歴史は発展してきました。そのような歴史の流れに、ぜひ、皆さんにも加わっていただきたいものです。

コラム ポル・ポト派による虐殺──キリング・フィールドとツールスレン博物館

朝9時にタクシーがやってきた。車で向かったのは、プノンペン南西約12kmの農村地帯にあるキリング・フィールド（処刑場）だ。虐殺を扱った同名の映画もある。

ここは、ポル・ポト派に捕えられた人々が棍棒などで殴り殺された場所だ。処刑された人は、約2万人と言われている。まだ掘り起こされていない遺体もあり、正確な数は分からない。私がここを訪れたのは、2002年1月のことだった。

ポル・ポト派というのはカンボジアの武装革命組織クメール・ルージュ（赤色クメール）のことで、最高指導者ポル・ポトの名前を取って、こう呼ばれる。

1976年に民主カンボジア政府を樹立し、恐怖政治を行なった。79年に政権を追われてゲリラ闘争を行ったが、ポル・ポトの死去により壊滅した。100万人以上が虐殺されたと推定されている。

キリング・フィールドの中心には慰霊塔が建っていた。塔の中には、ずらりと頭蓋骨が並べられている。約9000人分だという。塔の後ろには、処刑された人々の埋葬場所だった穴の跡が沢山残っている。ここに入って、子どもたちが無邪気に遊んでいた。ヒョッとしたら、この子どもたちも処刑の犠牲者になっていたかもしれないのだ。

市内に戻り、ポル・ポト政権時代に監獄として使用されていたツールスレン博物館に行った。元々は学校だったという3階建ての建物が4棟ほど並んでいた。有刺鉄線が張り巡らされ、囚人を閉じこめ、拷問を加えた後が、生々しく残されている。

ここには犠牲者の写真、遺品、拷問器具などが展示されていた。多くの罪なき人々が投獄され、拷問を受け、虐殺された。中には2000人の子どもたちも含まれていたという。

日本政府は民主カンボジア政府樹立後直ちに承認し、1982年に反ポル・ポト派の政権が樹立された後も変わらなかった。これが変更されるのは1992年3月で、ポル・ポト政権の樹立から17年も経ってからのことになる。日本政府も、その政府を選んだ日本人も、ポル・ポト派による虐殺と無縁だと言えるのだろうか。

政治を動かす力は何？

正統性と権力の問題

1　なぜ従うの？

政治とは、ものごとを決めることだと言いました。社会においてはルールを決めることです。しかし、どんなことを決めても、それが守られなければ意味がありません。守られるということは、そのルールに従うということです。どうして、人々は決められたことを守り、ルールに従うのでしょうか。

それは、そうすることが正しいと考えるからです。決められたことがらやルールの内容が正しく、それに従うことが社会の成員として正しいことであると納得するから、それを守ったり従ったりするのです。つまり、なぜ従うのかと言えば、納得しているからです。

このように、政治においては、正しいということが決定的に重要です。人々を納得させるに足る根拠のある正しさを、政治学では「**正統性**」と呼びます。もう1つ、「**正当性**」という言い方もありますが、こちらの方は道理にかなっているという意味です。大きな違いはありませんが、政治学では正統性と言う方が一般的で、これは政治学における中心的な考え方（**概念**）です。

しかし、決まったことに納得できない場合はどうでしょうか。正しいか正しくないかは、人それぞれの価値観によって異なる場合があります。ある人にとっては正しいことでも、他の人には正しくないと思われるかもしれません。そうすると、決まったことを守る人と守らない人が出てきます。

ここで登場するのが、「**権力**」です。権力を用いることによって、守りたくない人にも守らせることができます。なぜなら、権力というのは他の**主体**の行動を左右できる力であり、その主体が望んでいないような行動をとらせることができる力だからです。影響力は権力よりも幅の広い捉え方だと言えるでしょう。

ものごとを決めるのが政治であり、権力は決定に影響を与えることができます。決定を左右する力が強くなればなるほど、権力は大きくなります。また、決定を守らせるのも権力の力です。守らせる力が大きければ大きいほど、権力も強くなります。

しかし、人々が納得し、自ら進んで決定を守れば、強制する必要はありません。正統性が強ければ、大きな権力は必要ないということになります。このような正統性を背景に、異議なく受け入れられ自発的な服従を生み出す力を**権威**と呼びます。権威を持っているということは、疑われることがないということです。

実際の政治的支配は権威と権力とによって行使されます。高い権威と強い権力が結びついたとき、決定を受け入れる力は最大となり、政治は最も安定することになります。

➾正統性と正当性
正当とは道理にかなっていることであり、正統とは正しい系統を受け継いでいること。正統性とは、支配のあり方が正しい系統を受け継ぎ、道理にかなっていることを意味し、ある社会における政治体制や政治権力などを正しいとする考え方。正当性とも書く。

➾概　念
ある事柄の共通項を選び出して本質的な特徴をまとめた概括的で一般性のあるとらえ方。コンセプトとも言う。大要、要約、見解、イメージなどに近く、細かな違いを無視して同一であるかのように扱うという点で抽象的であり、全てに当てはまるという点で普遍的である。

➾権　力
他人の行動を自分の意思に基づいて左右することができる力。一般的には強制力と理解されているが、強制なしに他人の行動を左右することができれば、それもまた権力である。

➾主体と客体
自覚や意志に基づいて行動し、他に働きかけるもとになるものが主体。働きかけられるものが客体。主体とは感覚を受け取るものであり、客体とは感覚を通して知ることができるものである。

➾権　威
特定の分野における優れた人物や事物、社会的信用や資格。人物などが優越的な価値を有するものと認められ、それらの遂行する社会的機能が社会によって承認される場合、それらの制度、地位、人物は権威を有していると言う。

2　正統性の3類型

政治と政治学において、最も大切な概念は「正しさ＝正統性」です。このように中心になる考え方を示す言葉を「キーターム」と言います。正統性は、決定や権力とともに、政治や政治学におけるキータームの１つです。

すでに述べたように、政治はものごとを決めることですが、決め方や決まったことがらが「正しいもの」として納得され、受け入れられなければなりません。その根拠となるものが「正統性」です。

20世紀の初めに**ワイマール共和国**（現ドイツ）で活躍した政治社会学者の**ウェーバー**は、支配の正しさを示す正統性には、**伝統**的正統性、**カリスマ**的正統性、**合法**的正統性の３つがあると言いました。

第１の伝統的正統性は、過去からの伝統や習慣、血縁に基づいており、主に古代や中世などの前近代社会に見られるものです。日常的で永続的な性格を持っていて、世襲などによって王政が長く続けば続くほど、その支配の正しさは強まります。これは時代遅れの正統性ですが、残念ながら、完全に過去のものになっているとは言えません。血筋や家柄にこだわったり政治家や官僚などの二世や三世が政治リーダーとして信用されるのは、このような伝統的正統性の残りかすが完全になくなっていないからです。

第２のカリスマ的正統性は、カリスマ個人の非凡な才能や人間的魅力に基づくもので、主に時代の変動期によく見られます。非日常的で非永続的なもので、支配の正しさはカリスマが死んでしまえば消え去ります。時代の変動期には、「この人のためなら」と思わせる英雄や豪傑が登場し、自らの才能や魅力によって新しい時代を切り開きます。現代でも、人々を惹（ひ）きつけるカリスマ性のある政治リーダーが大衆的な人気を集めることがあります。マスコミなどによって作られる政治家の「虚像」も、このようなカリスマ性の一

➾ワイマール共和国
ドイツ最初の共和国。1918年11月のドイツ革命によって生まれた。1933年１月のナチス党の政権掌握によって終焉。ワイマール憲法に基づいてこう呼ばれる。

➾マックス・ウェーバー（1864年～1920年）
ドイツの政治学者にして社会学者。法学、政治学、経済学、社会学、宗教学、歴史学などの分野で傑出した多くの業績を残した。

➾伝　統
世代をこえて受け継がれた精神的・文化的遺産や慣習。ある集団や社会において、歴史的に形成・蓄積され、人間の行動・発言・思考などに見出される。

➾カリスマ（恩寵の賜物）
普通の人が持ち合わせない超人的で特殊な能力。奇跡を起こし預言を行うというギリシア語に由来し、神から授かったような非日常的な天与の資質を指す。こうした能力や資質を持った人がカリスマ的指導者である。

➾合　法
法令の規定にかなっていること、または、定められた手続きやルールに従っていること。合法であるということは形式的なものであって、実質的に倫理や正義に合致していることを意味しない。

資料3-1　主な国の議会と選挙

選挙制度	国名・議院		選出方法	定数	任期	解散	選挙権年齢	被選挙権年齢
小選挙区制	イギリス下院		小選挙区、単記投票	650	5	あり	18	18
	アメリカ下院		小選挙区、各州より人口比で選出	435	2	なし	18	25
	カナダ下院		小選挙区、単記投票	338	5	あり	18	18
	フランス下院		小選挙区、２回投票	577	5	あり	18	18
	オーストラリア下院		小選挙区優先順位付連記投票	150	3	あり	18	18
比例制	ベルギー下院		非拘束名簿式比例代表制	150	5	あり	18	18
	オランダ下院		非拘束名簿式比例代表制	150	4	あり	18	18
並立制	日　本	参議院	選挙区（定数２以上）148、比例代表100	248	6	なし	18	30
		衆議院	小選挙区289、拘束名簿式比例代表176	465	4	あり	18	25
	韓国・国会		小選挙区253、比例代表47	300	4	なし	19	25
併用制	ドイツ連邦議会		小選挙区299、比例代表299	598	4	あり	18	18

出典：『現代日本政治』48ページ。

➾ナチス（Nazis）
国家社会主義ドイツ労働者党（Nationalsozialistische Deutsche Arbeiterpartei、NSDAP）の蔑称。1919年に結成。第一次世界大戦後、ヒトラーを党首としてドイツに台頭したファシズム政党である。

➾アドルフ・ヒトラー（1889年～1945年）
ドイツの政治家。オーストリア出身。ナチスの指導者としてアーリア民族を中心にした民族主義と反ユダヤ主義を掲げる。1933年に首相となり、1934年に第三帝国の総統として国家元首となった。

種でしょう。

第3の合法的正統性は、手続きや一般的なルールに基づくもので、近代社会において見られます。ルールに従ってきちんとした手続きを経ているということが、人々を納得させる根拠になります。これも日常的で永続的な性格を持っています。ただし、手続きが正しければ正しい結果が得られるとは限りません。ここでの手続きは形式的なもので、その中身が問われないからです。**ナチス**・ドイツを生み出した**ヒトラー**は、形式的には正しい手続きによって「独裁者」になりました。合法的正統性には、このような「独裁」を正当化するために利用される危険性もあることに、注意しなければなりません。

3　第4の類型＝民主主義的正統性

このように、ウェーバーが示した正統性は、いずれも支配の「正しさ」の根拠を示すものです。しかし、それらはどれも一定の限界を持っており、今日の民主社会においては必ずしも支配を根拠づけるものではありません。

したがって、今日における支配の正統性として、第4の類型を提起する必要があります。それは「民主主義的正統性」です。これは、手続きが正しいだけでなく、その中身や結果についても正しさが問われるもので、国民主権に基づく現代国家における正統性の一般的な型にほかなりません。

この民主主義的正統性は、合法的正統性と民主主義が結合されたものです。それは、正当に選挙された国民の代表が民主主義的な手続きによってルールを定め、そのルールに従って正統性が付与されるという形で制度化されます。

しかも、一度確立された支配は、主権者たる国民によって可能な限り日常的に監視され、点検されなければなりません。マスコミや世論などによる国民の納得と同意を得ているかどうかを系統的に点検する作業を通じて、常に支配の正しさが検証され、国民主権の実質が確保される必要があります。

4　権力についての2つのとらえ方

資料3-2　政治現象のモデル

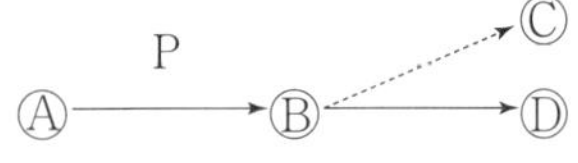

出典：『現代日本政治』25ページ。

正統性が危機に瀕したとき、前面に出てくるのが権力です。それは普段、権威の後ろに隠れていますが、権威が弱まったときにはむき出しになって支配を支えることになります。

権力は複数の主体（人間や集団など）の間に成立する社会的関係を前提にしています。働きかける側Aと働きかけられる側Bがあるからです。このような権力関係を含んだ最も単純な政治現象のモデルは、**資料3-2**で示されるようなものです。

この図では、働きかける側である行動主体Aが、働きかけられる側の行動主体Bに対して、権力Pを行使することによって、もともと意図されていた行動Cではなく、新しい行動Dを選択させたことが示されています。ここにおいて、働きかける側Aに着目した権力観が権力の**実体**説（実体概念）であり、働きかけられる側Bに着目した権力観が権力の**関係**説（関係概念）です。

➾実　体
変化しやすい多様なものの根底にある持続的・自己同一的なもの。他のものに依存して存在したり、存在しているものに属していたり、二次的に存在しているものではなく、「本当に存在している」ものを指す。

➾関　係
２つ以上の物事・人間・集団が互いにかかわり合っていること、また、あるものが他に対して影響すること。複数の実体の間に生ずる相互の関連性を指す。

権力の実体説というのは、他者の行動を左右できる力は、働きかける側Aの背後にある何らかの実体によって生み出されるという考え方です。Aが何かを持っているから、Bが従うのだというわけです。

権力の関係説というのは、他者の行動を左右できる力は、働きかける側A

と働きかけられる側Bとの相互関係によって生ずるという考え方です。Bが自ら進んで従うから､Aが何かを持っているように見えるというわけです。

この2つの考え方はどちらが正しいかということではなく、権力の持っている2つの側面を説明したものだと、私は理解しています。権力には、多かれ少なかれ、この両方の面があります。

他者の行動を左右するには、無理強いすることもあれば、納得してもらうこともあります。どちらになるかは、時と場合によって異なるでしょう。権力関係が不安定な場合には力による強制が前面に出ますし、安定している場合には自発的な服従が多く見られます。

権力関係は必ずしもAからBへの一方的なものではないということも強調しておきたいと思います。実体説で重視されるのはAの持つ力ですが、その効果や威力はBの側の受け取り方によって変わるからです。

死を恐れない者に対して死の制裁（**価値剥奪**）によって服従を強制することはできず、金銭的価値を求めない人をお金で買収（**価値付与**）することはできません。名誉や地位であっても、それを欲しない者にとっては無価値です。その人の行動を左右するうえで、なんの役にも立ちません。

⇨価値の付与と剥奪
その人にとって大事だと思われるものを与えたり奪ったりすること。このような力を持つ者が権力者であり、このような付与と剥奪を通じて他の人の行動を左右できるから権力を持っているのだという考え方がある。

人にはそれぞれの価値観があり、大切だと思う事柄も異なっています。したがって、権力の大きさや強さは、それによって支配される側の主観的なイメージや価値観によって増えたり減ったりします。強い力があれば何でもできるというわけではありません。この点に権力の限界があり、それを核とする政治現象の複雑さや面白さもあると言えるでしょう。

したがって、力があれば何でもできると考えるのは間違いです。力ずくでものごとを押し進めようとすれば、かえって反発を受けて失敗に終わることもあります。「力の行使」には限界があるということを、忘れないようにしたいものです。

ザクセンハウゼン強制収容所とポツダム

ザクセンハウゼン強制収容所は、ベルリンの北約30kmのオラニエンブルクにある。他方、ポツダム会談が開かれたツェツィーリエンホーフ宮殿は、ベルリンの南西約26kmである。2001年10月16日、私はこれらの地を訪れた。

ザクセンハウゼン強制収容所の入り口の門には､「労働すれば自由になる」という有名な言葉が掲げられていた。中には、当時のバラックが保存され、周りを囲む高い塀の上には有刺鉄線が張られ、所々に歩哨の監視塔が建っている。

病理学棟という建物もあった。周囲が少し盛り上がった四角いタイル張りの机が残っている。生体実験に使われたもので、この上で生きたままの人を切り刻んだのだろうか。人間が悪魔にもなれるということを示しているような場所だ。

遺体の焼却場とガス室の跡も残っている。建物は取り壊されていて、もうない。このナチス・ドイツと日本は同盟国だった。共犯者だったのだ。

この後、ポツダムに向かった。1945年7月17日から8月2日まで、ここのツェツィーリエンホーフ宮殿で開かれた会談（ポツダム会談）が日本の運命を決めることになる。

会談には36の部屋が使われ、全体は3つの部分に分けられた。中庭を入った正面右側の大きなホールが首脳会談の会場である。

このホールを挟んで、西側にアメリカ代表団とイギリス代表団の両方の執務室があった。外には廊下があってつながっている。米英の代表が廊下に出れば、顔を合わすことができるような構造だ。

ソ連代表団の執務室は、ホールを挟んだ反対側になる。たとえ、米英が事前に相談しても、ソ連には知られなかったにちがいない。

薄暮の中でこのような想像をめぐらしているうち、3巨頭が丸いテーブルを挟んでやり合う幻を見たような気がした。そこでの議論から、事実上、日本の戦後が始まったのである。

誰が政治を動かしているの？
政治家と国民主権

1　政治を動かす人々

「政治を動かす」とは、どういうことを言うのでしょうか。政治とはものごとを決めることですから、最も単純に言えば、個人のレベルとは異なった公的な決定にたずさわることです。

私たちの社会は**私的な領域**と**公的な領域**に分かれています。後者の公的な領域での決定を行う場所は、通常、議会と呼ばれます。国では国会、都道府県や市区町村には、それぞれのレベルで議会があります。議会を舞台に、日常的に政治にたずさわり、政治を動かす仕事に専門的に従事している人々は政治家と呼ばれます。政治家とは、一般的には、議会の議員や政党の構成員などのことをいい、議員をめざしている人々もこれにふくまれます。

これらの人々は政治に深い関心をもち、日常的に政治とかかわっています。その仕事の中心は、社会全体にかかわる公的なことがらについて相談し、ものごとを決めることです。

日本には、衆議院議員が465人、参議院議員が248人、都道府県会議員が約2400人、市区町村議会議員が約3万人で、全部で3万3000人ほどの国会議員と地方議会の議員がいます。

政党の党員は、2019年現在での概数で、自民党員が109万人、立憲民主党員が5～6万人（サポーターを含む）、公明党員が44万人、共産党員が27万人、社会民主党員が1万人（協力党員を含む）などとなっています。このほかにも、**無所属**の議員や小政党の党員などもいます。これらを加味して考えれば、日本で政治にかかわっている人々はざっと200万人ほどだということになります。

しかし、政党の党員でも議員になろうとしない人、通常の市民と変わらない生活を送っている人もたくさんいます。ですから、これはかなり多めに見積もった数だということになります。

政治家というと、自分の利益しか考えない薄汚い人々だと思っている人もいるかもしれません。残念ながら、そのような政治家も皆無ではありません。

しかし、多くの政治家は、世のため人のため、我が身をかえりみず社会に貢献することを志した人々です。初めから利益を求めているなら、政治家ではなく実業家にでもなっていたでしょう。政治は、本来、利益を生むものではありません。

しかし、政治は、時として利益を配分し、**利権**を生み出すことがあります。それに、政治には一定のお金がかかります。ですから、手っ取り早くお金を生み出すために決定を歪めようとし、**贈収賄**事件に手を染めてしまう場合が出てくるのです。

➾私的な領域と公的な領域
私的な領域とは個人にかかわる事柄で、公的な領域とは個人の立場を離れて社会全体にかかわる事柄。国家・行政・地方自治体・社会団体など、公共にかかわる事柄は私的な領域ではなく公的な領域である。

➾政　党
共通の政治的な目的を持ち、その達成のために政策の形成にかかわり政治権力を手に入れようとする人々の団体。現代政治の生命線と言われるように、現代の政治において重要な位置を占めており、不可欠な存在となっている。詳しくは、第Ⅱ部㉓を参照。

➾無所属
一般には、特定の団体や党派に所属していないこと。また、その人。政治では、選挙での立候補や議会での活動において、どの政党や会派にも属していない人のことを言う。

➾利　権
特殊な利益をともなう権利。政治家や官僚、他国の政府などと結びついた企業や業者などが、表面的には公的手続きによりながら、実際には様々な便宜を図られ、優先的に巨額の利益を手に入れることができる。

➾贈収賄
賄賂（わいろ）を贈ること（贈賄〔ぞうわい〕）と受け取ること（収賄〔しゅうわい〕）。賄賂とは、公権力を執行する為政者や公務員などに不正な目的で贈る報酬のこと。金品に限らず、遊興飲食の供応や名誉・地位の供与なども含んでいる。

しかし、政治とは、究極的には正しさ（正統性）をめぐる争いです。その政治を動かす政治家もまた、自らの行いが清潔で正しいものでなければなりません。世のため人のために政治家を志した初心を、いつまでも忘れないようにしてもらいたいものです。

2　本当に政治を動かしているのは国民

政党の党員や議会の議員は政治に深くかかわっており、直接政治を動かしている人々だと言ってよいでしょう。もちろん、政党に所属している議員もいれば、政党の党員で議員でない人もいます。議員であっても政党に属していない無所属の議員もいます。このうち、議員は各種の議会において決定に関与している人々です。

しかし、これらの人々が議員となるには条件があります。選挙で選ばれなければなりません。一定の資格条件によって選挙で選ぶ権利を持っている人々を「有権者」と言います。これらの人々は、選挙で自分たちの代表を選ぶ権利があるから、有権者と呼ばれるのです。

いくら議会で決定に関与したいと思っても、選挙で選ばれなければ議員にはなれません。議員になれなければ、議会で発言することも決定に参加することもできません。せいぜい議事を傍聴できるくらいです。また、議員になったとしても、有権者の意向に反して行動し、支持を失えば、再選されません。

つまり、議員として議会に加わり、決定に参加できるかどうかは、最終的には有権者の意向によって決まることになります。「猿は木から落ちても猿だが、議員は選挙で落ちるとただの人」と言われるのは、そのためです。

政治を動かすのは議員ですが、自分の代わりに議員を議会に送り込んでいるのは選挙権を持つ国民です。「代わりに」送り込まれた人々ですから、議員は代議員なのです。国会の衆議院議員が「代議士」と呼ばれるのは、国民

資料 4-1　戦後の解散・総選挙一覧

解散日	投票日	内　閣	トピック
1945年12月18日	翌4月10日	幣原内閣	女性参政権が実現
☆1947年 3月31日	4月25日	吉田内閣Ⅰ	片山内閣成立
★1948年12月23日	翌1月23日	〃　Ⅱ	「なれあい解散」
☆1952年 8月28日	10月1日	〃　Ⅲ	７条解散
★1953年 3月14日	4月19日	〃　Ⅳ	バカヤロー解散
☆1955年 1月24日	2月27日	鳩山内閣	この後、保守合同
☆1958年 4月25日	5月22日	岸内閣	55年体制初
☆1960年10月24日	11月20日	池田内閣Ⅰ	安保闘争の総括
☆1963年10月23日	11月21日	〃　Ⅱ	池田氏の総裁任期切れ
☆1966年12月27日	翌1月29日	佐藤内閣Ⅰ	黒い霧解散
☆1969年12月 2日	12月27日	〃　Ⅱ	沖縄返還合意で自民圧勝
☆1972年11月13日	12月10日	田中内閣	インフレで社・共が好調
◇1976年任期満了	12月5日	三木内閣	ロッキード事件で自民過半数割れ
☆1979年 9月 7日	10月7日	大平内閣Ⅰ	自民、安定多数確保に失敗
★1980年 5月19日	6月22日	〃　Ⅱ	ハプニング解散
☆1983年11月28日	12月18日	中曽根内閣Ⅰ	田中判決解散
☆1986年 6月 2日	7月6日	〃　Ⅱ	死んだふり解散
☆1990年 1月24日	2月18日	海部内閣	自民党安定多数確保
★1993年 6月18日	7月18日	宮沢内閣	非自民連立細川内閣発足
☆1996年 9月27日	10月20日	橋本内閣	初の小選挙区比例代表並立制
☆2000年 6月 2日	6月25日	森内閣	世論、党内支持を失っての解散
☆2003年10月10日	11月9日	小泉内閣Ⅰ	マニフェストで「2大政党」化
☆2005年 8月 8日	9月11日	〃　Ⅱ	郵政民営化を争点に自民党圧勝
☆2009年 7月21日	8月30日	麻生内閣	政権交代を争点に民主党大勝
☆2012年11月16日	12月16日	野田内閣	自民党圧勝で再び政権交代
☆2014年11月21日	12月14日	安倍内閣	消費再増税延期で与党が3分の2突破
☆2017年 9月28日	10月22日	安倍内閣	希望の党結成・民進党消滅で与党勝利

＊　第二次世界大戦後の日本における解散・総選挙は、合計で26回に上る。このうち、4年間の任期が終了して実施された任期満了選挙は、1976年の三木内閣のときの1回しかない。内閣不信任決議が採択され、憲法第69条によって解散されたものは4回ある。それ以外の21回は全て、首相による政治判断で解散が決まる「7条解散」だった。

★＝69条解散…衆議院による内閣不信任決議
☆＝7条解散…首相による政治判断
◇＝任期満了による総選挙
出典：著者作成。

の代わりに決定に参加する側面を強調しているからでしょう。

政治にかかわろうという意欲のある人を、自分の代わりに議会に送り込む権限をもっているのは有権者である国民です。議員は自らの意思で決定に参加しますが、それが有権者の意に反した場合、議員を続けられなくなります。議員に対して、国民は**生殺与奪の権**（せいさつよだつ）を握っていることになりますから、本当に政治を動かしているのは、実は国民なのです。

➡生殺与奪の権
生かしたり殺したり、与えたり奪ったりできるような巨大な力を持っていること。このような力を持っていれば、他人を思いのままにすることができる。

3　なぜ、直接、動かさないのか？

国民は政治を、直接にではなく、選挙で議員をコントロールすることを通じて、間接的に動かしています。なぜ、直接、動かさないのでしょうか。どうして、間接的な関与にとどまっているのでしょうか。

その理由は、第1に、ものごとを決めるときに、関係者全員が集まることが難しいということです。社会の規模が大きくなればなるほど困難になります。

第2に、多人数で決めるよりも少人数で決めた方が効率がよいということです。決定には時間的な制約があるからです。

第3に、専門的な知識のある人々にまかせた方が良い案が出てくるということもあります。ですから、日常的に政治にかかわっている政治のプロにまかせようというわけです。

間接民主主義の採用には、以上に見たような理由や背景があります。しかし、可能なところでは、有権者が**直接民主主義**的な方法によって決定にかかわることもあります。

人数が少なく、有権者全員が参加できるようなときには、ものごとを全員で決めることも可能です。一ヵ所に集まらなくても、今日ではインターネットや**メーリングリスト**、オンライン会議などによって関係者全員の意見を聴取して決めることもできるようになっています。

また、政治に対して有権者が直接、請求するためのいろいろな制度があります。資料4-2のように、国政に対する**直接請求**としては、憲法改正に対する**国民投票**（憲法第96条）と最高裁判所裁判官の**国民審査**（憲法第79条）が憲法で定められています。地方自治に関する直接請求としては、条例の制定・改廃、議会の解散、首長・議員・主要公務員の解職（**リコール**）、事務監査などが地方自治法に定められています。このような直接民主主義的な方法と議会活動とを組み合わせることによって、有権者の意思ができるだけ正確に決定に反映されるようにすることが大切です。

➡間接民主主義
所属する共同体の意思決定に間接的に参加する政治制度。住民や国民などの有権者が代表を介して実施し、間接民主制とも言う。

➡直接民主主義
所属する共同体の意思決定に直接的に参加する政治制度。住民や国民などの有権者が代表を介さずに実施し、直接民主制とも言う。

➡メーリングリスト
電子メールを使って複数の人に同じメールを配送できる仕組み。参加者全員を特定のメール・アドレスに登録すれば、そのアドレスに届いたメールを、あらかじめ登録されている人全員に送付することができる。

➡直接請求
住民の発意によって直接的に地方公共団体に一定の行動を取らせること。一定数以上の有権者が連署したうえで、その代表が請求することになっている。個々の住民が請求できるのは住民訴訟である。

➡国民投票と住民投票
有権者の投票によって最終的な賛否を決定する方法。国政や地方行政に関する重要事項について実施される。

➡国民審査
一般に、国民が直接的に法律や公務員などを審査する制度。日本では、内閣が任命した最高裁判所裁判官を国民が投票によって審査する制度を指す。

➡リコール
有権者による公務員の直接的な解職。地方公共団体の首長・助役・議員などの解職請求および議会の解散請求などが認められている。有権者の3分の1の署名を選挙管理委員会に提出し、過半数の賛成で成立する。

4　国民主権であればこそ

国民が政治を動かすことができるのは、今日の日本が主権在民の制度になっているからです。それは国民が政治を動かす力（権力）を持っているということであり、国民主権と同じ意味です。

これは、基本的人権の尊重や平和主義と並ぶ、日本国憲法の3つの**基本原理**のうちの1つです。憲法前文には、「主権が国民に存することを宣言」し、「そもそも国政は、国民の厳粛な信託によるものであって、その権威は国民に由来し、その権力は国民の代表者がこれを行使し、その福利は国民がこれを享受する」と書かれていて、戦前の天皇主権から国民主権への転換をはっきりと示しています。

➡憲法の基本原理
憲法の基本をなす根本的で根源的な考え方。国民主権（主権在民）、基本的人権の尊重（人権保障）、平和主義（恒久平和）という3つの考え方を、憲法の三大原理という。詳しくは、第Ⅱ部⑩を参照。

国民は自分が持っている権力を代表者にゆだね、代表者は主権者である国民の**信託**に基づいてその権力を行使します。この代表者を選ぶのが選挙であり、「国民は、正当に選挙された国会における代表者を通じて行動」（憲法前文）することになります。

➡信　託
信用して委託すること。有権者は、選挙で選ばれる代表を信用して自らの権利の一部を譲り、政治の運営を任せている。

したがって、主権者である国民が政治にかかわる最も基本的な手段は選挙です。制度上、参議院よりも衆議院が上に位置づけられていますから、参議院議員を選ぶ選挙よりも衆議院議員を選ぶ選挙の方が重視されます。

ここで「正当に選挙された」というのは、不正な手段で選挙されてはならないという意味だけでなく、国民が「国会における代表者を通じて行動」するにふさわしい選挙制度でなければならないということをも意味しています。「正当」な制度による選挙でなければならないということです。

5　正当な選挙とは

後に詳しく見るように、選挙制度については、国民の意見分布を正確に国会に反映させるという考え方と、多数と少数をハッキリさせることによって政権選択を明確にし政権交代を促すという考え方があります。前者が比例代表制、後者が小選挙区制に結びつく考え方です。

政権交代を実現するために、小選挙区制を支持する意見も少なくありません。なかなか政権交代が起きない日本の現状への苛立ちと焦りからこのような意見が出てくるのは理解できます。

しかし、それは憲法の言う「正当に選挙された」議員という要請に反するものです。制度自体がもつ「**カラクリ**」によって、支持が増減したり、投票したのに候補者の当落に無関係だったりするようなことは認められません。どのような理由であれ、選挙制度によって主権者の選択が歪むことがあってはならないのですから。

➡小選挙区制のカラクリ

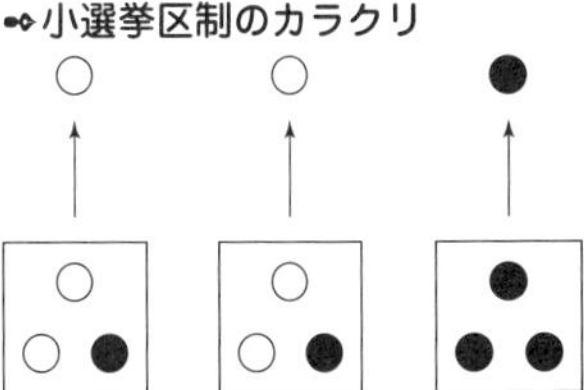

選挙区に分けることによって少数が多数になる現象。全員で投票すれば4対5と少数なのに、1人を選ぶ3選挙区に分けて代表を選べば2対1の多数になって逆転する。

資料 4-2　政治に関する直接請求制度

国政に関する直接請求

1　憲法改正	国会が各議院の総議員数の3分の2以上の賛成で発議し、国民投票の過半数の賛成で承認される（憲法96条）
2　最高裁判所裁判官の国民審査	任命後最初の総選挙と，その後10年を経た後、初の総選挙時に行われる（憲法79条）

地方自治に関する直接請求（主なもの）

1　条令の制定・改廃	住民の50分の1以上の署名で首長に請求。議会で可否を採決（地方自治法74条）
2　議会の解散	住民の3分の1以上の署名で選挙管理委員会に請求。住民の投票による過半数の賛成が必要（地方自治法76～79条）
3　首長・議員・主要公務員の解職	首長と主要公務員は住民の3分の1以上、議員は選挙区民の3分の1以上の署名で請求（地方自治法80～88条）
4　事務監査	住民の50分の1以上の署名で監査委員に請求。監査委員は議会と首長に監査結果を報告（地方自治法75条）

出典：『現代日本政治』31ページ。

＊　現代日本の政治制度は、間接民主主義を主体とし、それに直接民主主義的な手法を組み合わせている。国政より地方自治の方に直接民主主義的な制度が多いのは、住民に身近であることや全国民を対象とする場合よりも手間やコストが少なくて済むことなどの理由による。

その場合でも、問題の軽重に応じて、必要とされる署名の数には差がつけられている。ただし、発議に必要な署名の数が妥当であるかどうかについては、独自の検討と判断が必要であろう。

よい政治とはどのような政治？

自由・民主主義と政治の理想

1　自由と民主主義

➾自　由
自分の思いのままに行動できるということ。他からの指図や束縛を受けずに考えることができ、その考えに基づいて、思いのまま、気ままにふるまうことができるとき、人は自由であると感ずる。

➾民主主義
人々が主人公となって権力を持ち、使うことができるという考え方。民主主義を表すデモクラシー（democracy）という語は、ギリシア語のdemos（人民）とkratia（権力）という２つの語が結合したdemocratiaに由来する。民主政や民主制などと書くこともある。詳しくは、第Ⅱ部⑰を参照。

私たちが住んでいるのは、基本的に**自由**で民主的な社会です。政治の基本原則も、自由と民主主義を基本的な価値としています。それでは、自由とは何でしょうか。民主主義とはどのようなことを言うのでしょうか。

自由には、２つの意味があります。

１つは、「なにものにも束縛されない」という意味で、英語で言えばfreeです。刑期を終えて監獄から出所する人が「君はもう自由だ」と言われる場合の自由が、これに当たります。政治の世界では、正当な権利が制限されたり侵害されたりしていない状態を指します。

もう１つは、「思い通りにできる」ということで、英語で言えばlibertyです。友人からものを借りたときに「自由に使ってもいいよ」と言われるときの自由が、これに近いでしょう。政治の世界では、正当な権利が認められ保障されている状態を指します。

ここで注意しなければならないのは、「完全な自由は自由を侵害する」という逆説（パラドクス）です。すべての人がなにものにも束縛されず思い通りに行動したら、大きな混乱が起きるからです。自動車が勝手に道路を走れば交通事故が起きます。事故を防ぐためには、一定のルールを定めなければなりません。事故を起こすことなく、自由に道路を走るためには交通規則が必要なのです。

つまり、自由を守るためには一定の束縛が必要であり、何でも思い通りにできるわけではないということになります。したがって、自由のためにはルールが必要なのです。このようなルールを自分たちで作ろうというのが、**民主主義**という考え方にほかなりません。

2　ルールを作るためのルール

民主主義とは、本来、人民の権力・支配という意味ですが、分かりやすく言えば、ルールによって束縛される人たち自身によってルールを作ることです。ある社会で、その社会を構成する全ての人々が、その社会にかかわるルール作りに参加するのが民主主義です。

政治とはものごとを決めることであり、この決定に全ての関係者が参加できるようにするのが民主主義です。民主主義とは政治参加を前提としています。そして、このようなルールに従って運営されている社会が、今日の民主社会にほかなりません。

関係者全員が社会のルール作りに参加するべきだという考え方が民主主義思想であり、そのような考え方に基づく政治や社会への働きかけが民主主義運動です。そして、そのような考え方や働きかけによって形作られた政治の仕組みや社会の枠組みが民主主義体制だということになります。

政治とはものごとを決めることですが、そのためのルールも必要になります。ルールを作るためのルール、ものごとを決めるためのルールもまた、民主的なものでなければなりません。

私たちはルールをどのようにして作るのでしょうか。それは多数決によってです。よく、「民主主義は多数決である」と言われます。実際には、多数決は民主主義的な決め方のことです。民主的なルールの決め方が多数決なのです。この問題については、第Ⅲ部⑰で、もう一度取り上げることにします。

3 「よい政治」とは

政治の理想は「よい政治」を実現することです。私たちが政治学を学ぶのも、最終的には「よい政治」を実現するためです。それでは、「よい政治」とは、どのような政治を言うのでしょうか。

「よい政治」とは、欠点がなく悪くならないような政治のことではありません。欠点があったり悪くなったりしても、是正できる政治が「よい政治」なのです。常に修正可能であるという点が大切です。

政治も人間と同じです。完璧な人間がありえないのと同様に、その人間によって担われる政治も、完璧ではありえません。時には過ちを犯すことがあります。問題は、間違っても、それを反省し、是正することができるかという点にあります。

そもそも、「よい政治」が「正しい政治」であるとすれば、何が「正しい」のかということについては様々な考え方があります。それぞれの正義観や価値観によって多様な「正しさ」があるのです。したがって、正義は1つではありません。「正しい政治」を一義的に確定することはできず、「よい政治」のモデルを決定することもできません。

資料5-1　アメリカ独立宣言（抜粋）

われわれは、自明の真理として、すべての人は平等に造られ、造物主によって、一定の奪いがたい天賦の権利を付与され、そのなかに生命、自由および幸福の追求の含まれることを信ずる。また、これらの権利を確保するために人類のあいだに政府が組織されたこと、そしてその正当な権力は被治者の同意に由来するものであることを信ずる。そしていかなる政治の形体といえども、もしこれらの目的を毀損するものとなった場合には、人民はそれを改廃し、かれらの安全と幸福とをもたらすべしとみとめられる主義を基礎とし、また権限の機構をもつ、新たな政府を組織する権利を有することを信ずる。

永く存続した政府は、軽微かつ一時的の原因によっては、変革されるべきでないことは、実に慎重な思慮の命ずるところである。したがって、過去の経験もすべて、人類が災害の堪え得られるかぎり、かれらの年来したがってきた形式を廃止しようとせず、むしろ耐えようとする傾向を示している。しかし、連続せる暴虐と簒奪の事実が明らかに一貫した目的のもとに、人民を絶対的暴政（デスポティズム）のもとに圧倒せんとする企図を表示するにいたるとき、そのような政府を廃棄し、自らの将来の保安のために、新たなる保障の組織を創設することは、かれらの権利であり、また義務である。

資料5-2　フランス人権宣言（抜粋）

第１条　人は、自由かつ権利において平等なものとして出生し、かつ生存する。社会的差別は、共同の利益の上にのみ設けることができる。

第２条　あらゆる政治的団結の目的は、人の消滅することのない自然権を保全することである。これらの権利は、自由・所有権・安全および圧制への抵抗である。

第３条　あらゆる主権の原理は、本質的に国民に存する。いずれの団体、いずれの個人も、国民から明示的に発するものでない権威を行い得ない。

第４条　自由は、他人を害しないすべてをなし得ることに存する。その結果各人の自然権の行使は、社会の他の構成員にこれら同種の権利の享有を確保すること以外の限界をもたない。これらの限界は、法によってのみ、規定することができる。

第５条　法は、社会に有害な行為でなければ、禁止する権利をもたない。法により禁止されないすべてのことは、妨げることができず、また何人も法の命じないことをなすように強制されることがない。

第６条　法は、総意の表明である。すべての市民は、自身でまたはその代表者を通じて、その作成に協力することができる。

出典：高木八尺・末延三次・宮沢俊義編『人権宣言集』（岩波文庫、1957年）114～115、131ページ。

間違うことが避けられず、何が正しいかがはっきりしないとなれば、間違うことを前提に考えるしかありません。もし間違ったとしても、それを正すことができるような仕組みをあらかじめ作っておくことの方が大切だということになります。

したがって、「よい政治」とは間違わない政治ではありません。たとえ、間違ったとしても、その被害を最小限にとどめ、できるだけ速やかに是正できるような仕組みが組み込まれた政治のことです。

人類は、様々な曲折を経ながら、このような仕組みを工夫し開発してきました。その結果、今日までに到達したのが**主権在民**（**国民主権**）の自由・民主主義という政治です。その社会の構成員全てが主権者としての権利を持ち、代表者を選んで政治を任せ、失敗したらその代表者を取り替えるという仕組みです。その結果生ずる問題や不利益は、そのように決定した主権者自身が引き受けなければなりません。

➾主　権
国家が持つとされる最高にして最大の権力。国家はこの力を持つことによって、対内的には国民に対して法律や命令、決定に服従することを要求でき、対外的には国の独立性を主張して他国からの干渉を排除できる。

➾主権在民（国民主権）
国民が権力の源（拠り所）であり、政府は国民の意思によって設立され運営されるとする考え方。国の最高意思は君主などではなく国民によって形成され、国の最終的な意思決定は国民によってなされる。

4　「市民」と「市民政治」

自らの運命を自らの手で決めるというのが、民主主義の基本です。しかし、現代の主権者はこのような能力を持っているのでしょうか。正しい選択を行うためには、そのための高い能力が必要とされるのではないでしょうか。

こうして、正しい決定を行うためには普通の人以上の能力が必要であり、優れた哲学者が理想の政治を実現するべきだという考えが生まれます。それが**プラトン**の唱えた「**哲人政治**」でした。これは一種の**エリート**による政治という構想であり、今日の民主政治ではモデルになりません。

しかし、政治にかかわる人々が一定の資質を身につけるべきであるという考え方は、今日においても有効でしょう。もし、プラトンの理想を現代に生かすとすれば、主権者が高い知性・教養・判断力を身につけるようにすればよいということになります。

このような資質を備えた人々こそ、「**市民**」にほかなりません。このような「市民」によって担われる「市民政治」こそが、プラトンのいう「哲人政治」の民主化された姿だということになります。

そのためには、政治についての豊かな知識を持つだけでなく、常識を踏まえた適切な判断力と、ある程度の行動力を持つことも必要でしょう。21世紀におけるこのような「市民」は、性や年齢、人種、民族的な偏見や差別意識から自由で、「**地球市民**」としての国際的な視野を持つ人でなければなりません。

普通の人（ノン・エリート）の普通の感覚を持ちながら、自分の生活だけにとらわれず、地域社会や公共の問題にも関心を寄せる人であって欲しいと思います。理想の政治は、主権者が決定権や発言権を持つだけでなく、その主権者自体が、より優れた能力と資質を備えた人々へと成長していくものでなければなりません。

➾プラトン（紀元前427年～紀元前347年）
古代ギリシアの哲学者。ソクラテスの弟子でアリストテレスの師。アテネの名門の生まれで、若いころは政治を志したが、ソクラテスの処刑を転機に哲学の研究に向かった。

➾哲人政治
プラトンが考えた理想的な国家の政治形態。その著『国家』の中で、プラトンは、理想的な政治のあり方を知る哲学者が王になるか、現に王である者が哲学者にならない限り、この世から不幸はなくならないと論じた。

➾エリートとノン・エリート
エリート（選良）とは、社会の中で、大きな影響力、財産、知識、名誉などを持つ特別な人々。ノン・エリートは、そうではない普通の人々。エリートは自己の力を用いて、ノン・エリートの態度や行動を左右することができる。

➾市　民
自主的、主体的な政治参加を行う人々の理想的なあり方。操作されやすく非合理的・受動的に行動する「大衆」との対比で用いられる。詳しくは、第Ⅱ部㉔を参照。

➾地球市民
地球規模の問題の解決に向けて行動しようとする人々。具体的には、様々な市民団体との関係を持ち、平和や環境の問題、人権擁護と貧困の撲滅、災害救援、医療や教育への援助などに取り組む。

5　政治教育の重要性

このように、より高い資質を備えた「市民」が自らに関わる問題の決定に日常的に参加する姿こそが、民主政治にふさわしいものだと言えるでしょう。皆さんも、このような「市民」を目指して努力していただきたいと思います。

そのためには、公共の問題に関心を持ち、必要な情報を入手し、自ら的確な判断ができるようになる必要があります。そのための条件が普通教育による国民の育成です。

それに加えて、主権者となるにふさわしい能力や資質を獲得できるような政治教育が必要です。現在の日本では、この点が決定的に欠けています。改正教育基本法第14条（政治教育）第1項に、「良識ある公民として必要な政治的教養は、教育上尊重されなければならない」とあるにもかかわらず、実際には、このような「政治教育」は十分に行われていません。

義務教育はもとより、高校までの教育では、生徒はなるべく政治問題にかかわらないように隔離され、政治的な活動を抑制されています。言わば、「無菌室」で育てられているようなものです。

このようにして「純粋培養」された生徒は、18歳で選挙権を与えられ、大学に入ったり就職して社会に出たら、一挙に政治に直面させられます。そして、そのときから一人前の主権者として選挙することを求められるわけです。

しかし、十分な政治教育を受けることができず、政治的にも訓練されていない若者は政治的選択にためらい、判断に迷い、結局は棄権してしまいます。本来､政治によって最も大きな影響を受けるはずの若者の政治的関心が低く、投票率が低いということはゆゆしき問題ですが、その背後には、それまで受けてきた政治教育や訓練の貧困があるのではないでしょうか。

高校まではできるだけ政治に関心を持たせないようにしながら、大学生になった途端に､政治に関心がないと非難されるのでは若者がかわいそうです。未来の主権者にふさわしい政治教育の充実を望みたいものです。

同時に、自ら進んで、政治について学ぶことも必要です。先人の知恵は、政治においても蓄積されてきました。それを学ぶことから、第一歩を踏み出してみてはどうでしょうか。

コラム　政治に関する金言

「金言」とは、生活していくうえで参考や手本となるすぐれた言葉のことである。政治についても、以下のような「金言」がある。参考のために、いくつか紹介しておこう。

†過ちて改めざる、これを過ちという。（孔子）

†君主が獣の方法を取らなくてはならぬ場合には、彼はまず狐と獅子を選ぶがよい。（マキャベリ）

†あらゆる政治社会における統治の正当な目的は、社会を構成するすべての個人の最大幸福、換言すれば、最大多数の最大幸福である。（ベンサム）

†政治とは、支配者と民衆の間に結ばれる単純な契約である。（ルソー）

†リーダーとは「希望を配る人」のことだ。（ナポレオン･ボナパルト）

†政治とは、情熱と判断力の2つを駆使しながら、堅い板に力をこめて、じわっじわっと穴をくり抜いていく作業である。（ウェーバー）

†今日まであらゆる社会の歴史は、階級闘争の歴史である。（マルクス、エンゲルス）

†哲学者たちは世界をさまざまに解釈したにすぎない。大切なことはしかしそれを変えることである。（マルクス）

†政治的諸制度は経済的基礎の上にたつ上部構造である。（レーニン）

†権力は腐敗する。絶対的権力は絶対的に腐敗する。（アクトン）

†戦争は政治におけるとは異なる手段をもってする政治の継続に他ならない。（クラウゼヴィッツ）

†デモクラシーとは、人民の、人民による、人民のための政治である。（リンカーン）

†統治を不用とするのが、すべての統治の目的である。（フィヒテ）

†支配することが最も少ない政府が、最良の政府である。（ソロー）

†命もいらず名もいらず、官位も金もいらぬ人は始末に困るものなり。この始末に困る人ならでは、艱難〔かんなん〕を共にして国家の大業は成し得られぬなり。（西郷隆盛）

どうすれば政治は変わるの？
政治の変化と世論

1　変わる政治、変わらない政治

どうすれば、政治は変わるのでしょうか。そもそも、政治が変わるとはどういうことなのでしょうか。

どのように政治が変わっても、ものごとを決めるという政治の本質に変化はありません。変わるのは、どのように決めるのか、誰が決めるのか、何が決まるのか、ということです。

第1に、どのように決めるのかというのは、議会のあり方の問題です。議会の構成、議会と政府との関係、議員の選び方などは、時代や国によって様々です。このような仕組みが変われば、決め方も変わりますから、政治が変化したことになります。

しかし、このような変化は、それほど頻繁に起きるわけではありません。憲法など国の基本法の改定や議会のあり方を定めた法律の改定は、一定の期間を経て行われるのが普通です。

第2に、誰が決めるのかというのは、議会の構成員、つまり議員の問題です。議員は**選挙**のたびに入れ替わります。新たに当選してくる人、再選される人、そして、落選する人と様々です。このような構成員が入れ替われば決める内容も変わりますから、政治が変化したことになります。

とりわけ、**議院内閣制**をとっている日本では、国会が政府のあり方を決めますから、国会の構成の変化は政権交代に結びつく可能性があります。それまで多数を占めていた**与党**の議席が**野党**の議席を下回れば、これまでの与党は野党に、野党は与党になります。大きな政治的変化だと言えます。

第3に、何が決まるのかというのは、議会で決められる法律や予算などの内容の問題です。これも、議会の構成と密接なかかわりを持っています。与党が両院で多数を占めていれば法案はスンナリ通りますが、多数派が両院で異なる「ねじれ」が生じれば、そうはいきません。審議の過程で、法案の内容が修正される可能性も生まれます。

法案や予算審議をめぐる政治の変化は、議会内での攻防だけでなく議会の外での世論の影響も受けます。政治を変える力は、議会の中だけでなく外にも存在しているのです。

このように、政治の変化は議会内外で、長期的にも短期的も、生ずることがあります。政治とはものごとを決めることであるという本質に変化はありませんが、それをめぐる環境や条件は、ときとして大きく変化するのです。

2　世論と政治情報

このような政治の変化に影響を与えるのが民意（**世論**）です。世論とは、

➡選　挙
定められた手続きに従って代表や特定のポストにつく人を選び出すこと。多くの場合、投票によって行われる。詳しくは、第Ⅱ部⑱を参照。

➡議院内閣制
内閣（政府）の存立が議会（特に下院または衆院）の信任に基づいている政治制度。下院（衆院）における多数政党によって内閣が組織され、内閣は議会に対し連帯して責任を負い、閣僚は原則的に議席を持つ。イギリスで生まれ、日本もこれを採用している。詳しくは、第Ⅱ部⑲を参照。

➡与党と野党
政権を担当している政党と担当していない政党。行政府に与（くみ）する政党というのが与党の由来で、政府から離れた在野（ざいや）の政党というのが野党の由来。

➡世論（せろん、よろん）
世の中を構成している人々の意見や態度。世論機能の発揮は近代以降のことで、その形成には、議会の公開とジャーナリズムの発達が不可欠である。

政治に対する皆さん１人ひとりの考え方であり、特定の問題についての意見です。内閣を支持するとか支持しないとか、ある政治課題について賛成とか反対という意見が世論です。

このような世論の分布を調べるのが**世論調査**です。一般的には面接によって行われますが、最近では電話による調査もあります。どちらの場合も、平日の昼間の調査であれば､一定の偏りが生じます。働きに出ている成人男性･女性ではなく、家庭にいる高齢者や女性の意見が反映されやすくなるからです。固定電話での調査では、携帯電話を使っている若者の意見が反映されにくくなるという問題があります。

調査する場合の聞き方や調査票のあり方も、調査結果を左右することがあります。できるだけ**予断と偏見**を与えず、誘導的な聞き方をしないように注意しなければなりません。

このような世論のあり方に深く関わり、影響を与えているのがマスコミや**マス･メディア**などによって提供される政治情報です。私たちは、新聞や週刊誌、テレビやラジオなどのマス・メディアによって政治情報を入手し、政治についてのイメージを形作るからです。

新聞は系統的でまとまった政治情報を得ることができますから、最も優れたメディアです。情報量が多く、記事の割り付けや配置、分量、見出しの大きさなどから、情報の重要性や意味を判断することができます。一面のトップにあれば、一目で最も重要な情報だということが分かります。

週刊誌やテレビ、ラジオなどでも、記事やニュースの配列や順番、分量や長さは、その情報の意味や重要度を判断するうえで大きな助けになります。週刊誌も新聞と同じ文字情報ですが、独特の**センセーショナリズム**を持っています。暴露記事や調査報道などが多く、政局を揺るがす**スクープ**や**特ダネ**もありますが、裁判になるような問題記事もあり**玉石混交**（ぎょくせきこんこう）です。

⊸世論調査
無作為に抽出された人々から意見を集めて世論の動向を調べること。さまざまな社会問題や関心が持たれている争点・政策などをめぐって、その社会の成員がどのような見解や意見を持っているかを測定する。意識調査と呼ばれることもある。

⊸予断と偏見
ことがらのなりゆきや結果を前もって判断することが予断であり、客観的な事実の裏づけや合理的な根拠なしに示される偏った判断や非好意的な意見が偏見である。いずれも正しい判断や理解を妨げる場合が多い。

⊸マス・メディア
マス（不特定大多数）に対する情報伝達のためのメディア（媒体）がマス・メディアである。具体的には、新聞、雑誌、ラジオ、テレビなどを指す。

⊸センセーショナリズム
もっぱら人の興味や関心を惹くことだけを目的にした手法。事実を単純化したり、情緒に訴えたり、恐怖や覗き趣味による俗受けを狙ったりするもので、興味本位の報道になりやすい。

⊸スクープと特ダネ
大きなニュース・バリューのある事実を独占的に報道すること。あるいはその記事や放送。同じような意味で、「すっぱ抜き」という

資料6-1　主要耐久消費財の世帯普及率の推移

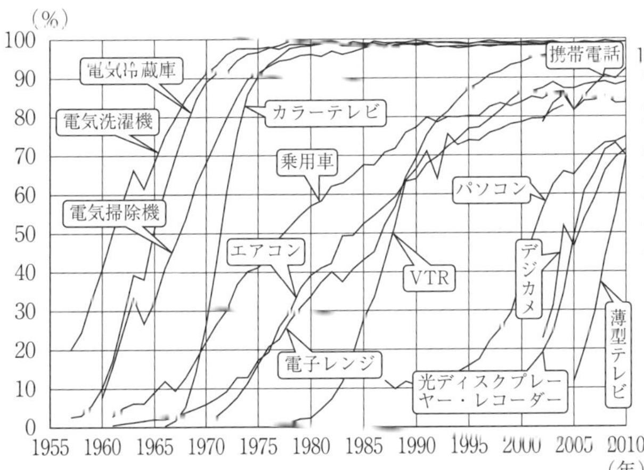

（注）単身世帯以外の一般世帯が対象。1963年までは人口５万以上の都市世帯のみ。1957年は９月調査、58～77年は２月調査、78年以降は３月調査。05年より調査品目変更。デジカメは05年よりカメラ付き携帯を含まず。薄型テレビはカラーテレビの一部。
出典：内閣府「消費動向調査」。

資料6-2　インターネット利用者数・人口普及率

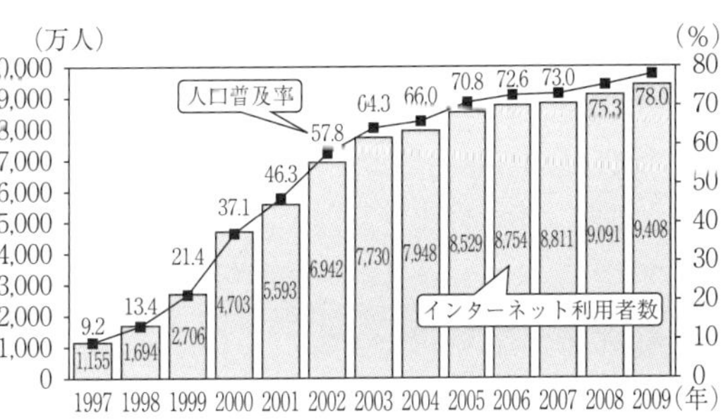

（注）年末の推計。インターネット利用者数は、パソコン、携帯電話、ゲーム機等のいずれかでの利用者。対象年齢は1999年まで15～69歳、2000年末15～79歳、2001年以降6歳以上。
出典：総務省「通信利用動向調査」。

＊　耐久消費財の普及率の上昇は、生活の向上と中流化生活保守意識を増大させる政治的な効果をもたらした。インターネットなどの情報通信技術（ICT）の普及は、政治情報の取得と発信をめぐるメディア環境の大きな変化を生み出すことになった。

言い方もある。逆に、他社が報道した重大ニュースを報じなかったのは「特落ち」。

➾玉石混交
良いものや悪いもの、優れたものや劣ったものが混在していること。価値のあるもの（玉）と無いもの（石）とが入り混じっている（混淆）様子からきている。

➾感性と理性
外界の刺激に対して直接反応する感覚や感情が感性。感覚や感情に流されずに筋道を立てて考え判断する力が理性。正しい認識や判断には、鋭い感性と知的な理性の両方が必要である。

テレビやラジオは速報性にすぐれ、臨場感あふれる報道を行って**感性**に訴えます。それだけに、**理性**的な判断がおろそかになる危険性があることに注意しなければなりません。現実の一部だけが報じられ、それが繰り返し流されることで歪んだイメージが作り出されるおそれもあります。

最近では、インターネットによる文字や動画での政治情報にアクセスする場合も増えてきました。インターネットは文字情報という点では新聞や週刊誌と同じで、動画や音声も送ることができて速報性に優れているという点ではテレビやラジオと似ています。しかし、その情報伝達は一時的ですぐに消えてしまうなどの反面、拡散されたものは取り消すのが難しく、全体についての一覧性という点で弱点もあります。

このように、一口にマス・メディアとは言っても、それぞれ特性があり、長所と短所があります。どれか1つに頼るというのではなく、これらのメディアや情報手段を組み合わせ、それぞれの長所をうまく生かすようにすることが大切です。少なくとも、新聞に目を通すという習慣を身につけたいものです。

3　実像（環境）と虚像（擬似環境）

ここで注意しなければならないことは、私たちが政治情報によって入手する政治の姿は、あくまでも私たちの意識に映し出されたイメージであるということです。それは、いわば虚像であり、実際の政治の姿（実像）とまったく同じだというわけではありません。

同じ政治情報を受け取っても、それによって抱くイメージは、それぞれの人によって異なります。実際の政治の像（実像）と私たちが抱く政治の像（虚像）は、まったく異なっているというわけではありませんが、完全に同じだというわけでもありません。私たちの周りに存在する政治的な**環境**は、私たちの主観を通して心の中にイメージされ、**擬似環境**（ぎじ）を作り出します。

➾環境と擬似環境
周囲の事物や状態が環境。擬似とは、似ているけれど本物ではないこと。情報などによって形成される意識内でのイメージが擬似環境である。アメリカのジャーナリスト、ウォルター・リップマンは、『世論』（1922年）という著作で、「擬似環境」が人間の行動や態度を左右しているにもかかわらず現実の環境を正確に反映していないことを指摘した。

つまり、私たちが心に描く政治の像は、実際の政治とは少しズレており、それぞれの人の価値観や情報量によって、少しずつ異なっているということになります。このようにして浮かんだイメージや虚像（擬似環境）をもとに、私たちは理解し判断を下し、実像（環境）に働きかけるのです。

私たちの認識に、このようなズレが生まれることは避けられません。しかも、政治家や政党などの政治の世界で行動する主体（**アクター**）は、このようなズレを拡大し、自らに都合の良いイメージを作りだそうと意識的な努力を行っています。

➾アクター
政治における行動主体。有権者や政治家、官僚などの個人だけでなく、政党や利益集団などの団体、政府や地方自治体などの機関をも指す。政治において、決定に影響を及ぼそうとして働きかける主体は、全てアクターとして理解される。

このような中で私たちにできることは、このズレをできるかぎり是正することです。心の中に映し出された擬似環境と実際の環境との違いを、可能な限り小さなものにしなければなりません。そのためには、できるだけ正確な政治情報を手に入れるように努め、複数の情報を照らし合わせて実際の姿を浮かび上がらせるための手法に習熟する必要があります。

膨大な情報の中から必要な情報を抜き出し、メディアを活用する能力（**メディア・リテラシー**）だけでなく、何が実像であるかを判断できる能力を身につける必要もあります。皆さんが政治や政治学について学ぶことは、そのための必要不可欠な前提だと言えるでしょう。

➾メディア・リテラシー
リテラシーとは読み書き能力のこと。情報をうのみにせず、正確な判断に基づいて批判的に読み取り、メディアを活用する能力がメディア・リテラシーである。

4　世論が変われば政治は変わる

世論とは、政治に対する人々の考え方であり意見です。このような考え方や意見によって政治は左右されます。世論が変われば、政治は変わっていくのです。

世論調査の結果は、政治にかかわる人々の意識や行動に、間接的に影響を与えます。内閣支持率の高低は、総選挙の時期を左右するかもしれません。支持率が低ければ、解散・総選挙を行おうとしないでしょうから。

または、ある法案の成立をあきらめさせるかもしれません。反対が多いのに強行すれば、内閣や与党の支持率を低下させるでしょうから。

政治家や政党への直接的な働きかけによって、世論を高めようとすることもあります。様々な団体を通じての大衆運動、行政への**陳情**と**請願**、住民投票、集会やデモ、署名活動、ビラ配布、ネットの活用、ブログ、Ｅメールや新聞への投書による意見表明などの政治活動が、これにあたります。

➾陳情と請願
住民や地方自治体、利益団体などが意見や要望を政治・行政に反映させたり有利な政策上の措置をとるように働きかける行為。議員の紹介のあるものが請願、無いものが陳情。いずれも一方的な働きかけで、要望について回答を求めることはできない。

このような直接的な働きかけを制度化したものが選挙です。世論の変化は選挙での投票行動の変化として現れ、その結果、政治が大きく変わることもあれば、ほとんど変わらないこともあります。

これまでの政治のあり方を変えたいと多くの人が考えれば、支持する政党や候補者を変え、当選者の分布は大きく変化するでしょう。このままでよいと考えれば、投票行動は変化せず、当選者の分布も大きく変わることはありません。

選挙では、有権者の考え方や意見が議席の分布によって表現されます。選挙は、最も確実な、そして大きな影響を及ぼす世論調査かもしれません。選挙で一票を投ずることによって政治のあり方に対する考えを明らかにすることは、有権者としての権利であり、日本国民としての義務でもあるのです。

資料6-3　政治学文献年表

年	文献	年	文献
紀元前4世紀	プラトン『国家』	1900年	イェリネク『一般国家学』
	アリストテレス『政治学』『ニコマコス倫理学』	1904年	マックス・ウェーバー『社会科学方法論』
1516年	トマス・モア『ユートピア』	1908年	ベントレー『政治過程論』
1532年	ニコロ・マキャベリ『君主論』		ウォーラス『政治における人間性』
1651年	トマス・ホッブズ『リヴァイアサン』	1916年	レーニン『帝国主義論』
1690年	ジョン・ロック『統治論』	1919年	マックス・ウェーバー『職業としての政治』
1748年	モンテスキュー『法の精神』	1920年	ハンス・ケルゼン『デモクラシーの本質と価値』
1755年	ジャン・ジャック・ルソー『人間不平等起源論』	1921年	ブライス『近代民主政治』
1762年	同『社会契約論』	1925年	ラスキ『政治学大綱』
1789年	シェイエス『第3身分とは何か』		ミヘルス『現代民主主義における政党の社会学』
1790年	エドモンド・バーク『フランス革命についての諸考察』	1927年	シュミット『政治的なものの概念』
1792年	トマス・ペイン『人間の権利』	1934年	ヘルマン・ヘラー『国家学』
1795年	イマヌエル・カント『永遠の平和のために』		メリアム『政治権力』
1821年	ヘーゲル『法の哲学』	1936年	ラスウェル『政治』
1835年	トクヴィル『アメリカにおける民主主義』	1941年	エーリッヒ・フロム『自由からの逃走』
1848年	マルクス＝エンゲルス『共産党宣言』	1942年	フランツ・ノイマン『ビヒモス』
1859年	ミル『自由について』	1953年	イーストン『政治体系』
1861年	同『代議制統治論』	1971年	ロバート・A・ダール『ポリアーキー』
1867年	カール・マルクス『資本論』第1巻		ジョン・ロールズ『正義論』
1884年	フリードリッヒ・エンゲルス『家族、私有財産および国家の起源』	2000年	アンソニー・ギデンズ『第三の道』
		2007年	デヴィッド・ハーヴェイ『新自由主義』
1887年	テンニエス『ゲマインシャフトとゲゼルシャフト』	2013年	トマ・ピケティ『21世紀の資本』

出典：『現代日本政治』219ページ。

資料 6-4　戦後の首相：名前・就任時年齢・出身地・在職期間

名　前	就任時年齢	出身地	在職期間	
東久邇宮稔彦	57歳	京都府	1945年 8 月17日～1945年10月 9 日	54日
幣原喜重郎	73歳	大阪府	1945年10月 9 日～1946年 5 月22日	226日
吉田　茂	67歳	高知県	1946年 5 月22日～1947年 5 月24日	368日
片山　哲	59歳	神奈川県	1947年 5 月24日～1948年 3 月10日	292日
芦田　均	60歳	京都府	1948年 3 月10日～1948年10月15日	220日
吉田　茂	70歳	高知県	1948年10月15日～1954年12月10日	2253日
鳩山一郎	71歳	東京都	1954年12月10日～1956年12月23日	747日
石橋湛山	72歳	静岡県	1956年12月23日～1957年 2 月25日	65日
岸　信介	60歳	山口県	1957年 2 月25日～1960年 7 月19日	1242日
池田勇人	60歳	広島県	1960年 7 月19日～1964年11月 9 日	1577日
佐藤栄作	63歳	山口県	1964年11月 9 日～1972年 7 月 7 日	2800日
田中角栄	54歳	新潟県	1972年 7 月 7 日～1974年12月 9 日	887日
三木武夫	67歳	徳島県	1974年12月 9 日～1976年12月24日	747日
福田赳夫	71歳	群馬県	1976年12月24日～1978年12月 7 日	714日
大平正芳	68歳	香川県	1978年12月 7 日～1980年 6 月12日	555日
伊東正義	66歳	福島県	臨時代理1980年 6 月12日～1980年 7 月17日	36日
鈴木善幸	69歳	岩手県	1980年 7 月17日～1982年11月27日	864日
中曽根康弘	64歳	群馬県	1982年11月27日～1987年11月 6 日	1808日
竹下　登	63歳	島根県	1987年11月 6 日～1989年 6 月 3 日	576日
宇野宗佑	66歳	滋賀県	1989年 6 月 3 日～1989年 8 月10日	68日
海部俊樹	58歳	愛知県	1989年 8 月10日～1991年11月 5 日	819日
宮沢喜一	72歳	広島県	1991年11月 5 日～1993年 8 月 9 日	644日
細川護熙	55歳	熊本県	1993年 8 月 9 日～1994年 4 月28日	263日
羽田　孜	58歳	長野県	1994年 4 月28日～1994年 6 月30日	64日
村山富市	70歳	大分県	1994年 6 月30日～1996年 1 月11日	561日
橋本龍太郎	58歳	岡山県	1996年 1 月11日～1998年 7 月30日	933日
小渕恵三	61歳	群馬県	1998年 7 月30日～2000年 4 月 5 日	616日
森　喜朗	62歳	石川県	2000年 4 月 5 日～2001年 4 月26日	388日
小泉純一郎	59歳	神奈川県	2001年 4 月26日～2006年 9 月26日	1980日
安倍晋三	52歳	山口県	2006年 9 月26日～2007年 9 月26日	366日
福田康夫	72歳	群馬県	2007年 9 月26日～2008年 9 月24日	365日
麻生太郎	68歳	福岡県	2008年 9 月24日～2009年 9 月16日	358日
鳩山由紀夫	62歳	北海道	2009年 9 月16日～2010年 6 月 8 日	266日
菅　直人	63歳	山口県	2010年 6 月 8 日～2011年 9 月 2 日	452日
野田佳彦	54歳	千葉県	2011年 9 月 2 日～2012年12月26日	482日
安倍晋三	58歳	山口県	2012年12月26日～2020年 9 月16日	2822日
菅　義偉	71歳	秋田県	2020年 9 月16日～	

出典：著者作成。

第Ⅱ部

戦後政治から見える光と影

日本政治の底の底

1　政治意識、政治思想、政治文化

政治意識というのは、政治についてのとらえ方、関心や態度、考え方などを言います。政治意識が高いというのは、政治について大きな関心を抱き、豊富な情報や知識を持っているということであり、政治意識を調査するというのは、政治についてどうとらえ、考えているのかを調べるということです。このような政治意識は、ある国のある時代において、一定の傾向や特徴を示すことがあります。現代の日本も例外ではありません。

政治思想というのは、政治についての１つのまとまった考え方や意見などを言います。まとまっているというのは、考え方が整理されていて、そこには一定の秩序や体系があるということです。このような体系的でまとまった考えをもっている人が政治思想家であり、これらの人々によって主張される**政治理論**は、それぞれの国の政治のあり方やとらえ方に大きな影響を与えてきました。

政治文化というのは、その国に住む人々に共有されている政治に対する考え方や感じ方、行動の仕方などを指します。ある国に住む人々（国民）に共通してみられる気質や性格を国民性と言いますが、政治文化は政治に関する国民性であるということもできるでしょう。これもまた特定の国や時代において共有されているものです。現代の日本においても、政治文化や国民性には一定の特徴があります。

このような政治意識や政治思想、政治文化は、政治についての人々の感じ方、考え方、行動の仕方を深いところで左右しています。私たちは、自分で気がついている、いないにかかわらず、このような政治意識や政治思想、政治文化の影響を受けていると言ってよいでしょう。もちろん、その影響の程度は、各人によって様々でしょうが。

したがって、現代日本における政治のあり方を理解するうえで、日本人の政治意識や政治思想、政治文化の特徴を知ることは大きな意味を持っています。とりわけ、日本に住む人々に共有されている政治文化の特徴を知ることは、日本の政治の奥深い底の底を探るような作業であり、政治に関する日本人の接し方や受け止め方を理解するうえできわめて重要な意味を持っているのです。

2　経路依存性と重層性

一国の政治文化を考えるうえで、特に重要なのは**経路依存性**と**重層性**です。

第１に、経路依存性とは、後の時代に生ずる思想や制度は、それに先立つ時代の影響を深く受けているということです。このような経路依存性によっ

➾政治意識
政治に関するものの見方、意見や態度。特定の政治問題についての意見だけでなく、政治へのかかわりや態度など、広く個人と政治の関係全体にかかわるものを指す。

➾政治思想
政治についての思想、あるいは政治に関連した思想。広義には、政治について主張されている様々な考え方や理論で、狭義には、政治思想家と呼ばれる人たちの体系的な政治理論を言う。

➾政治理論
政治について筋道を立てて構成され体系化された学説や見解。政治という社会現象を理解したり、統一的に説明したりするために考案された知識の体系でもある。

➾政治文化
ある政治体制や国家に特有の政治にかかわる文化。特定の社会を構成する人々の行動を支配する基礎的な知識や前提、人々に共有されている政治に対する態度、信条、感情、評価などの心理的傾向によって形成される。

➾経路依存性
ある国の仕組みや制度は歴史的な経路や脈絡によって制約を受け、将来もその影響を受けるということ。経路とは、物事がたどってきた筋道や過程であり、依存性とは、それに頼り左右されるということである。

➾重層性
層が幾重にもかさなっているようになっていること。歴史的に異なった時代に受け入れられた文化や文明が混ざり合わず、一種の層のようになって重なり合っていることのたとえ。

て、外国から持ち込まれた共通の思想や制度でも、それが定着する過程で、それぞれの国において先行する思想や制度の影響を受けることになります。そのために、各国における政治文化の“個性”が生まれます。日本も例外ではありません。

今日私たちが接している思想や制度は、それに先立つ長い日本の歴史の経路に深く依存しています。日本の政治思想史の研究や政治学者として著名な丸山真男は、「歴史意識の古層(こそう)」や「**執拗低音**(しつようていおん)」という言い方で、日本人の思考に流れる一定のパターンを指摘しています。したがって、現代日本の政治を理解するためにも、戦前の日本や明治期、江戸時代などについても振り返ってみる必要があります。

また、外国からの思想や制度の受け入れ方として、**選択的受容**という問題も重要です。外国からもたらされたものは、全てそのまま受容されるわけではありません。あるものは受け入れられ、別のものは排除されます。そこには、一定の選択が働いているのです。

その社会にとって必要なもの、親しみのあるもの、既存のものと似たようなものが、受け入れられやすいと言えます。逆に、不必要なもの、違和感のあるもの、異質なものは、なかなか定着せず、いつかは廃れ、忘れられていきます。

外国からやってきて日本に定着したものでも、内容が大きく変容している場合があります。したがって、思想や制度の国際比較を行う場合、その内容や意味などにまで踏み込んで検証しなければなりません。**労働組合**などのように、同じ名称でも、その中身はまったく違うという場合があるからです。

第2に、重層性とは、思想や制度が時代を経るごとに地層のように積み重なっていくということです。特に日本の場合、外来文化の導入と定着において、このような重層性がみられます。日本の文化は、古くは中国から、近く

⇒執拗低音(basso ostinato)
主旋律の背後で同じ旋律を繰り返す低音部のこと。主旋律である外来イデオロギーを取り入れながら修正しつつ混ざり合い、それでもなお日本的な部分を維持し続けることを、このように形容した。

⇒選択的受容
全てをそのまま受け入れるのではなく、一定の基準によって選びながら受け入れること。選択とは選ぶことであり、受容とは受け入れて取り込むことである。

⇒労働組合
労働者が労働条件の維持・改善や社会的地位の向上などをめざして自主的に組織し恒常的に活動する団体。労働組合法では、第2条で「労働者が主体となつて自主的に労働条件の維持改善その他経済的地位の向上を図ることを主たる目的として組織する団体又はその連合団体をいう」と定義している。企業別・職業別・産業別・一般組合などの形態があるが、日本の場合には企業別労働組合が一般的である。

資料7-1　日本人の政治意識の変化(天皇制、憲法改正、第9条改正)

天皇に対する感情(全体)

(%)

年	'73	'78	'83	'88	93	98	03	08	13	18
〈尊敬〉	33	30	29	28	21	19	20	25	34	41
〈好感〉	20	22	21	22	43	35	41	34	35	36
〈無感情〉	43	44	46	47	34	44	36	39	28	22
〈反感〉	2	2	2	2	2	1	1	1	1	0

昭和 ('73〜'88)　平成 (93〜18)

出典：NHK放送文化研究所編『放送研究と調査』2019年6月号、68ページ。

憲法改正、第9条改正に対する意識

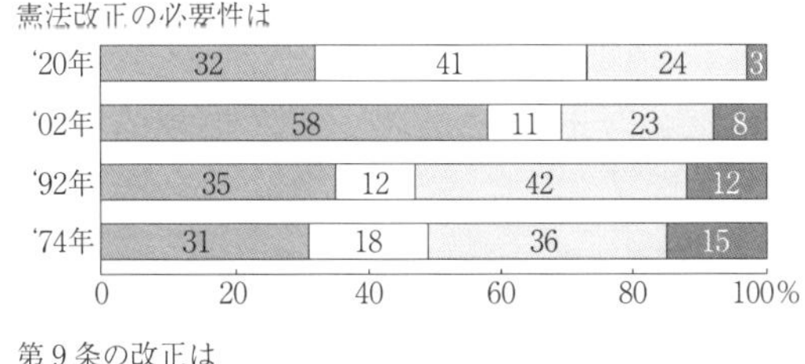
憲法改正の必要性は

	改正する必要があると思う	どちらともいえない	改正する必要はないと思う	わからない、無回答
'20年	32	41	24	3
'02年	58	11	23	8
'92年	35	12	42	12
'74年	31	18	36	15

第9条の改正は

	改正する必要があると思う	どちらともいえない	改正する必要はないと思う	わからない、無回答
'20年	26	32	37	5
'02年	30	9	52	8

出典：NHK世論調査「日本人と憲法」「憲法に関する意識調査」より筆者作成。

＊　天皇制に対する日本人の意識は、昭和時代と平成に入ってからでは異なっている。反感や無感情が減り、好感が増えた。減少傾向だった尊敬は増加に転じた。憲法改正について必要だという人は2002年に半分を超えていたが、その後減少した。その中でも第9条改憲論は少数である。

➡外来文化
外国からやってきた文化。元々は日本にはなかったもので、よそから渡来して日本国内に定着した生活様式をいう。

➡政治制度
政治にかかわる制度や仕組み。具体的には、議会制度、三権分立制、議院内閣制、大統領制などのこと。

➡異　端
正統とされている主流に対して異議を唱え異なる立場を主張する傍流。自己の意見を正統とする側からの排除的意味合いがある。主流となる側の何が正統であるかを決める力が強ければ強いほど異端への迫害は激しくなる。

➡集団主義と個人主義
個人よりも集団に価値を置く考え方が集団主義で、逆に、集団よりも個人に重きを置く考え方が個人主義。前者では集団の利益が重視され、個人に犠牲が求められる。後者では個人の利益が重視され、集団への忠誠心は弱まる。

➡権威主義
個人や社会組織に見られる権威に服従する姿勢、思想や体制。人を服従し強制させる力（権威）に価値を置き、それに対して自己卑下や盲目的服従をする態度であり、人にそれを要求する態度でもある。

➡家族的経営
経営者と従業員を家族のように捉えて保護と依存の関係を強めようとする経営手法。企業の経営者と従業員は、本来は利害が対立しているにもかかわらず、それを隠して仕事についての不平不満を抑え込もうとする。

➡規　範
人々が行動する場合の判断の基準・模範、よりどころ。一定のことを「すべし」、あるいは「すべからず」と心の内から命ずる規準となっており、人々はそれに従って善悪を判断し、行動を選択する。社会規範は道徳、慣習や法などとして示される。

は欧米から、多くの**外来文化**を導入し、それが定着してきました。

しかし、このような重層性も経路依存性から免れることはできません。つまり、後からやってきて積み重なる外来文化も、不必要な部分を捨て去られ、受け入れられたものも、それに先立つ時代の文化の影響を受けます。外からやってきた外来文化は、そのままではなく、選択され、日本風にアレンジされて定着していきます。それらが何代にもわたって積み重なり、今日の文化が形成されてきたということになるでしょう。

現代日本の政治思想や**政治制度**もまた、その多くが欧米に起源を持ち、外来文化の一部として導入され、定着してきたものです。日本の政治思想や政治制度の多くは明治の初めに主としてヨーロッパから導入されました。また、その一部は第二次世界大戦後において主としてアメリカから持ち込まれたものです。

しかし、それは同時に、それ以前の思想や制度による影響をも受けています。政治思想や政治制度においても経路依存性と重層性は避けられず、新しく持ち込まれた思想や制度が、何によって、どのように変形されたかを理解することが重要です。欧米から持ち込まれた思想や制度であっても、しばしば日本的な個性や特徴を帯びていることを忘れてはなりません。

3　日本の政治文化の特徴

日本の政治文化とは、今日の日本人に一般的にみられる政治についての価値観や考え方、政治に対する態度や行動の仕方のことです。これについては様々なとらえ方がありますが、さしあたり、①同質性と独自性、②集団主義と同調性、③権威主義と中央志向、④疑似家族的共同体観、⑤建前と本音、⑥内と外の使い分け、⑦反共的風土などに注目したいと思います。

第1の同質性と独自性というのは、日本語という言語の共通性、ユーラシア大陸の東端に位置する島国で海によって囲まれているという地理的な孤立性などを背景とした特徴です。ここからは、まとまりやすい反面、意見の違う**異端**を排除しやすいという問題が生じます。

第2の**集団主義**と同調性というのは、属している集団の指示や利害、人間関係などを優先する考え方や行動の仕方です。ここには自分の判断や主体性よりも周囲の思惑に左右されやすいという問題があります。

第3の**権威主義**というのは、意思決定や判断において自分で考えたりせずに権威と思われる人に従うことであり、中央志向というのは地方よりも東京を上位に置き、そこでの立身出世をめざすということです。ここにも、人間関係や社会のあり方を上下の序列に基づくものとする考え方に傾きやすいという問題があります。

第4の疑似家族的共同体観というのは、本来、非血縁的関係によって構成されている集団を家族にみたてて、家族に似たような深い人間的結びつきを見いだそうとする考え方です。戦前における国家についての見方（国家観）や戦後の企業での**家族的経営**という考え方などにみられますが、これも個人の自立を抑制し、集団への献身を求めがちになります。

第5の建前と本音というのは、公に表す行動や意見（建前）と本当の感情や欲求（本音）とは異なっているということを指しています。政治においては、表向きは公的な要請や法的な**規範**に従うふりをしながら、実際には打算に基づいて私的利益を追求するような行動を生み出します。

第6の内と外というのは、身内に対する**甘え**と同化、よそ者に対する敵意と排除という形で対応がまったく異なることを指しています。これもまた、平等で公平、公正な人間関係や社会関係を作り出すうえでの障害になる可能性があります。

第7の**反共**的風土というのは、確たる根拠もなしに、共産主義者や社会主義者を「アカ」と呼んで毛嫌いすることを指します。これらの人々が戦前に厳しく取り締まられたことから来る偏見の残りかすのようなものです。

➾甘　え
人の好意をあてにする気持ち。節度を超えた特別な愛情や信頼を期待する気持ちでもある。愛情や信頼を示すことで、相手からそれ以上のものを求めようとする態度も甘えである。

➾反共と容共
共産主義政党や共産主義思想に反対することが反共。逆に、それらを受け入れて協力することが容共。現実の政治では、明確な理由や根拠なしに日本共産党を頭から敵視する考え方や態度のことを反共という。

4　日本の政治文化の問題点

日本の政治文化が持っているこれらの特徴は、政治の近代化や民主化にとって、どちらかと言えば不利な条件となっているという点に問題があります。同時に、それは保守政治の社会的・文化的土壌になってきた点が重要でしょう。

日本において、自由民主党（自民党）という**保守**政党が半世紀以上の長きにわたって基本的に政権政党であり続けた背景の1つがここにあります。また、労働組合や民主団体など、**革新**的・民主的とされる団体の内部でも、女性の地位の低さ、男女間の差別意識、先輩や後輩などの年齢・経験、地位や役職による序列意識、権威主義的な人間関係など、改善されなければならない問題点が広く残っている背景でもあります。

➾保守と革新
それまでの状態を保ち守るのが保守で、新たに革（あらた）めるのが革新。旧来の伝統的な政治・社会秩序を尊重し維持または復活すべきだとするのが前者で、現状を変革し進歩的で民主的なより良いものに改めるべきだとするのが後者。

しかし、20世紀末以降、グローバリズムや国際化の影響などもあって、社会のあり方や人間関係においても一定の変化が生まれてきています。日本政治の民主化のためにも、国際的に一般的となっている考え方やルール（国際標準）にあわせて、私たち1人ひとりの考え方や価値観、日常的な生活態度を変えていくことが必要でしょう。

さまざまな日本文化論

政治文化は日本文化の一部である。それは、日本文化論と一定の関わりを持っている。したがって、さまざまな日本文化論を知ることは、その一部である日本政治の特徴を理解する際に役立つにちがいない。

●加藤周一『雑種文化』（講談社、1956年）
日本文化は、西洋化しているがそれは西洋そのものではなく、日本と西洋との雑種であるとしている。同時に、その雑種性に積極的な意味をみとめ、その特性を生かすべきだと主張し、雑種文化の可能性を見いだそうとした。

●梅棹忠夫『文明の生態史観』（中央公論社、1967年）
旧世界を第一地域と第二地域に分けて日本と西欧を第一地域、中国・インドなどの大陸を第二地域とし、第二地域の周縁に位置する第一地域は気候が温暖で、外部からの攻撃を受けにくいなど環境が安定しているために安定的で高度な社会を形成できると論じた。

●中根千枝『タテ社会の人間関係　単一社会の理論』（講談社現代新書、1967年）
日本人の集団への参加は、個人の「資格」よりもその置かれた「場」に基づいており、集団自体も、個人的な特質の共通性よりも枠の共有性によって構成される。「場」から離脱すれば成員でなくなるから単一集団への一方的帰属が求められ、成員間にタテの関係（上役・下役、親分・子分、先輩・後輩）が発達するという。

●内田樹『日本辺境論』（新潮新書、2009年）
日本人とは辺境人であるとして、日本人の特性を考察している。「辺境人」たる日本人は常にどこかに「世界の中心」を必要としており、その「絶対的価値体」からの距離の意識に基づいて思考と行動が決定され、学ぶ力や日本語の辺境的構造などを生んだとし、「こうなったらとことん辺境で行こうではないか」というのが、内田の提案である。

戦前の政治と戦争
歪んだ日本の近代化

1　戦後政治の前提としての戦前政治――政治における経路依存性

日本の戦後政治は、戦前の政治を前提としています。戦前につくられた政治の枠組みを引き継ぐ形で、戦後の政治が始まっているからです。その意味では、政治においても経路依存性が存在していると言うことができます。

このような、戦前から戦後へと受け継がれた政治的な枠組みとしては、天皇制や議会があります。**戦犯**として追放された保守政治家の多くも、占領期が終わると再び政治の舞台に登場してきました。その意識と行動スタイルにおいても戦前からの継続がみられます。このような継続を重視する議論としては、総力戦体制ができあがった1940年ころからの枠組みが戦後に受け継がれたとする「**40年体制論**」がよく知られています。

しかし、戦後政治には戦前からの大きな断絶と転換もあります。最も大きく変わったのは憲法です。戦後改革として総称される非軍事化と民主化も、戦前からの大きな転換です。帝国軍隊は解体され、**特高警察**などの弾圧機構は廃止されました。

天皇制も、制度としては存続しましたが、戦前における「現人神（あらひとがみ）」としての存在から、戦後には「国民統合の象徴」へと、その内容を転換させています。また、議会も、衆議院はそのまま残りましたが、貴族院がなくなり、その代わりに参議院が置かれました。

このような歴史における継続と断絶の問題は、江戸時代から明治時代への移行、敗戦の前から戦後への移行という大きな歴史の分かれ目において、常に論争を引き起こしてきました。それが問題になるのは、一面では、大きな変化が生じたからです。変化が大きくなければ、断絶は問題になりません。他面では、それにもかかわらず、変化には制約や限界があったからです。完全に変化していれば、継続の問題は生じません。

江戸時代から明治時代への変化においても、敗戦前から戦後への変化においても、このような二面性を指摘することができます。**明治維新**が「未完の市民革命」とされ、戦後改革の不十分性が指摘されるのは、そのためです。

➾戦　犯
国際条約の定める戦闘法規に違反する罪（交戦法規違反）を犯した人。例えば、降伏者の殺傷、禁止兵器の使用など。第二次世界大戦後は、平和に対する罪や人道に対する罪が加えられた。

➾40年体制論
1940年に形成された戦時の総力戦体制が戦後も生き残り高度経済成長の前提条件となったとする説。野口悠紀雄『1940年体制―さらば「戦時経済」』（東洋経済新報社、1995年）で主張され、有名になった。

➾特高警察（特別高等警察）
天皇制政府に反対する思想や言論、行動を取り締まることを専門とした秘密警察。1911年に警視庁にはじめて設置された。その後、主要な府県警の中に置かれたが、県知事や警察部長の指揮を受ける一般の警察とは異なって、内務省から直接に指揮を受けていた。

➾明治維新
江戸時代の幕藩体制を廃して明治政府を打ち立てることになった政治的・社会的変革。明治新政府による近代天皇制の樹立と中央官制や法制、地方行政、金融・財政政策、教育、外交にいたる一連の改革が実施され、日本を西洋的な近代国家へと変貌させた。

2　戦前における光と影――近代化と軍国化

戦前の日本は明治維新によって世界への扉を開き、「富国強兵」を目標に急速な近代化を進めました。政治の面では、内閣制度を確立し、憲法を制定して国会を開設しました。どれも、アジア諸国の中では最も早いものです。

これらの近代的な政治制度の確立は、日本産業の近代化と国力の増強のために役立ちました。学校制度と教育の普及によって日本という国に対する自覚と愛着が生まれ、民族意識を持つ「国民」が形成されました。一定の知識を持ち文字が読める国民は優秀な労働力としても勇敢な兵士としても役に立ち、「富国強兵」の推進力になりました。

戦前の日本は、天皇専制という**絶対主義**的な側面を持ちながらも、大日本帝国憲法という法に基づいていたという意味では**立憲主義**的な面もありました。このため、立憲君主制の一種というとらえ方も可能です。しかし、天皇の「大権」は強力で、その下での「民主主義」は大きく制約された「天皇制民主主義」にすぎませんでした。

また、日本は資源と領土を求めて対外的な膨張を目指し、戦争の準備を進めて軍事的な傾向を強めていきました。日清戦争で清国（中国）に勝利して領土を手に入れ、日露戦争でもロシアに負けませんでした。第一次世界大戦にも**日英同盟**の縁で連合国側として参戦しますが、日本にとっては本格的な戦争ではありませんでした。

このように、第二次世界大戦まで、日本は戦争に次ぐ戦争という歴史をたどりますが、ここに大きな問題がありました。

その１つは、このときまでは負けることがなく、戦争によって利益を得ていたということです。そのために国民は、「戦争になれば勝てる」「戦争は儲かる」「領土が手に入る」などと思い込んでしまったのです。当時の人々にとって、基本的に、戦争は「悪いもの」ではなく、「良いもの」と受け止められていたのです。

もう１つは、戦争の悲惨さ、特に、戦場となることの酷さや怖さを知らなかったということです。第一次世界大戦は**総力戦**として闘われ、戦場となったヨーロッパでは市民が戦争に巻き込まれました。戦争は、前線で軍人が闘うものから、**前線**も**銃後**（じゅうご）もなく、全ての人々が巻き込まれるものへと性格を変えました。しかし、アジアにあって本格的に戦争をしなかった日本は、このような変化についてよく分かっていませんでした。

➾絶対主義
国王が絶対的な権力を行使する政治の形態。絶対王政、絶対君主制とも呼ばれる。フランスなどヨーロッパで、封建制末期から市民革命の前夜まで続いた。

➾立憲主義
憲法に基づく国家統治、あるいは憲法による権力行使の拘束・制限。憲法や法律の規定によって政治権力の横暴な支配や恣意的な統治を防止し抑制しようという考え方で、国王もまた法に従うべきだとされる。

➾日英同盟
日本とイギリスとの間の軍事的義務をともなう同盟。1902 年に調印・発効し、1923 年に失効した。最初はロシア、後にドイツを対象とするものだった。

➾総力戦
保有する国力の全てを用いて戦う形態の戦争。軍事力だけでなく、国家全体の人員、物資、イデオロギーや精神にいたるまで総動員する。第一次世界大戦から始まったとされる。

➾前線と銃後
前線とは、戦場で敵と直接向かい合っている所。銃後とは、直接の戦場ではない後方。戦時中の国家総動員法の下では、本来、戦争とはかかわらないはずの国民や国土も戦争と向き合うことになった。

資料 8-1　戦前の選挙のポスター

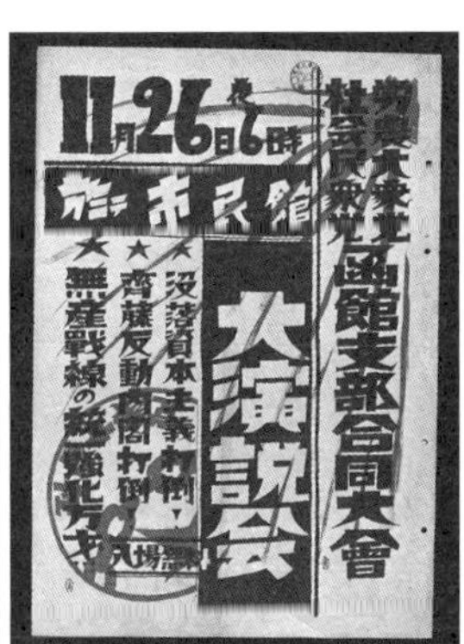

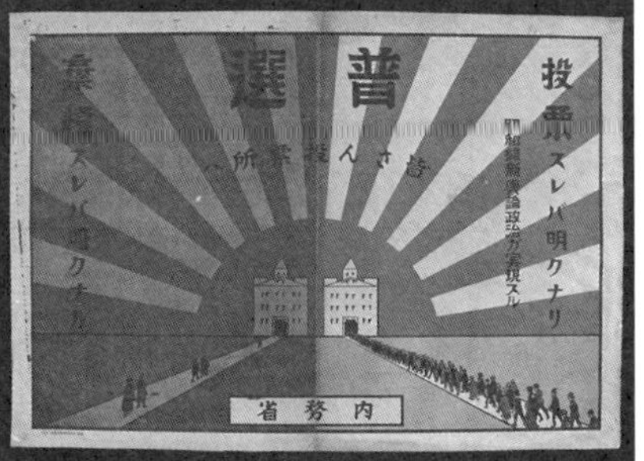

出典：法政大学大原社会問題研究所所蔵。

＊　大原社会問題研究所は 1919 年に大原孫三郎によって創立され、1949 年からは法政大学の附置研究所となっている。戦前からの労働・社会関連の資料を豊富に所蔵しており、ここに掲げた戦前のポスターも収蔵品の一部である。

太平洋戦争の始まりとなった真珠湾攻撃への国民的な熱狂の背景には、このような事情があったのです。無謀な戦争への突入は、当時の政治家や軍人などの戦争指導者、とりわけ天皇の責任によるものですが、それを支え、付き従ったのは当時の国民でした。このような指導者と国民を産み出した背景には、軍事に頼った日本の近代化と、制約が多く不十分な「天皇制民主主義」の存在があったのです。

3 「ハンドル」と「ブレーキ」がなければ事故を起こすのは当然

今から振り返れば、どうしてあのような無謀な戦争を行ったのかと、皆さんは不思議に思うかもしれません。日本とアメリカの国力の差は当初から明らかで、鉄鋼生産量で約12倍もの差があったと言われています。

太平洋戦争を闘った中心部隊である連合艦隊の山本五十六（やまもといそろく）司令長官は、近衛文麿（このえふみまろ）首相に日米戦争の見込みを問われ、「それは是非やれと言われれば初め半年や1年の間は随分暴れてご覧に入れる。然しながら、2年3年となれば全く確信は持てぬ。**三国条約**が出来たのは致方ないが、かくなりし上は日米戦争を回避する様極力御努力願ひたい」と述べています。

一部の国民は、アメリカとの戦争に勝ち目がないことを薄々知っていました。それでも、戦争に突入してしまったのはなぜでしょうか。山本長官が言っていたように、日本が優位に立っていたのは「初め半年」くらいで、1942年6月の**ミッドウェー海戦**での敗北以来、次第に日本軍は戦略的守勢に追い込まれていきました。それでも、戦争を続けたのは「ハンドル」が上手く作動せず、「ブレーキ」が効かないまま、全速力で突っ走ったようなものだったからです。これでは、重大事故を起こすのも当然でしょう。

戦前の日本は、天皇専制の下、富国強兵を目標に全国民が一丸となって国力増進と軍事力の拡大に邁進（まいしん）しました。アジアの中では最も早く近代化し、急速な国力増強によって強国の仲間入りを果たしたのです。これは、開国と明治維新以来、日本という「車」が全速力で走り続けてきた成果でした。

しかし、この「車」の「ハンドル」には問題がありました。集団的な英知を集めて日本の進路を相談する仕組みが無かったからです。議会はありましたが、天皇を補佐する役割しか与えられていませんでした。実権を握っていた軍人や**宮中グループ**、官僚たちは、世界の趨勢（すうせい）について無知でした。彼らは日本の進路を託すに足るだけの能力を持っていなかったのです。中国や朝鮮などを侵略し、日米戦争に突入するという誤った選択をしたのも当然でしょう。

「ブレーキ」がきちんと作動していれば、このような過ちは避けられたかもしれません。しかし、天皇制に対する批判や反対は許されず、軍人は横暴をきわめ、勝手気ままに振る舞っていました。政友会や民政党などの既成政党は無力で、共産党などの左翼政党や労働運動は**治安維持法**や特高警察などによって弾圧されました。やがて戦争が始まると、国民は虚偽報道に熱狂し、政党も労働組合も戦争に協力するようになりました。これでは、「ブレーキ」が効くわけがありません。いったん走り出した日本という「車」は、道路から飛び出して転覆するまで止まることができなかったのです。

4 負の遺産を克服するために

このような戦前の過ちを繰り返してはなりません。そのためには、どうし

➡三国条約（日独伊三国条約）
日本（大日本帝国）、ドイツ（ナチス・ドイツ）、イタリア（イタリア王国）の間で締結された条約。1940年9月27日にベルリンで調印され、第二次世界大戦における枢軸国の原型となった。日独伊三国同盟とも表記される。

➡ミッドウェー海戦
北太平洋中部、ハワイ諸島の北西に位置するミッドウェー島をめぐって戦われた海戦。1942年6月、日本海軍をアメリカ海軍が迎え撃つ形で勃発した。連合艦隊は赤城・加賀・蒼龍・飛龍の主力空母4隻と艦載機300機を失う大損害を被り、以後、日本は戦争の主導権を奪われた。

➡宮中グループ
天皇を支えた宮内大臣・内大臣・侍従長ら側近たちや重臣。牧野伸顕中心の「薩摩系」と木戸幸一中心の「長州系」があったとされる。

➡治安維持法
国体（絶対主義的天皇制）の変革、私有財産制度の否定を目的とする結社の組織者と参加者を処罰する法律。1925年に制定され1945年に廃止。当初の目的は共産主義者を取り締まることにあったが、次第に、反政府・反国策的な思想や言論の自由抑圧の手段となった。

➡南京大虐殺
日中戦争で南京占領後、日本軍によって行われた大量虐殺。1937年12月、軍による組織的な捕虜の虐殺、敗残兵や一般人の殺害、陵辱、略奪、放火などによって、多数の人々が命を失った。その数については、中国側は30万人、日本側の研究では10数万人から20万人とされているが、多数の人々が殺されたことに変わりはない。

たらよいのでしょうか。ここで、いくつかの提案をさせていただきます。

第1に、歴史を検証し、教訓をくみ取ることが必要です。あの戦争は何だったのかということを、今もなお問い続ける必要があります。戦争の実態、目的や意味について、国民全体での共通認識を得るための努力を、これからも続けなければなりません。

第2に、日本軍が行った戦争の実態から目を背けないという態度が必要です。日本軍は、**南京大虐殺**、日本版ホロコーストとも言うべき「**三光作戦**」、「**731部隊**」による生体解剖や人体実験、毒ガス・細菌戦、「**従軍慰安婦**」の創設・運用など、通常の軍隊ではありえないような戦争犯罪を犯しました。これを「自虐的だ」として無視したり、美化したりするのではなく、きちんと反省することが必要でしょう。

第3に、「ハンドル」の利きを良くすることが必要です。集団的な英知を集めて正しい選択を行うことができるようにしなければなりません。そのためには民主主義が不可欠です。政党や政治家の能力を高めるだけでなく、教育とマスコミによる賢い有権者＝市民の育成も重要でしょう。政治学を学ぶことは、その一環でもあります。

第4に、いつでも「ブレーキ」が作動するように、日頃から整備しておくことも必要です。そのためには、異論や異質なものを大切にする、少数者や少数意見を尊重する、周りの意見に付和雷同（ふわらいどう）せず、立ち止まって考え、自分の意見を持つ、などの生活態度を身につけたいものです。

第5に、世界に存在する様々な民族や人種、多様な文化を尊重し、同等の権利と尊厳を認め合うことも必要でしょう。とりわけ、中国や韓国・朝鮮の人々を蔑視したり敵視したりしないように心がけたいものです。かつて唱えられた「**脱亜入欧**」ではなく、「入亜入欧」という共生の精神こそ、先の戦争から学ぶべき最大の教訓ではないでしょうか。

➾三光作戦
日本軍が華北で実施した掃討作戦。中国側が名付けたもので、三光とは殺光（さっこう）（殺し尽くす）、焼光（しょうこう）（焼き尽くす）、搶光（そうこう）（奪い尽くす）のこと。中国側は318万人が殺され、1952万軒が焼かれ、5745万トンの食料が奪われたとしている。

➾731部隊（満州第731部隊）
細菌戦の研究・遂行のために中国・ハルビン郊外に設置された特殊部隊。1933年に発足し、正式名称は関東軍防疫給水部本部。初代部隊長の石井四郎陸軍中将にちなんで石井部隊とも呼ばれる。細菌など生物兵器の研究・開発のために「丸太」と呼ばれた中国人捕虜への人体実験も行っていた。

➾従軍慰安婦
戦時中、旧日本軍の軍人を対象に「売春」を強要された女性たち。その数は8万人とも言われ、ほとんどが当時の植民地から強制的に連行された。1991年末に韓国の元従軍慰安婦らによる提訴をきっかけに社会問題化し、日本政府は93年に公式に謝罪した。

➾脱亜入欧
アジアを脱し、ヨーロッパと同等の国になることを目指したスローガンや思想。アジアは遅れており、ヨーロッパは進んでいるという考え方を背景に、先進的な欧米列強の仲間に入ることが目標とされた。

資料8-2　第二次世界大戦の主要国における兵力と戦費、戦死者数の比較

	戦　費（億ドル）	兵　力（万人）	戦死兵（万人）	傷病兵（万人）	民間死者（万人）	総戦死者（万人）
米　　国	2880	1236	29.2	67.1		
イギリス		468	30.6	28.1	6	36.6
ソ　　連	930	1250	1360	500	772	2132
中　　国	490	500	132.4	176.2	1000	1132.4
主要連合国合計		3454	1552.2	771.4	1778	3301
日　　本	412	609	230		80	310
ド イ ツ	2123	1000	330		289.3	619.3
イタリア	210	450	26.2	12	9.3	35.5
主要枢軸国合計	2745	2059	586.2		378.6	964.8
交戦国総計			2357	1036.1	3110.4	5473.4
第一次大戦			802	2122.8	664.2	1466

出典：『岩波講座アジア・太平洋戦争１　なぜ、いまアジア・太平洋戦争か』（岩波書店、2005年）261ページ。

＊　第二次世界大戦での総戦死者数は、第一次世界大戦のときと比べ約4倍になった。激増したのは民間人の死者である。総戦死者数では、ソ連が2132万人と飛び抜けて多い。それに次ぐのが中国の1132.4万人だが、そのほとんどは日本軍による犠牲者であった。日本の戦費は412億ドル、兵力は609万人、総戦死者は310万人で、いずれも同じ枢軸国であったドイツよりも少ない。

占領と民主化
戦後改革の意味するもの

1　敗北と解放

1945年8月15日に大日本帝国は降伏しました。天皇の玉音放送に耳を傾ける臣民の姿が写真などで伝えられていますが、そこに実際に放送が流れていたかどうかは疑問です。流れていても、どれだけの国民がその内容を理解できたでしょうか。

このとき日本は、**ポツダム宣言**を受け入れて「無条件」で降伏したことになっています。しかし、実は天皇制の維持という条件付きだったのではないか、それが暗黙のうちに認められるとの確信が得られたから降伏したのではないかという見方もあります。

降伏文書は、9月2日に米戦艦「ミズーリ号」の甲板上で調印されました。したがって、正式な日本の降伏は8月15日ではなく9月2日です。「ミズーリ」はトルーマン米大統領の出身州から取った名前で、降伏文書に署名した日本の全権代表は重光葵（しげみつまもる）外相と梅津美治郎（うめづよしじろう）陸軍大将でした。

この降伏は、一方で、日本に敗北をもたらしましたが、他方で、日本の植民地となっていた朝鮮、中国、台湾や、占領されていた東南アジアの国々には解放をもたらしました。これらの国々にとって、日本の勝利ではなく敗北こそが、植民地からの独立のチャンスをもたらすものだったのです。

2　戦争末期の悲劇

この降伏によって、日本は全ての植民地を失っただけでなく、沖縄や奄美諸島も失いました。戦争末期に、日本の領土であった沖縄で民間人を巻き込んだ悲惨な地上戦が行われ、**集団自決**などの悲劇を生んだからです。民間人の犠牲者は12万人以上とも言われ、戦没者を追悼する「平和の礎（いしじ）」には、敵味方の区別なく24万人以上の名前が刻まれています。

その後、沖縄は米軍の占領下に置かれ、1952年に日本が「独立」を回復した後も、沖縄と奄美諸島はアメリカの**信託統治**の下で軍政が敷かれました。沖縄の施政権が日本に返還されるのは1972年のことになります。

戦争末期での悲惨な経験は、沖縄だけではありません。敗戦直前の8月9日未明、ソ連軍は**日ソ中立条約**を破棄して宣戦布告します。当時の満州国や朝鮮北部、南樺太・千島列島が攻撃され、多くの軍民が犠牲になりました。捕虜になった人々は**シベリア抑留**によって厳しい強制労働に従事させられ、数多くの人命が失われました。また、混乱の中で帰国できず、中国に残された**残留孤児**や**残留婦人**もいました。

さらに戦争末期、日本本土でも歴史に残る悲劇が起きました。**広島と長崎への原爆投下**です。原爆犠牲者に対する援助のために「原爆症認定集団訴訟

➾ポツダム宣言
連合国による日本に対する降伏勧告の宣言。ドイツのポツダムでの会談で合意され、米英中三国政府首脳の連名により、1945年7月26日に発表された。「全日本軍の無条件降伏」などを求めた13条から成っている。

➾集団自決
人々が集まって共に自ら命を絶つこと。沖縄戦では、一般住民が集団で自殺する行為が多発し、読谷村のチビチリガマ（洞窟）では120人以上、伊江村のアハシャガマでは約100人が集団自決したとされている。

➾信託統治
国際連合の信託を受けた国が一定の非独立地域を統治する制度。統治の大綱は国連憲章と信託統治協定によって定められ、統治については国連の監督を受けなければならない。

➾日ソ中立条約
日本とソ連（ソビエト連邦）の間で締結された中立条約。1941年に結ばれ、一方が第三国の軍事行動の対象になった場合の他方の中立などを定めた条約本文、満州国とモンゴル人民共和国それぞれの領土の保全と相互不可侵をうたった声明書から成る。

➾シベリア抑留
シベリアやモンゴルなどへの民間人を含む日本人捕虜の連行と強制労働への使役。第二次世界大戦末期にソビエト連邦軍の満州（現中国東北部）侵攻によって生じ、約60万人が強制的に連れ去られた。

➾残留孤児と残留婦人
ソ連参戦による混乱などで肉親と引き離されて中国に取り残された子どもたちが残留孤児。政府は、終戦時に13歳以上だったり身元が分かっていた人は「残留婦人等」として別に区分し、1981年から始まった訪日調査の対象にはしていない。

の原告に係る問題の解決のための基金に対する補助に関する法律」が成立したのは、2009年12月になってからのことです。

沖縄戦、広島と長崎への原爆の投下、そしてソ連軍の侵攻とシベリア抑留——いずれも、戦争末期の悲劇です。戦争全体では、1千万人にも上る中国の人々、900万人とも言われるアジアの人々、日本の軍民310万人が命を失いました。日本軍の死者は230万人とされていますが、その約6割は戦闘によるものではなく飢え死だったとの調査もあります。このような過ちと悲劇を二度と繰り返してはなりません。

戦争は政治の継続としてなされます。それを引き起こすのも避けるのも、政治の力であるということを忘れないようにしたいものです。私たちが政治を学ぶのは、何よりも、戦争を防ぎ平和を守るためなのですから。

➾広島と長崎への原爆投下
1945年8月6日午前8時15分に広島市に対して原子爆弾が投下され、当時の広島市の人口35万人(推定)のうち約14万人が死亡したとされる。長崎市への原子爆弾投下は8月9日午前11時02分になされ、当時の長崎市の人口24万人(推定)のうち約7万4000人が死亡、建物の約36%が全焼または全半壊した。

3 間接占領の開始とその意味

1945年8月30日、占領軍の最高司令官としてマッカーサーが専用機「バターン号」で神奈川県の厚木海軍飛行場に降り立ちました。マッカーサーは連合国軍が接収した第一生命ビル内の執務室で、1951年4月まで**連合国軍最高司令官総司令部**(GHQ)の総司令官として日本占領の指揮を執りました。

しかし、日本政府が無くなったわけではありません。首相も閣僚も、それまで通りに日本の政治の舵取りを行っていました。とはいえ、占領軍の厳しい指導と監視の下でではありましたが。

この時のように、占領地においてもともとの国の統治機構が存続し、それを指揮することを通じて占領行政を行うことを間接占領と言います。これに対して、直接、占領軍が軍政を敷く方式を直接占領と言います。激しい戦闘などによって統治のための仕組みが崩壊している場合などで採られる方式です。ドイツや沖縄、朝鮮に対しては直接占領でした。

➾連合国軍最高司令官総司令部(GHQ)
GHQは、General Headquarters(総司令部)の略。ポツダム宣言の執行のために日本において占領政策を実施した連合国軍の機関。極東委員会の下に位置し、10月2日に設置され、米太平洋陸軍総司令官のダグラス・マッカーサー元帥が連合国軍最高司令官(SCAP)に就任した。

資料9-1 広島に投下された原爆、原爆ドーム、天皇と並ぶマッカーサー

出典:https://commons.wikimedia.org/wiki/File:Atomic_cloud_over_Hiroshima.jpg#/media/File:Atomic_cloud_over_Hiroshima.jpg.

写真提供:広島県。

＊ 人類初の核攻撃となった広島への原爆投下による死者は約14万人。惨状を示す原爆ドームは旧広島県産業奨励館で、二度と悲劇を繰り返してはならないとの戒めをこめて世界遺産(文化遺産)に登録されている。

出典:https://commons.wikimedia.org/wiki/File:Macarthur_hirohito.jpg#/media/File:Macarthur_hirohito.jpg.

＊ 勝者と敗者を象徴するような衝撃の写真。日本国民に敗戦の現実を実感させた。当初、不敬に当たるとして新聞への掲載が禁じられたが、GHQは禁止処分を取り消して掲載を指示した。

日本が間接占領となったのは、日本政府が機能していたことや日本語のできる占領要員が十分養成されていなかったことなどの理由もあったでしょう。しかしそれ以上に、武装解除と占領統治の効率的な運用のために天皇の権威を利用しようと考えたためだったと思われます。そのために、天皇の戦争責任があいまいにされ、戦前の統治機構と政治指導者が残存するという問題が生まれました。

敗戦時、内外に陸軍547万人、海軍242万人、計789万人の日本軍が残存していました。その武装解除と復員は抵抗らしい抵抗もなく順調に進み、約60日ほどで終了しています。しかし、このとき中国大陸に旧日本軍によって**遺棄された毒ガス弾**は約70万発もあったと言われ、その多くは今も中国の大地に埋もれています。

4　戦後日本の骨格を形成した改革

占領軍の初期対日方針は、封建的・権威主義的傾向の是正や基本的人権の保障、民主主義の奨励などを明らかにし、政治犯の釈放を指示しました。それを明確にしたのが、1945年10月4日の「民権自由制限撤廃の覚え書き」です。これは天皇制批判への制限撤廃、治安維持法や特高警察など思想警察の廃止、内務省警保局長など警察官僚約4000人の罷免・解雇、政治犯の釈放などを求めていました。

10月9日には幣原喜重郎（しではらきじゅうろう）内閣が成立し、翌10日、政治犯439人が釈放され、共産党が合法化されます。そしてその翌日（11日）に出されたのが、「人権確保に関する5大改革」でした。これは幣原首相の就任直後に口頭指示としてなされたもので、①婦人の解放、②労働組合の助長、③教育の自由化・民主化、④秘密弾圧機構の廃止、⑤経済機構の民主化などが含まれていました。これによって、衆院選挙法の改正、婦人参政権の付与、民法の一部改正による「家」制度の廃止、労働組合法の制定、**教育勅語**・修身科の廃止などが実行されることになります。これら一連の改革を戦後改革と言いますが、その中でも戦後日本の骨格を形成した改革として重要なのは、日本国憲法の制定（次章参照）と労働改革・財閥解体・農地解放の三大経済改革です。

第1の労働改革は、労働組合法の制定（1945年12月）、団結権・団体行動権・争議権の保障（憲法第28条）、労働関係調整法公布（1946年9月）、労働基準法の制定（1947年4月）などによって実施され、労働組合活動が自由になりました。これは労働者自身の運動の成果であり、賃金と労働条件の改善という点で労働者に利益をもたらしたことはもちろんですが、同時に、労働者の生産意欲を高め、購買力を強めて国内市場を豊かにするという形で、経営者に対しても利益をもたらすものでした。

第2の**財閥**解体は、三井・三菱・住友・安田の四大財閥の構成員、持株会社取締役・監査役の産業界からの追放、三井物産・三菱商事の100～200社への分割という形で実施されます。これによって経営の刷新や若手経営者の台頭に道が開かれ、企業間競争による技術革新や革新的企業の参入などが促進されました。日本産業の近代化と産業力の強化の面で、財閥解体は大きな意味を持ったと言えるでしょう。

第3の農地改革は、最も広範にして成功した戦後改革でした。これは、第一次、第二次の2回実施され、**小作農**は激減して多くの**自作農**が生まれます。

➾遺棄された毒ガス弾
敗戦時に旧日本軍が中国に大量に遺棄した毒ガス兵器。1929年に陸軍は広島県大久野島で製造を始め、後に海軍も神奈川県寒川町に工場を建設した。約750万発が製造され、約70万発が中国に遺棄されたと推定されている。

➾教育勅語
天皇制国家の思想や教育の基本理念を示した勅語。教育に関する勅語ともいう。1890年に発表され、戦前の修身・道徳教育の根本規範となり、国民道徳の絶対的な基準とされた。

➾財　閥
第二次世界大戦前の日本に存在した独占的な巨大企業集団。コンツェルンの形態をとり、同族の閉鎖的な所有・支配のもとに、持株会社を中核として多角的経営を行った。三井・三菱・住友・安田の四大財閥が有名。

➾小作農と自作農
自らは土地をほとんど持たず土地所有者（地主）から借りて耕作し、小作料を支払う農民を小作農という。農業を営む農家が耕作すべき土地を自分で所有している場合は自作農である。農地解放以前は、土地を所有しない小作農が多数を占めていた。

➾ニューディール
大恐慌の経済危機の下でルーズベルト米大統領によって実施された一連の経済政策。ニューディールは「新規巻き直し」という意味。

➾トルーマン・ドクトリン
共産主義国の脅威にさらされた自由主義国の経済的軍事的援助を行うというアメリカの外交政策。1947年3月、アメリカの大統領トルーマンによって打ち出されたため、こう呼ばれる。

➾マーシャル・プラン
第二次世界大戦で被災した欧州諸国のためにアメリカが推進した援助計画。正式名称は欧州経済復興計画だが、提唱者の国務長官ジョージ・マーシャルの名を冠してこう呼ばれる。

土地を手に入れた農民は勤労意欲を高めて農業生産力が上昇し、所得の増大によって内需も拡大しました。相対的に豊かになった農民は保守化し、保守政党の強固な社会的基盤を形成することになります。

このほか、教育改革、両性の平等、地方自治、経済復興など、戦後改革に向けての諸施策が次々と実施されていきました。占領軍によるこのような改革は、占領軍内の**ニューディール**左派の人々によって実施されます。アメリカ本国で実現できなかった「夢」を、日本の占領政策として実行しようとしたのかもしれません。

これによって、一方で、日本の左翼政党は「お株」を奪われた形になり、他方で、不本意ながらも改革政策の実施主体となった保守政党は支持を拡大させ、結果的に政治的"果実"を受け取りました。これが、その後の自民党長期政権の基盤を形作ることになります。

5 反共の防波堤となるための逆コース

しかし、やがて戦後改革は、その方向を転換しました。冷戦が始まったからです。1947年3月の**トルーマン・ドクトリン**と6月の**マーシャル・プラン**によってアメリカとソ連の対立は本格化し、翌48年10月頃から対日占領政策の転換が明確になりました。1949年には、**下山事件・三鷹事件・松川事件**という不可解な事件が相次ぎ、大量解雇やレッド・パージが実施されます。この年の10月には、中国革命によって中華人民共和国が成立します。

1950年6月、朝鮮戦争が始まって「冷戦」は「熱戦」となり、非軍事・民主化から再軍備・経済復興へと、政策的な重点が変化しました。「逆コース」の始まりです。後方の出撃基地となった日本は**朝鮮特需**の恩恵を受けて急速な経済復興を遂げましたが、同時に、それは戦後改革の終わりを告げるものだったのです。

➾下山事件
国鉄(日本国有鉄道)の初代総裁下山定則(しもやまさだのり)が出勤途中に失踪し、死体となって発見された事件。失踪したのは1949年7月5日で、翌6日未明、常磐線綾瀬駅付近で轢死体となって発見された。

➾三鷹事件
中央本線三鷹駅構内で起きた無人の列車暴走事件。1949年7月15日午後9時過ぎに発生し、死者6人ほかの重軽傷者を出した。共産党員など組合員が起訴されたが、1955年に最高裁は非共産党員による単独犯行との判決を下した。

➾松川事件
国鉄東北本線松川・金谷川駅間で起きた列車妨害による転覆事件。1949年8月17日、鉄道のレールが外されていたために列車が脱線して転覆し、機関士ら3人が死亡した。国労福島支部員と東芝松川工場労組員の共同謀議に基づく犯行とされ、国鉄側10人、東芝側10人が起訴されたが、全員無罪となった。

➾朝鮮特需
朝鮮戦争の勃発にともなって日本にもたらされた特別な需要。戦争遂行のため、アメリカ軍や国連軍関係者から大量の物資が買い付けられ、日本経済は好況に転じた。戦争で生じた特需の額は1950年から1952年までの3年間に10億ドルと言われている。

朝鮮戦争に「参戦」した日本人

第二次世界大戦後の日本は、戦争に無縁のはずだった。戦場で人の命を奪った者も、命を失った者も、誰1人として存在しないはずである。

しかし、1950年6月に始まった朝鮮戦争に「参戦」した日本人がいた。戦争での犠牲者も出ていた。この事実はほとんど知られないまま、60年の歳月が流れた。

『東京新聞』2010年7月24日付の「こちら特報部」は、「朝鮮戦争に、日本人船員約2000人が操る39隻の戦車揚陸艦(LST)が"参戦"した史実」を伝えている。当時、LSTに乗り込んで輸送業務に従事していた生存者の証言を交えた記事である。

LSTは戦争終了後、海外からの引き揚げなどのために米国が日本に貸し付けていたものだ。朝鮮戦争が始まると商船管理委員会を通じて命令が下り、日本人船員を乗せたLSTは、「仁川上陸作戦、元山上陸作戦、興南救出作戦などに参加」したという。「拒否すると占領目的違反で逮捕されると脅された」そうだ。

この例だけではない。「朝鮮戦争時に、日本を離れて海上輸送に携わった日本人は約8000人にのぼる」とも報じられている。これだけ多くの日本人が朝鮮戦争に「参戦」していたとは、まことに驚くべき事実だと言えよう。

LSTに乗り込んだ2000人のほかに、物資を運ぶ機帆船の船員約1300人、仁川に派遣された港湾労働者が約1000人、日本の特別調達庁を通じて集められた船員が2000～3000人。さらに、特別掃海隊の隊員約1200人が含まれていた。

1950年10月17日、日本の特別掃海隊は元山沖で機雷に接触し、1人が死亡、18人が負傷した。11月には、元山沖を航行中の大型引き船が機雷に接触して沈没。日本人船員22人が亡くなっている。戦後における、戦争の犠牲者である。

敗戦後の再出発
「青写真」としての日本国憲法

1 「国のかたち」を決めるもの

日本の国の基本法は憲法です。憲法は、日本という「国のかたち」を決めるものです。戦後の日本の「国のかたち」は、日本国憲法（以下で、「憲法」と呼ぶ場合がある）の前文によって示されています。

憲法前文は、「主権が国民に存することを宣言し」て国民主権の原則を明らかにしています。また、「恒久の平和を念願し」、「平和を愛する諸国民の公正と信義に信頼して、われらの安全と生存を保持しようと決意した」こと、「平和のうちに生存する権利を有することを確認」しています。これは「恒久平和主義」の原則であり、「平和的生存権」の保障です。

この国民主権、恒久平和主義に基本的人権の尊重を加えたのが、「憲法三大原理」と言われるものです。これに、議会制民主主義と地方自治をあわせて「憲法五原則」とする考え方もあります。

資料10-1は、大日本帝国憲法（旧憲法）と日本国憲法（現憲法）との主な違いを比較したものです。旧憲法とは異なる現憲法の原理や原則によって示される日本という「国のかたち」は、日本の国籍を持つ者だけでなく、ここに住む全ての人が個人として尊重される民主的で平和な国です。ひと言で言えば、「平和・民主国家」日本の姿です。

憲法は国の基本法ですから、あらゆる法律や制度はこの憲法に基づくものでなければなりません。憲法に反する法律は許されず、裁判などでも判断の基準は憲法におかれます。天皇や**摂政**、国務大臣や国会議員、裁判官、公務員は、第99条の憲法尊重擁護義務によって、憲法を守ることが義務づけられています。

2 戦後の天皇制

憲法と現実との矛盾の代表的な例の1つが天皇制です。戦後の天皇制は、**絶対主義的天皇制**とは異なる象徴天皇制です。その「地位」は「主権の存する日本国民の総意に基づく」もので、**元首**ではなく、天皇の国事行為は憲法によって厳格に規定されています。これがそのまま守られていれば憲法違反だということにはなりません。問題は、天皇の行為がそれだけに限られず、あたかも「元首」であるかのような色彩が強まっているという点にあります。

天皇には、「国事行為」「公的行為」「私的行為」という3つの「行為」があるとされています。第1の「国事行為」は憲法第7条で規定されている10項目ですが、これに第6条の内閣総理大臣の任命と最高裁判所裁判官の任命の2項目を加えたものが国事に関する行為です。第2の「公的行為」は憲法第1条の象徴規定から生ずるとされているもので、宮内庁は「公的な性

➾摂　政
君主に代わって政務を行うこと、またはそのような人。天皇が成年に達しないとき、精神や肉体における重大な疾患または事故を負ったために政務を執ることができないとき、成年の皇族が任ぜられる。

➾絶対主義的天皇制
古代や封建時代の天皇制とは異なる、明治以降、敗戦まで存続した近代天皇制のこと。天皇は唯一絶対の「神」として、強大な権力と権威を持ち、軍部・官僚・資本家・地主階級の頂点に立った。大日本帝国憲法によって制度的に完成し、国内では民主主義を抑圧し、対外的には中国をはじめアジア諸国を侵略した。

➾元　首
国家を代表し得る地位。条約締結や外交使節の派遣・接受などだけでなく、対内的にも一定の行政的権能を有する。本来、君主を指したが、今日では大統領だけでなく合議体やその議長の元首も存在する。日本国憲法には明記されておらず、内閣または総理大臣説が一般的だが、天皇の元首化の動きも強まっている。

格を持つ行為。国政の権能にわたらないよう、国事行為に準じて内閣の助言と承認を受ける」と定義しています。そして、第３は、これ以外の私的生活に関わる行為です。

第１の「**国事行為**」は憲法の条文によって明示されていますから、はっきりしています。第３の私的行為も、天皇のプライベートな生活ですから、問題はありません。

問題は、第２の「**公的行為**」です。その範囲や限界がはっきりせず、公私の区別をつけにくい部分があるからです。加えて、ときの政権が天皇の権威を政治的に利用しようとすることもあります。そのような懸念を持たれないよう、公的行為についてはできるだけ限定することが必要でしょう。

もう１つ指摘しておかなければならないことは、天皇一家には基本的人権が保障されていないということです。天皇一家には、憲法第３章に規定されている**法の下の平等**、**思想・良心の自由**、**信教の自由**、**居住・移転・職業選択の自由**、**外国移住・国籍離脱の自由**、**婚姻の自由**などが認められていません。

また、世襲制という問題もあります。天皇は世襲で、天皇家に生まれた長男は皇太子や天皇となることを拒否できません。現行の規定では、女性が天皇となることも認められていません。

このような不自由や性差別が「日本国の象徴」と結びついていることを、無視するわけにはいかないでしょう。天皇制と天皇家は、憲法に開いた「ほころび」であるということができます。

3　非武装憲法の下での武装

憲法と矛盾する２つ目の存在が、自衛隊です。恒久平和主義に基づいて、**憲法第9条**では「国際紛争を解決する手段」としての戦争を放棄し、この「目的を達するため、陸海空軍その他の戦力は、これを保持しない」と書かれて

➾国事行為
日本国憲法によって天皇が行うものと規定されている行為。天皇の国家機関としての行為とされ、いずれも「内閣の助言と承認」が必要である。具体的には、内閣総理大臣および最高裁長官の任命、憲法改正・法律・政令・条約の公布、国会の召集など。

➾公的行為
天皇の国事行為と私的行為以外の象徴としての地位に基づく行為。具体的には、外国賓客の接遇、外国訪問、国会開会式への出席、新年一般参賀、全国植樹祭や国民体育大会への出席など。

➾法の下の平等
法的権利・義務の関係において国民は等しく扱われなければならないという原則。人は生まれながらにして平等であるという思想に基づき、アメリカ独立宣言やフランス人権宣言、日本国憲法第 14 条などに規定されている。

➾思想・良心の自由
自由権の１つで、日本国憲法第 19 条で定められた権利。いかなる思想・信条を持とうとも、それが内心のものにとどまる限り処罰されず、いかなる身分、国籍の者であっても内心の自由は保護され、思想調査などを行うことは許されない。

➾信教の自由
自由権の１つで、宗教を信仰し、

資料 10-1　旧憲法と現憲法の比較

	大日本帝国憲法	日本国憲法
主権者	天皇	国民
平和主義	規定なし	戦争放棄，軍備不保持
基本的人権の保障	若干の自由権のみで法律により制限	自由権，参政権，社会権など，基本的人権の不可侵性を認める
天皇の地位	神聖にして侵すべからず	日本国の象徴であり，日本国民統合の象徴
憲法改正	天皇が発議し，帝国議会で決定	国会が発議し，国民投票で決定
国会の地位	天皇の立法を協賛するだけ	国権の最高機関，唯一の立法機関
国会の構成	貴族院（非公選）と衆議院	衆議院と参議院
法律の成立	議会の協賛と天皇の裁可が必要	国会の議決だけで成立
内閣と国会	帝室内閣制。内閣は天皇に対して責任を負う	議院内閣制。内閣は国会に対して責任を負う
内閣の地位	天皇の補弼機関	行政権を持つ
内閣の不信任	議会に権限なし	衆議院による不信任権あり
内閣総理大臣	天皇が任命	国会が指名。天皇はそれに基づいて形式的に任命
首相と大臣	首相は同輩中の筆頭で首班	首相は内閣の首長。大臣の任免権限あり
国務大臣	天皇が任命	内閣総理大臣が任命
裁判所の地位	司法権は天皇に所属	司法権は独立
違憲立法審査権	なし	あり
国民審査	なし	あり
地方自治	規定なし	規定を新設
自治体の条例制定権	なし	あり

出典：『現代日本政治』56ページ。

います。日本は「戦争をしない国」であり、軍隊も持たないというわけです。しかし、現実には自衛隊という軍隊が存在しています。2019年の日本の軍事費は、アメリカ、中国、サウジアラビア、ロシア、インド、イギリス、フランスに次ぐ8番目の規模になっていますから、もはや立派な軍事大国です。

自衛隊は1950年の朝鮮戦争を契機に、警察予備隊として誕生しました。朝鮮半島に出兵した米軍の代わりに基地などを警備するためです。当時は、世界が東側陣営と西側陣営に分かれて厳しく対立していましたから、東側から攻められるかもしれないという恐れの感情もあったでしょう。

このような国民の不安感を背景に、憲法第9条の規定は自分の国を自分で守る「個別的自衛権」を否定しているわけではなく、自衛のための軍隊であれば保持できるという解釈によって、軍事力の保有が正当化されました。これを「**解釈改憲**」と言います。そのために、憲法上の規定と現実との違いが拡大し続けることになりました。

警察予備隊は1950年8月に発足します。7万5000人の規模で「警察力の不足を補う」（警察予備隊令）という治安維持の名目でした。しかし、実態は小規模な軍隊で、米軍基地を守るためのものです。装備は小銃だけでなく「特車」と呼ばれた戦車までありました。組織的にも警察とは別系統で、総理府の直轄で内閣総理大臣の指揮を受けました。

4　保安隊から自衛隊へ

講和条約と旧安保条約発効後の1952年7月に保安庁法が成立し、軍事部隊としての性格が強まります。こうして、10月に警察予備隊は11万人に増員され、保安隊へと改編されます。同時に、7590人の海上警備隊が新設され「海軍」が復活しました。

さらに、1954年3月に日米相互防衛援助協定（MSA協定）が結ばれ、日本は「自国の防衛力の増強」について「義務」を負うことになり、7月に自衛隊が発足します。このとき航空自衛隊が誕生し、陸・海・空の三自衛隊と防衛庁の発足によって、保安隊が廃止されました。

このように、自衛隊は旧帝国軍隊とは別個に、戦後、新たに発足したという歴史を持っています。しかし、実体は一連のものです。かつて私は海上自衛隊佐世保史料館（セイルタワー）を訪問したことがありますが、これは旧海軍士官の集会所だった佐世保水交社跡地に建っており、帝国海軍や海上自衛隊の史料、模型やジオラマによって船や飛行機などが紹介されています。幕末の海軍伝習所から海上自衛隊まで、その歴史が一貫していることが良く分かる展示で、海上自衛隊自身、今日ではそのことを隠してはいません。

5　独立したはずなのに

憲法と矛盾する3つ目の存在が、**日米安全保障条約（安保条約）**です。日本は1951年にサンフランシスコ条約を結び、翌52年4月28日に「独立」しました。しかし、東側陣営に対する極東の防波堤として日本を利用しようとしたアメリカは引き続き米軍を駐留させることを望み、ソ連など東側から攻められることを恐れた日本政府もそれを受け入れました。これが安保条約です。こうして、「戦争をしない国」のはずなのに、世界最大の軍事大国アメリカの軍隊と基地が存在し、そのための法律や制度（安保法体系）が張り

宗教上の行為を行う自由。日本国憲法第20条で定められた権利。誰でも自己の欲する宗教を信仰し、布教・宣伝等の宗教的行為を行い、宗教団体を設立することができ、そのことによって罰せられることはない。

➾居住・移転の自由・職業選択の自由
自由権の1つで、日本国憲法第22条で定められている。誰でも、自らの欲するいかなる場所にも住み、それを変更することができる。これには外国に移住する自由（海外移住の自由）も含まれる。自分が従事したい職業を任意に選択することも自由である。

➾外国移住・国籍離脱の自由
自由権の1つで、日本国憲法第22条で「何人も、公共の福祉に反しない限り、居住、移転及び職業選択の自由を有する。何人も、外国に移住し、又は国籍を離脱する自由を侵されない」と定められている。

➾婚姻の自由
憲法第24条は、「婚姻は、両性の合意のみに基いて成立」することを規定している。これは、旧来の「家」制度を否定し、家族関係形成の自由・男女平等の理念を家族モデルに取り入れるためのものである。ただし、結婚には年齢制限のほか、既婚者の重婚の禁止、直系血族・姻族、養子縁組した者同士の結婚の禁止など、さまざまな制限がある。

➾憲法第9条
日本国憲法の条文の1つで、平和主義を規定している。第1項「戦争の放棄」、第2項前段「戦力の不保持」、第2項後段「交戦権の否認」の3つの要素から構成され、「平和憲法」と呼ばれるのは、この第9条の存在と憲法前文の記述に由来している。

➾解釈改憲
解釈を通じて条文の意味を変える効果を生じさせること。すなわち憲法の条文を正規の手続きに従って変える明文改憲に対し、条文の解釈を変えることで内実の変更を実現しようとすること。例えば、第9条の条文を変えることなしに、解釈の変更によって防衛力を増強し、日米安保条約による軍事同盟を強めている。

➾日米安全保障条約（安保条約）
日米同盟の基礎となる軍事条約。1951年にサンフランシスコ講和条約と一緒に結ばれたのが旧安保条約で、1960年に改定されたのが新安保条約。旧条約によって米軍の駐留と基地の自由使用が定め

めぐらされるという矛盾が生じました。

このようなほころびや矛盾は、歴代の政府が憲法を厳密に守っていれば基本的には生じなかったはずのものです。しかし、憲法を無視したり解釈を変えたりしながら、政府は憲法と現実との矛盾を拡大してきました。最高裁判所は、法律や制度が憲法に違反していないかどうかを審査する権利を持ちます（**違憲立法審査権**）が、政府の行為は統治のために高度の政治的判断を要するという理屈（**統治行為論**）によって、この権利を放棄してしまいました。

そのうえ、自衛隊が「一人前」になったため、アメリカや財界からの期待と要求が強まってきました。「自衛」のためではない外国での活動が期待され、2014年7月1日、**集団的自衛権**の一部行使容認が閣議決定され、翌15年9月19日には安保法が成立しました。こうして、憲法と実態との矛盾はもはや解釈で言い逃れできないレベルにまで高まってきました。

日本国憲法の条文、特に第9条を変えようという意見があるのは、そのためです。解釈（解釈改憲）や個別の立法（立法改憲）では対応できなくなったから、憲法の条文そのものを変えよう（明文改憲）というわけです。

憲法は国の基本法であり、「国のかたち」を決めるものです。憲法を変えれば、当然、「国のかたち」も変わります。もしそうなれば、戦後の出発点において日本がめざした「平和・民主国家」という姿も、大きく変容することになるでしょう。憲法を変える必要があるのかどうか。もし変えるとすれば、それをどのように変えるのか。改憲の是非とその方向をめぐって、国民的な論議が必要な理由がここにあります。

2010年が日米安保条約の改定から半世紀であったため、「日米同盟の深化」が課題とされました。しかしそれは、日米間の軍事的協力関係を強め、日本の軍事分担を増やすことであってはなりません。国家間の紛争があったとしても、それを武力で解決しないというのが憲法の精神なのですから。

られた。

➡違憲立法審査権
法令が憲法に違反するか否か（憲法適合性）を審査し、その有効・無効を判断する権限。法令審査権とも言う。裁判またはそれに類似した手続きによって行われる。

➡統治行為論
きわめて高度の政治性を有する行為（統治行為）は裁判所の違憲立法審査の対象にならないという理論。条約の締結や衆院の解散など、国家統治の基本に関する問題について、法的判断は可能であっても、司法審査は及ばないとされる。

➡集団的自衛権
同盟国への攻撃を自国への攻撃と見なして反撃することができる権利。国連憲章第51条ではじめて認められた。政府の解釈では、集団的自衛権の行使は憲法違反とされてきたが、2014年7月1日の閣議決定で変更された。

資料10-2　安保・自衛隊関連年表

1950年6月25日	朝鮮戦争勃発。8.10警察予備隊令公布・施行
1951年9月8日	対日講和条約・日米安全保障条約（旧）調印
1952年2月28日	日米行政協定調印。4.28講和条約・旧安保条約発効。10.15「保安隊」発足
1954年3月8日	日米相互防衛援助協定（MSA協定）調印。6.9防衛庁設置法・自衛隊法公布
1960年1月19日	日米安保条約（新）・日米地位協定調印。6.23批准書交換・発効
1978年11月27日	日米防衛協力のための指針（ガイドライン）了承。空自初の日米共同訓練
1986年10月27日	初の日米共同統合演習を実施（～10.31）
1991年4月26日	自衛隊掃海部隊、湾岸戦争停戦後の機雷除去のためペルシャ湾に出発
1992年6月15日	PKO協力法・国際緊急援助隊派遣法改正成立
1996年4月15日	日米物品役務相互提供協定調印。4.17日米安保共同宣言に署名
1997年9月23日	新ガイドライン了承
1999年5月24日	周辺事態法など新ガイドライン関連法成立
2001年10月29日	テロ対策特措法成立
2003年6月6日	武力攻撃事態対処法など有事関連法成立。7.26イラク復興支援特措法成立
2004年1月9日	陸自、イラクに派遣。1.22空自も派遣。2.14海自、インド洋に派遣
2007年1月9日	防衛庁、防衛省に昇格
2008年1月16日	新テロ対策特別措置法成立
2013年11月26日	国家安全保障会議（日本版NSC）設置法成立。14.1.7国家安全保障局発足
2013年12月6日	秘密の保護と漏洩に関する罰則を強化した特定秘密保護法成立
2013年12月17日	初の国家安全保障戦略。新防衛計画の大綱、新中期防衛力整備計画を決定
2015年9月19日	平和安全法制整備法（安保法）、参院で成立

出典：著者作成。

戦後政治モデルの形成
「55年体制」と60年安保

1　日本の「独立」——対日講和条約と旧安保条約の締結

日本は、**サンフランシスコ講和条約**によって主権を回復し、「独立」しました。しかし、駐留軍だった米軍は日本に残り、政治・外交・軍事・経済的な面で深くアメリカに依存することになりました。このような対米従属があまりにも強いために、果たして、日本は本当に独立したと言えるのかという疑問が生まれたほどです。

全権代表の吉田茂(よしだしげる)首相は、**講和条約調印**の5時間後、米第6軍司令部に1人でおもむき、日米安全保障条約（旧安保条約）に調印します。アメリカは、極東における戦略的な軍事拠点として日本を位置づけており、主権を回復した後も米軍の駐留を望んでいました。吉田は、これに応えたわけです。

この旧安保条約と**日米地位協定**の締結によって、日本には全く異なる2つの法体系が存在することになりました。1つは日本国憲法の体系であり、戦争放棄と軍隊の不保持を定めています。もう1つは安保条約に関連する法体系であり、戦争準備と外国軍隊の駐留を定めています。両者は正反対の内容を持ち、相互に矛盾するものですが、憲法解釈の変更と裁判所の統治行為論によって、憲法体系が歪められてきました。

その結果、戦後日本の平和は、危うい均衡の下に保たれることになりました。一面では、安保条約によって日本は戦争に巻き込まれました。ベトナム戦争などの出撃・補給基地として、在日米軍基地は重要な役割を果たしました。他面では、憲法の平和原則によって、戦争への協力には大きな制約が課せられています。韓国などとは異なって、日本はベトナム戦争に自衛隊を派遣することはありませんでした。

イラク戦争では、航空自衛隊がバグダッド空港に、陸上自衛隊がイラクのサマーワに派遣されましたが、それは「**非戦闘地域**」でなければならないとの条件付きでした。アメリカの求めに応じてイラクに連れ出された自衛隊は、憲法が課した制約によって守られていたことになります。

2　1955年にできあがった戦後政治構造

1955年は、日本の政治構造において大きな意味のある年になりました。この時、それからおよそ半世紀にわたって続く政党制ができあがったからです。それは、一方では自由民主党（自民党）、他方では日本社会党（社会党）という2つの大きな政党が成立し、両者が対峙するというものでした。これを「**55年体制**」と言います。

1951年に**日本社会党**は、講和条約と旧安保条約への対応をめぐり、両方に反対した左派社会党と講和条約には賛成した右派社会党とに分裂しまし

➾サンフランシスコ講和条約
1951年9月8日にサンフランシスコのオペラハウスで調印され、1952年4月28日に発効して占領状態が終わった。日本の全権団は首相の吉田茂をはじめ、国民民主党や自由党、参議院緑風会などを含む6人。「全面講和」を主張していた社会党は代表を送らなかった。

➾講和条約の調印
講和会議には、連合国55ヵ国のうち、インド、ビルマ、ユーゴスラビアは出席せず、ソ連、ポーランド、チェコスロバキアは出席したが、調印しなかった。日本による侵略の最大の被害国であった中国は招待されず、調印したのは48ヵ国だった。

➾日米地位協定
日米安保条約第6条に基づいて日本に駐留する米軍の法的地位などを定めた協定。米兵の犯罪容疑者について起訴までの身柄は米国が拘束するとされており、沖縄県などは改善を求めてきた。

➾イラク戦争
アメリカなどの有志連合によって行われたイラクに対する軍事侵攻。イラクのフセイン政権が大量破壊兵器を開発し、保有しているとして、2003年3月20日に開始された。フセイン政権は倒れたが、大量破壊兵器は見つからなかった。このとき派遣された航空自衛隊が武装した兵員を輸送したため、名古屋高裁で違憲判決が下された。

➾非戦闘地域
一般的には、直接武力攻撃を受けない地域だが、ここではイラク復興支援特別措置法に基づいてイラクに派遣された自衛隊の活動地域のこと。憲法で戦争を放棄しているため陸上自衛隊は非戦闘地域とされたサマーワでしか行動できず、ここで人道的支援や他国軍の後方支援などを行った。

た。しかし、保守政権による「逆コース」や改憲への動きに対抗するため、「護憲と反安保」を掲げて1955年10月に統一します。

この社会党の一本化に危機感を高めた財界からの働きかけもあって、日本民主党と自由党の2つの保守政党が一緒になります。こうして、左右社会党の統一から1ヵ月後の11月に、**自由民主党**が結成されました。

一般に、このような政党制は「二大政党制」と呼ばれています。しかし、それは不正確です。自民党と社会党の国会議員の勢力比は、おおむね2対1の割合でしたから、正確に言えば、「1と2分の1政党制」です。自民党一党優位政党制、**優勢政党制**などという言い方もあります。

二大政党であれば、勢力が均衡しているだけでなく、交互に政権を担うことができなければなりません。しかし、自民党が政権を去って、社会党が政権に加わったのは1993年のことであり、それまで48年間も政権交代はなく、基本的には自民党の単独政権が続きました。

二大政党のような外見が生まれたのは、自民党と社会党が全く相反する政策や方針を打ち出していたからでもあります。一方の自民党は保守政党で改憲をめざし、安保体制の維持を掲げていました。他方の社会党は革新政党で護憲を掲げ、安保反対で非武装中立路線をめざしていました。このため、東西2つの陣営が対峙する冷戦体制に対応した「国内冷戦」の体制であるという見方もありました。

しかし、実際には、国会審議でなれ合ったり、水面下での裏取引や妥協、談合などもあり、必ずしも対立していたわけではありません。それに、この2つの政党以外にも、戦前からの歴史をもつ共産党があり、1960年代に入ると、民社党や公明党も誕生するようになりました。1970年代に入って以降、新自由クラブや社会民主連合も登場したため、このような「多党化状況」はますます強まりました。

⊸55年体制
自民党と社会党の2つの大きな政党が対峙していた体制。1955年に自民党が結成され、左右の社会党も統一してこの構図が成立したため、こう呼ばれる。1993年まで続いた。

⊸日本社会党（社会党、Social Democratic Party Japan、SDPJ）
日本の代表的な社会民主主義政党。1945年11月に、共産党を除く戦前の無産政党関係者で結成された。1951年から左右に分裂したが、1955年に合同。細川政権の与党になり、村山政権では首相を出した。1996年に後継政党である社会民主党に改組した。

⊸自由民主党（自民党、Liberal Democratic Party、LDP）
自由党と日本民主党が合同（保守合同）して結成された保守政党。自由党、進歩党、協同党の流れを汲んで1955年に結成。アメリカと財界に支援され、2009年までほぼ一貫して国会での多数を占め、政権与党の立場にあった。

⊸優勢政党制
自由な競争の下で、選挙でも議会でも1つの政党が大きな勢力を占め続けている政党制。一党優越政党制や一党優位政党制とも訳される。自民党が政権与党であり続けた「55年体制」下での日本が好例とされる。

資料11-1　日本国とアメリカ合衆国との間の相互協力及び安全保障条約（日米安保条約）

第一条　略
第二条　締約国は、その自由な諸制度を強化することにより、これらの制度の基礎をなす原則の理解を促進することにより、並びに安定及び福祉の条件を助長することによつて、平和的かつ友好的な国際関係の一層の発展に貢献する。締約国は、その国際経済政策におけるくい違いを除くことに努め、また、両国の間の経済的協力を促進する。
第三条　締約国は、個別的に及び相互に協力して、継続的かつ効果的な自助及び相互援助により、武力攻撃に抵抗するそれぞれの能力を、憲法上の規定に従うことを条件として、維持し発展させる。
第四条　締約国は、この条約の実施に関して随時協議し、また、日本国の安全又は極東における国際の平和及び安全に対する脅威が生じたときはいつでも、いずれか一方の締約国の要請により協議する。
第五条　各締約国は、日本国の施政の下にある領域における、いずれか一方に対する武力攻撃が、自国の平和及び安全を危うくするものであることを認め、自国の憲法上の規定及び手続に従つて共通の危険に対処するように行動することを宣言する。
　前記の武力攻撃及びその結果として執つたすべての措置は、国際連合憲章第五十一条の規定に従つて直ちに国際連合安全保障理事会に報告しなければならない。その措置は、安全保障理事会が国際の平和及び安全を回復し及び維持するために必要な措置を執つたときは、終止しなければならない。
第六条　日本国の安全に寄与し、並びに極東における国際の平和及び安全の維持に寄与するため、アメリカ合衆国は、その陸軍、空軍及び海軍が日本国において施設及び区域を使用することを許される。
　前記の施設及び区域の使用並びに日本国における合衆国軍隊の地位は、千九百五十二年二月二十八日に東京で署名された日本国とアメリカ合衆国との間の安全保障条約第三条に基く行政協定（改正を含む。）に代わる別個の協定及び合意される他の取極により規律される。
第七条　この条約は、国際連合憲章に基づく締約国の権利及び義務又は国際の平和及び安全を維持する国際連合の責任に対しては、どのような影響も及ぼすものではなく、また、及ぼすものと解釈してはならない。
第八条　略／**第九条**　略
第十条　この条約は、日本区域における国際の平和及び安全の維持のため十分な定めをする国際連合の措置が効力を生じたと日本国政府及びアメリカ合衆国政府が認める時まで効力を有する。
　もつとも、この条約が十年間効力を存続した後は、いずれの締約国も、他方の締約国に対しこの条約を終了させる意思を通告することができ、その場合には、この条約は、そのような通告が行なわれた後一年で終了する。

3　安保闘争

戦後日本政治のもう1つの大きな曲がり角は1960年でした。この年に、戦後最大の大衆運動として記録されている**安保闘争**（**安保条約改定反対闘争**）と、戦後最大の労働争議であった三井三池争議がありました。

旧安保条約の改定は1958年頃から具体化し、1960年1月に新安保条約が結ばれます。旧安保条約はあまりにも**片務**的であり、これをできるだけ対等なものにしたいというのが、岸首相の考えでした。アメリカ側も、日本の防衛分担をもっと増やしてほしいということで、この改定を受け入れます。

具体的には、内乱に関する条項の削除、事前協議制や日本の防衛力増強義務の導入などが、新たに規定されました。日米共同防衛についても明文化されますが、それは米軍が日本を防衛する代わりに、日本の領土内における在日米軍基地を自衛隊が防衛するというもので、必ずしも「対等」なものではありませんでした。

この改定は日米間の軍事同盟としての色彩を強め、その守備範囲を「極東」（グアム以西、フィリピン以北）に拡大するものでした。また、これを押し進めたのが、東条内閣の閣僚で**A級戦犯**の容疑者であった岸信介（きしのぶすけ）首相だったことも、国民の憤激と警戒感を高めました。

当初、安保条約の改定に反対する運動の盛り上がりはそれほどでもありませんでした。しかし、1960年5月19日に衆議院で強行採決が行われてからは、議会制民主主義を守ろうとする人々を含めて、反対運動は国民的な規模に拡大しました。

岸首相が強行採決を行ったのは、6月19日にアイゼンハワー米大統領が来日する予定で、これに間に合わそうと考えたからでした。結局、反対運動の急速な高揚によってこの訪日は断念されます。訪日のための強硬手段が、かえってそれを不可能にしてしまったというわけです。

4　三池争議

この安保闘争が盛り上がっていたとき、九州の大牟田でも大規模な争議が行われていました。三井鉱山の下にあった**三池炭鉱での解雇反対闘争**です。このころ、エネルギー革命によって、石炭から石油への転換が進められていました。その結果としての人員整理でしたが、1297人の指名解雇者の中には労働組合の職場活動家が多く含まれており、組合の弱体化を狙った解雇としての性格の強いもので、激しい抵抗を呼び起こします。

上部団体であった**炭労**や、そのまた上部団体である**総評**は全面的なバック・アップ体制を取り、「総資本対総労働の対決」と言われたほどでした。そのヤマ場は1960年7月17日の「ホッパー（貯炭槽）決戦」で警官隊1万人と組合側2万人が対峙しましたが、最終的に労働側は斡旋（あっせん）案を受け入れて敗北します。

安保闘争も三池争議も、運動としては成功しませんでしたが、その後の政治や企業経営のあり方に大きな影響を及ぼしました。とりわけ、安保闘争によって、保守支配のあり方は大きく変わりました。これ以降、自民党は改憲路線を手控え、政治的な対決を避けつつ、戦前モデルではない政治のあり方を模索するようになっていきます。

➡安保闘争（安保条約改定反対闘争）
日米安全保障条約の改定に反対して展開された日本史上最大の大衆的社会運動。1959年に結成された社会党や総評など13団体による安保改定阻止国民会議とその下の県民会議等224の地方組織を中心に展開された。自民党によって強行採決された1960年6月以降、全国的な国民運動に発展し、岸内閣は条約の自然承認後の7月に退陣した。

➡片務と双務
契約当事者の一方だけが義務を負うのが片務。相手方はこれに対する対価的な義務を負わない。これに対して、契約の当事者間に相互的な債権・債務の関係が生ずるのが双務である。

➡A級戦犯
東京裁判で起訴され「侵略戦争を計画・遂行した」として「平和に対する罪」を問われた28人の被告のこと。判決では免訴された3人を除く全員が有罪となり、東条英機元首相ら7人が絞首刑となった。1978年に靖国神社に合祀されたのは、この7人と病死した松岡洋右元外相ら7人の計14人。

➡三池争議
大牟田の三井三池炭鉱で発生した戦後最大の労働争議。1959年12月、三井鉱山が指名解雇を通告し、これに三池労組が反発。1960年1月のロック・アウト以降、無期限ストライキで対抗した。その後、労組は方針の違いから分裂し、中央労働委員会のあっせんを受け、12月に操業が再開された。

➡炭労（日本炭鉱労働組合）
石炭産業で働く炭鉱労働者によって組織された産業別労働組合。1950年に日本炭鉱労働組合連合会を拡大して結成。1953年秋の三鉱連による「英雄なき113日の闘い」、1960年の三池争議などを指導した。エネルギー革命と相次ぐ炭鉱閉山によって2004年に解散。

➡総評（日本労働組合総評議会）
連合結成まで最大だった労働組合の全国的中央組織。1950年7月に、左翼的で戦闘的な産別会議に対抗して民同系が結集し、GHQの支持の下に発足。当初、組合主義の立場で結成されたが、その後戦闘性を強め、労働運動の中心的存在となった。1989年に連合の発足により解散。

5　ベトナム反戦運動と沖縄返還運動

1950年6月に始まった朝鮮戦争は、「朝鮮特需」によって日本の戦後復興を助けました。同様に、ベトナム戦争は「ベトナム特需」によって日本の経済成長を後押ししたと言えるでしょう。戦後の日本も、戦争と無縁ではなかったということです。

戦前のベトナムはフランスの植民地でした。戦後、敗北した日本の後を受けてフランスは舞い戻りましたが、結局は追い出されてしまいました。その後を受け継いだのがアメリカです。アメリカは、1954年の**ジュネーブ協定**に調印せず、ベトナム南部にゴー・ジン・ジェム政権を樹立します。

➾ジュネーブ協定
ジュネーブで結ばれたインドシナ戦争の和平協定（インドシナ休戦協定）。ベトナム、ラオス、カンボジアに関する３つの休戦協定や各国政府による９つの宣言などからなる。協定にはアメリカとベトナム（バオ・ダイ政権）は調印せず、ベトナム戦争再発の一要因となった。

そして、1965年には、トンキン湾でアメリカの艦船が攻撃されたとの口実で、ベトナム北部に対する大規模な爆撃（北爆）を開始します。嘘をついて戦争を正当化したという点では、後のイラク戦争とよく似ています。

こうして、ベトナム戦争は一挙に拡大し、全世界で大規模な反戦運動が取り組まれるようになります。反戦運動の高まりとベトナム解放民族戦線による抵抗闘争、北ベトナム軍の反抗によって、1975年4月30日にサイゴンが陥落し、米軍はベトナムから追い出されました。

ベトナム反戦運動は、事実上の出撃・補給基地となった日本国内でも高揚しました。とりわけ、B52戦略爆撃機の出撃基地となった沖縄では、日本への施政権返還を求める「祖国復帰」運動が高まります。

こうして、1972年5月に沖縄の返還が実現しました。このとき、沖縄にあった核兵器は撤去されましたが、朝鮮半島での戦争など有時における再持ち込みなどを、日本政府は秘かにアメリカに約束しました。これが「密約」問題です。その後の調査によって、「密約」の存在は基本的に確認されたと言ってよいでしょう。

日米同盟の闇――「密約」問題と沖縄の犯罪被害

日本とアメリカの政府あるいは高官の間にかわされた秘密の約束――これが、日米密約だ。主なものだけで6つある。

まず、60年安保改定時に交わされたもので、①核兵器の設置や保管（introdauction）ではなく、艦船や航空機による一時的な持ち込み（transit）は新安保条約第6条で定められている事前協議の対象にはしないというものだ。いわゆる「核密約」である。

次に、沖縄復帰に関連して、②朝鮮半島で軍事的衝突が生じた場合（朝鮮有事）、駐留米軍は自由に出撃することができる、③その際には沖縄への核兵器を再び持ち込むことができる、④施政権返還後の基地の原状回復に関する補償費を日本政府が肩代わりするという3つの密約がある。このうち、③以外については基本的にその存在が確認された。

しかし、③についても、佐藤栄作元首相の机の中から「沖縄に現存する核貯蔵施設の所在地である嘉手納、那覇、辺野古及びナイキ・ハーキュリーズ基地を、いつでも使用可能な状態で維持し、重大な緊急事態の際には実際に使用できるよう求め」、「そのような事前協議が行われた場合には、これらの要件を遅滞なく満たすであろう」という文書が発見された。末尾には、最高機密の指定とニクソン・佐藤両首脳の署名がある。米軍が普天間からの基地移設に固執するのは、「辺野古」に核貯蔵施設があるためかもしれない。

これ以外にも、⑤毒ガス兵器移送のための道路建設費20万ドル肩代わり密約や、⑥日米地位協定による米兵犯罪への第1次裁判権放棄の密約もある。

1952年から2019年度までに在日米軍の事件・事故による死亡者数は1097人（本土復帰前の沖縄を含まない）に上り、沖縄復帰から2014年までに米兵などが関与した事件は5862件も起きている。密約での第1次裁判権の放棄によって、これらの米兵犯罪は野放しにされてきたのである。

高度成長の時代
50年代後半〜70年代前半

1　高度経済成長の始まり

戦前の日本では、「満蒙は日本の生命線」と言われました。日本の植民地であった満州や内モンゴルを失えば、日本は生きていけないというわけです。しかし、それは真っ赤な嘘でした。

敗戦によって、日本は「満蒙」のみならず、朝鮮や台湾、南洋諸島など全ての植民地や占領地、それに占領地ではなかった**南樺太**や**北方四島**まで失いましたが、滅亡することはありませんでした。それどころか、戦前以上に、平和で豊かな国としての発展を遂げることができました。その奇跡を生み出したのが、1955年から73年までの高度経済成長です。この間に、日本のGNPは名目で13倍、実質で約5倍になりました。

1956年の『経済白書』は、「もはや戦後ではない」と書き、この頃から「神武景気」と呼ばれる好景気が始まります。その後、「岩戸景気」「オリンピック景気」「いざなぎ景気」によって、空前の経済成長が続きました。

この時期における経済の高度成長は、西ドイツやアメリカなどでも共通しています。しかし、日本の高度成長は飛び抜けていました。それは、急速な経済成長をもたらすような内外の特殊な条件に恵まれていたからです。

対外的な面では、新たにアメリカ経済圏に組み込まれ、北米市場に参入しました。アメリカは日本を極東における「反共の防波堤」として位置づけ、**ガリオア・エロア基金**や**余剰農産物**などによって様々な支援を行い、アメリカ主導の**国際石油資本**によって安くて豊富な石油も供給されます。

固定相場制によって、円が、当初は相対的に高く、後には相対的に低く評価されたことも大きな意味を持ちました。このため、当初は輸入促進に、後には輸出増大に有利に働いたからです。

国内的な面では、**内需**の増大を挙げることができます。農地改革による農民の購買増だけでなく、毎年の**春闘**による賃上げも労働者の所得を増やし、個人消費の増大をもたらしました。商店や中小企業も、その恩恵を受けます。

都市化や持ち家政策によって住宅需要が高まり、生活の近代化や電化などによって、3C（カー、クーラー、カラーテレビ）と呼ばれる家電製品や耐久消費財、自動車などが売れるようになります。憲法9条によって、軍需ではなく民生分野に力を注ぐことができたのも大きな意味を持ちました。こうして、「昭和元禄」と言われるほどの大衆消費社会が開花します。

2　先進国の仲間入り

経済の高度成長の結果、日本は先進国の仲間入りを果たします。しかし、経済的な力の増大だけでは、国際社会において先進国として遇されることは

➾南樺太と北方四島
北海道の北にある南北に細長い樺太島の南半分が南樺太。北方四島とは、根室半島の沖合にある、択捉（えとろふ）島、国後（くなしり）島、色丹（しこたん）島、歯舞（はぼまい）群島のことで、現在はロシア連邦が実効支配している。

➾ガリオア・エロア基金
アメリカが占領地域において軍事予算の中から支出した援助資金。ガリオア基金は占領地域救済政府基金、エロア基金は占領地域経済復興基金の略称で、占領地の統治と救済のために支出され、日本には機械や原料なども供給された。

➾余剰農産物
ヨーロッパ復興計画が終わり、朝鮮戦争が終結して行き場を失った農産物。アメリカでは大量の農産物が余り、倉庫代だけでも膨大になった。これを解決するために、1954年に余剰農産物処理法を成立させて途上国への輸出を増やし、日本人の主食を米から麦（パン）へと転換させる大プロジェクトも遂行された。

➾国際石油資本
メジャーとも言われる巨大石油企業の複合体。もとは米欧の7社（セブンシスターズ）を指し、1973年には原油供給量の65%を占めた。その後、供給比率は下がったが、石油開発・販売で圧倒的な力を持つ。合併・再編で4社に統合され縮小された。

➾固定相場制
為替相場の変動を固定する制度。1949年に1ドル=360円と定められた。1971年8月にニクソン・ショック（金とドルの交換停止）による混乱から12月には1ドル=308円（16.88%の切り上げ）となり、1973年の第一次オイル・ショック後、変動相場制に移行した。

➾内　需
国内での消費によって生ずる需要のこと。個人消費、民間の住宅購入、民間企業の設備投資、民間企

できません。戦争の後始末をきちんとして国際社会への復帰を果たす必要があります。

日本の国際社会への復帰として最も重要なものは、国連への加盟です。1956 年 12 月に開かれた国連総会で日本は加盟を承認され、国際社会への復帰を果たしました。**国際労働機関**（ILO）への再加盟はこれより早く、1951 年の第 34 回 ILO 総会で承認されています。

周辺諸国との戦争状態を終結させ、正常な国交を回復することも重要です。1956 年 10 月には**日ソ共同宣言**が調印され、日ソ間の国交が回復されました。韓国とは 1965 年 6 月に**日韓基本条約**が結ばれます。しかし、北朝鮮との国交正常化は、拉致問題や核開発、ロケット発射実験の問題などもあって、未だに実現していません。

中国との間では、1972 年 9 月に田中首相と周恩来首相との間で**日中共同声明**が調印され、それまで国交のあった中華民国と断交しました。それから 4 年後の 1978 年に福田首相によって**日中平和友好条約**が調印されます。

経済力の強化によって日本の国際的な地位は高まり、国際経済秩序を形成する枠組みにも加わるようになりました。対外的な経済関係においても、被援助国から援助国へと変わっていきます。1952 年には**国際通貨基金**（IMF）と**国際復興開発銀行**（IBRD）に加入し、1955 年には**関税及び貿易に関する一般協定**（GATT）のメンバーとなります。

1964 年には、加盟国の経済発展や発展途上国への援助などを目的とする**経済協力開発機構**（OECD）にも加盟します。アジアでの唯一の加盟国でした。このとき、日本は先進国の仲間入りを果たしたことになります。

そして、1968 年、日本の GNP（国民総生産）は西ドイツを抜き、西側世界で第 2 位となりました。とはいえ、1 人当たりの国民所得では、まだ 20 位前後にすぎなかったのです。

業の在庫増加などの民間需要と、政府の最終消費支出、公的固定資本形成、公的在庫の増加から成る公的需要があり、両者の合計である。

➾春　闘
労働組合が賃金引き上げや労働時間の短縮などを掲げて行う全国的な共同闘争。毎年春に行われるから、春季闘争、春季生活闘争、春季労使交渉などと言われ、その略が春闘である。1955 年から始まった。

➾国際労働機関（International Labour Organization，ILO）
世界の労働者の労働条件と生活水準の向上をめざす国際的な専門機関。本部はジュネーヴにある。第一次世界大戦後、1919 年に国際連盟の一機関として設立され、第二次世界大戦後の 1946 年に国連と協定を結び、その一機関となった。2016 年現在の加盟国は 187ヵ国。

➾日ソ共同宣言
日本とソ連との間の戦争状態の終結を宣言した外交文書。1956 年 10 月にモスクワで署名され、12 月に発効した。両国間の国交回復や平和条約締結後に歯舞諸島・色丹島を日本側に引き渡すことなどが定められていた。

資料 12-1　戦後日本の国際関係年表

1945年９月２日	降伏文書調印
1952年４月28日	サンフランシスコ講和条約・旧安保条約発効
1951年６月21日	第34回ILO総会、日本の加盟を承認
1952年８月13日	国際通貨基金（IMF）・国際復興開発銀行（IBRD、世界銀行）に加盟
1955年９月10日	関税および貿易に関する一般協定（GATT）に加盟
1956年10月19日	日ソ国交回復に関する共同宣言
12月18日	国連総会、日本の加盟を承認
1960年６月23日	新安保条約発効
1964年４月28日	経済協力開発機構（OECD）に加盟
1965年６月22日	日韓条約調印
1968年４月５日	小笠原返還協定調印
1971年６月17日	沖縄返還協定調印
1972年９月29日	日中共同声明調印
1978年８月12日	日中平和友好条約調印
1985年９月22日	先進５ヵ国蔵相・中央銀行総裁会議（G５）、プラザ合意発表
1995年１月１日	GATTの後継組織であるWTO発足に伴い加盟
2002年９月17日	日朝平壌宣言調印
2002年11月30日	初のFTA協定「日本・シンガポール新時代経済連携協定」発効
2005年４月１日	日本・メキシコ経済連携協定（FTA協定）発効
2007年３月13日	安全保障協力に関する日豪共同宣言調印
2008年10月22日	日本国とインドとの間の安全保障協力に関する共同宣言調印
2008年12月１日	日本・ASEAN包括的経済連携協定発効
2012年９月11日	日本政府、尖閣諸島（魚釣島、北小島、南小島）を国有化

出典：著者作成。

➾日韓基本条約
日本と韓国との間で結ばれた条約。1965年6月に締結され、戦後賠償、経済協力や関係正常化などの取り決めがある。竹島（独島）問題は、紛争処理事項として棚上げされた。

➾日中共同声明
日本と中国との戦争状態の終結と国交正常化を明らかにした声明。1972年に調印された。日本側は中華人民共和国を中国の唯一の政府として承認し、中国側は戦争賠償請求権を放棄した。

➾日中平和友好条約
日本と中華人民共和国との間で締結された条約。日本と中国の友好関係の発展のために1978年8月に北京で締結された。国連憲章の原則を尊重し、覇権を求めず、他国の覇権確立の試みに反対することなどを定めていた。

➾国際通貨基金（International Monetary Fund, IMF）
通貨と為替相場の安定化を目的とした国際連合の専門機関。本部はアメリカのワシントンD.C.。1944年のブレトン・ウッズ協定によって設立が決まり、1947年3月1日に業務を開始した。2018年9月現在の加盟国は189ヵ国。

➾国際復興開発銀行（the International Bank for Reconstruction and Development, IBRD）
第二次世界大戦後の各国の経済復興を支援するために設立された国際金融機関。一般には、世界銀行と呼ばれる。本部はアメリカのワシントンD.C.。1944年のブレトン・ウッズ協定で設立が決まり、1946年に業務を開始し、1947年から国連の専門機関となった。

➾関税及び貿易に関する一般協定（General Agreement on Tariffs and Trade, GATT）
自由で円滑な世界貿易の促進を目的とした国際協定。通常、GATT（ガット）の略称で呼ばれる。自由・無差別・多角の三原則を掲げて1948年に成立した。

➾経済協力開発機構（Organization for Economic Co-operation and Development, OECD）
国際経済全般について協議することを目的に先進国が設立した国際機関。本部はパリに置かれ、公用語は英語とフランス語。「先進国クラブ」とも呼ばれる。

➾限界集落
共同体として存続していくための限界にさしかかった集落。人口の

3　高度成長の光と影

経済の高度成長は、日本の政治と社会に大きな影響を与えました。好景気によって政治は安定し、1960年からの4年間は池田勇人（いけだはやと）内閣、1964年の東京オリンピックを経て、その後は佐藤栄作（さとうえいさく）内閣が7年も続きます。2つの内閣で10年以上というのは、戦後史ではこの時期だけです。このような政治の安定は経済成長にとってもプラスに働きました。

しかし、高度成長にはもう1つの影の側面がありました。それは、高度経済成長にともなって生じた様々なひずみや矛盾です。なかでも大きな問題は、公害の発生でした。

公害問題では、「四大公害裁判」が有名です。これは、石油化学コンビナートによる大気汚染によって発生した四日市公害、新日本チッソによる水銀の垂れ流しが原因の熊本水俣病、昭和電工鹿瀬工場の排水中の水銀を原因とする新潟水俣病、三井金属神岡鉱業所によるカドミウム汚染に起因した富山県神通川流域のイタイイタイ病の4つの公害を対象とした裁判でした。

また、都市化にともなう都市の過密と農村の過疎も大きな問題でした。経済活動の活発化にともなって、労働力としての若者は義務教育を終えると大都市に流出し、東京・名古屋・大阪の三大都市圏、なかでも首都圏への急速な人口集中が生じました。1956年3月に集団就職列車が始まり、東京都の人口は1962年に1000万人を突破します。

このような急激な都市化は、多くの問題をもたらしました。住宅は不足し、郊外への膨張によって交通難や通勤地獄が生まれます。子どものための保育所や学校も足りません。道路や公共施設などの都市基盤整備は遅れ、住環境は悪化します。

逆に、大勢の若者が大都市へと吸い出された農山魚村は、過疎と高齢化に悩むことになりました。農村では、爺ちゃん、婆ちゃん、母ちゃんに支えられた「三ちゃん農業」が一般的になり、専業農家は急激に減っていきます。

このような趨勢（すうせい）は今日もなお、続いています。共同体としての機能を維持でなくなった集落（**限界集落**）も増え続け、2015年には1万5568を数えました。「10年以内に消滅」「いずれは消滅」との懸念がもたれている集落は2643に上ると推定されています。

4　政治・社会運動の高揚と革新自治体の拡大

高度成長の下で、そのひずみや矛盾に対応できない自民党は次第に支持率を減らし、多党化した野党がこれを吸収するようになります。とりわけ、都市住民の不満の受け皿となった公明党や共産党の進出には著しいものがありました。

このようななかで、さまざまな政治的社会的な課題を掲げた大衆運動も高揚していきます。ベトナム反戦運動と沖縄返還運動についてはすでに述べましたが、ベトナム戦争の終結は1975年に、沖縄施政権の返還は1972年に実現します。

また、安保条約第10条には10年間の固定期限が定められていたため、1970年6月23日に向けて70年安保闘争が盛り上がります。しかし、政府は自動延長という方式を採用し、安保条約の廃棄は実現しませんでした。

このほか、アメリカの原子力潜水艦や原子力空母の寄港に反対する運動、成田空港の開港に反対する運動、大学や高校を舞台にした学生運動も活発に展開されます。そしてこれらの政治・社会運動に示されたエネルギーは、やがて「**革新自治体**」の誕生と拡大に結びついていきます。

その始まりは、1967年の東京での革新都知事の誕生でした。美濃部亮吉(みのべりょうきち)東京教育大学教授は「東京に青空を」というスローガンによって光化学スモッグなどで汚染された東京都民の心を捉え、社会党と共産党に支援されて革新都政を実現しました。

これに続いて、沖縄県の屋良朝苗(やらちょうびょう)、京都府の蜷川虎三(にながわとらぞう)、大阪府の黒田了一(くろだりょういち)などの革新知事が誕生し、1977年には4848万人、じつに日本の人口の42.9%の人びとが、革新自治体の下で生活するという状況が生まれました。

これらの革新自治体は、地方自治・市民生活優先の先駆的な施策を実施しました。たとえば、公害防止条例の制定や老人医療費の無料化などです。また、住民参加を重視し、対話集会などにも取り組みました。

しかし、1978年の沖縄県、京都府や横浜市で革新系候補が敗退し、翌1979年に美濃部都知事や黒田府知事が退任して以降、革新自治体の数は次第に減っていきました。高度経済成長の終了によって地方財政が危機に陥り、福祉の充実が図れなくなったこと、公明党が離れ、**同和問題**をめぐって社共間の対立が激化し、選挙協力が成立しなくなったことなどが、その背景にありました。

これに代わって、与党自民党と野党第一党の社会党が相乗りし、共産党以外の公明党や民社党なども加わる「**オール与党（総与党）**」の首長が増えていきます。こうして、地方自治体や地方政治のあり方も大きく変わっていくことになりました。

50%以上が65歳以上となっていることが指標とされ、生活道路の管理や冠婚葬祭など社会的共同生活の維持が困難になっている。中山間地や離島などで増えてきたが、最近では都市部でも増大しつつある。

➾革新自治体
日本共産党や日本社会党などの革新政党に支援された候補が当選して首長となった地方自治体。自民党政府と対抗して、反公害や福祉政策・憲法擁護などの政策を掲げた。

➾同和問題（部落問題）
部落問題とは未解放（被差別）部落とその出身者に対する著しく不合理な差別のことであり、同和とは部落差別解消のための運動のこと。格差是正のために行われた同和行政の予算の一部が私物化され、不正や乱脈が明るみに出て問題となった。

➾オール与党（総与党）
日本共産党以外の自民・社会・公明・民社党など全ての政党が与党となること。1980年の「社公合意」以降、地方自治体首長選挙において常態化した。国政では与党と野党に分かれている政党が「相乗り」したため、しばしば批判の対象となった。

資料12-2　長期経済トレンド

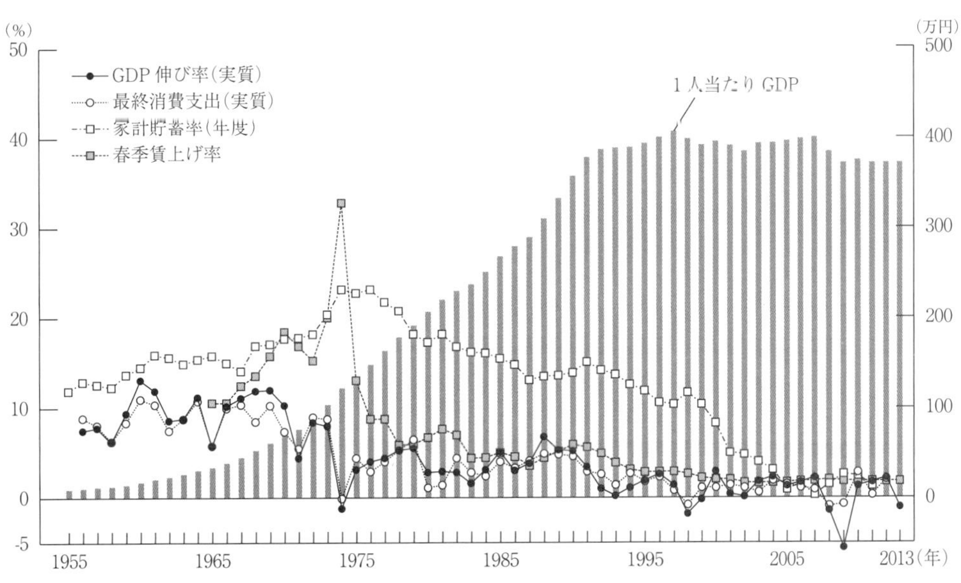

出典：内閣府「国民経済計算」、厚生労働省「毎月勤労統計調査」等をもとに著者が作成。

戦後保守政治の再編
70年代中葉〜80年代

1　高度成長の終焉——第一次石油ショックの発生

社会現象は、通常、徐々に変化するものですが、ときには一挙に変わることもあります。高度経済成長の終わりは、突然やってきました。それは1973年秋のことです。

1973年10月6日、イスラエルとエジプト・シリアなどのアラブ諸国との間で第4次中東戦争が勃発しました。戦争は短期間で終結しましたが、その影響は大きなものでした。というのは、この戦争を優位に進めるため、**石油輸出国機構**（OPEC）加盟の湾岸産油国が、原油公示価格を7割も引き上げたからです。その後もOPECは、さらなる原油価格の引き上げを決定し、1年間で約4倍にも跳ね上がります。

それまで、安い価格で湯水のように使ってきた「産業の米」＝石油の価格が一挙に高騰したわけです。世界経済は大きな衝撃(ショック)を受けました。これが第一次石油ショックです。「第一次」というのは、1978年秋にイラン革命を背景とした石油価格の高騰（第二次石油ショック）があるからです。

中東の石油に大きく依存していた日本も、大きな影響を免れることができませんでした。1973年11月16日には閣議で石油緊急対策要綱を決定し､「総需要抑制策」がとられます。その結果、消費は低迷し、公共事業は凍結されました。電力消費を抑制するため、深夜放送の休止やネオンサインの消灯なども行われます。物価は高騰し、トイレットペーパーや洗剤などの売り惜しみ、買いだめなどもありました。

この結果、1974年の実質経済成長率はマイナス0.5％となり、戦後はじめてマイナス成長になります。他方、卸売物価の方は23.5％も上昇しました。こうして日本は、不況（スタグネーション）と物価上昇（インフレーション）が共存するスタグフレーションに陥り、高度経済成長の終焉を迎えることになったのです。

2　政治・社会意識の転換

高度経済成長の終焉は、国民の政治・社会意識の変化をもたらしました。70年代後半に、「保守回帰」や「生活保守主義」と言われるような現象が生じたからです。70年代の中頃を転換点に、**社会主義**に対して好意を持つ人が減り、日本経済の発展を政治の重要課題であると考える人が増えます。政党支持率でも、自民党支持が増え、社会党支持が減りました。

どうして、このような変化が生まれたのでしょうか。その原因や背景はいろいろ考えられますが、ここでは、次のような点に注目したいと思います。

第1に、第一次石油ショックによる経済的な危機の発生は、生活防衛とい

➾石油輸出国機構（Organization of the Petroleum Exporting Countries，OPEC）
石油産出国の利益を守るために設立された生産カルテル。1960年に設立され、イラン・イラク・サウジアラビア・クウェート・ベネズエラなど12ヵ国が加盟。原油価格の安定的な維持のために石油政策を立案・実施している。

➾社会主義
生産手段の社会的共有・管理によって平等な社会を実現しようとする思想や運動。マルクス主義では、資本主義から共産主義へと移行する第一段階とされ、各人は能力に応じて働き、働きに応じて分配を受ける。社会主義を唱える思想はきわめて多く、空想的社会主義、社会民主主義、科学的社会主義、共産主義から一部のアナキズムなどを含むこともある。

➾帰属意識
何らかの集団やコミュニティに所属していると感じ、一体感を持つこと。この意識が強ければ、その集団への所属に満足し、集団の存続発展を願い、集団の目標に適合するように自己啓発を図り、集団の利益になるように行動しようとする。

➾田中角栄（1918年〜1993年）
自民党の政治家で第64代・第

う意識を高めたことが考えられます。生活を守るために、企業や自治体などへの**帰属意識**が強まったのではないでしょうか。生活基盤の不安定化によって、理想を追うよりも現実の生活を大切にしたいと考えるようになり、「寄らば大樹の陰」という選択が強まったのかもしれません。1974 年を境に「改良された体制を望む」人の割合は減少に、「現体制を望む」人の割合は増加に転じています（資料 13-1 参照）。

第２に、政治に対する不信感が高まり、政治そのものへの期待感が低下したこともあったでしょう。というのも、金脈追及による**田中角栄**（たなかかくえい）首相の辞任と**ロッキード事件**という「総理の犯罪」が発覚したからです。実は、物価の高騰は、田中首相の『日本列島改造論』によって石油ショック以前から始まっていました。1974 年 10 月に『文藝春秋』11 月号が出て田中金脈が明らかになります。翌 11 月に田中首相は辞任し、1976 年にはロッキード事件が発覚して元首相の逮捕という驚天動地（きょうてんどうち）の事態が生じました。この一連の経過を目撃した国民は、政治に愛想を尽かしたということもあったでしょう。

第３に、このような政治不信が野党への期待につながらなかったのは、革新側の失敗があったからです。その１つは、1975 年秋のスト権ストの敗北です。1975 年 11 月、**国労**などは GHQ の指令によって奪われた**公務員のスト権**を回復するために、８日間のストライキを打ちましたが、何ら具体的な成果を上げることなく中止となりました。その結果、国民の反発を高め、労働運動は大きな打撃を被ることになります。

第４は、すでに述べたような「革新自治体」の敗退と退潮です。石油ショックもあって地方財政の危機に直面した革新自治体は、福祉の水準を維持できなくなりました。厳しい状況に陥った民間企業に比べて、公務員は恵まれているという攻撃も強まります。その結果、公明党が離れ、「自治体経営」を掲げる自治官僚出身の首長に替わりました。社会党と共産党の関係も悪化し、

65 代の内閣総理大臣。新潟県生まれ。初の大正生まれの内閣総理大臣で、日中国交正常化を実現した。日本列島改造論を唱えたが、地価高騰や狂乱物価を招いた。金脈問題を追及され、首相を辞職後、ロッキード事件で逮捕された。

➡ロッキード事件
米国ロッキード社による航空機トライスターや対潜哨戒機 P3C などの売り込みをめぐる贈収賄事件。総合商社の丸紅や右翼の児玉誉士夫を通じて有力政治家に巨額の資金が渡った。田中角栄前首相が５億円の収賄容疑で逮捕され、「総理大臣の犯罪」として市民に大きな衝撃を与えた。

➡国労（国鉄労働組合）
旧国鉄（日本国有鉄道）および JR グループの職員・社員による労働組合の１つ。JR 各社と係争中の被解雇者も組織。1946 年に国鉄労働組合総連合として発足し、国鉄民営化後も組合名は変更していない。全労協に加盟。

➡公務員のスト権問題
公務員のストライキ権の禁止とその回復をめぐる問題。1948 年７月にマッカーサーは、公務員による争議行為と団体交渉を禁止することを求める書簡（マッカーサー書簡）を送り、内閣は「政令 201 号」でこれを実行した。これによって、国家公務員の争議権は奪われ、その回復は公務員の労働運動にとっての悲願となった。

資料 13-1　1970 年代中葉における社会意識の反転

社会体制意識の推移

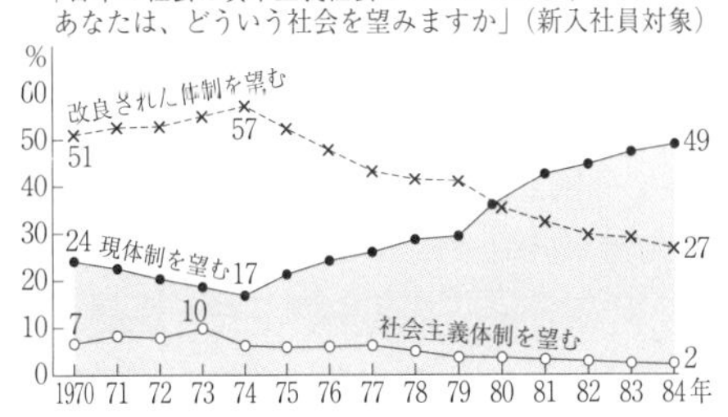

出典：日本生産性本部『働くものの意識調査』1984年版。

生活にたいする「満足度」の推移

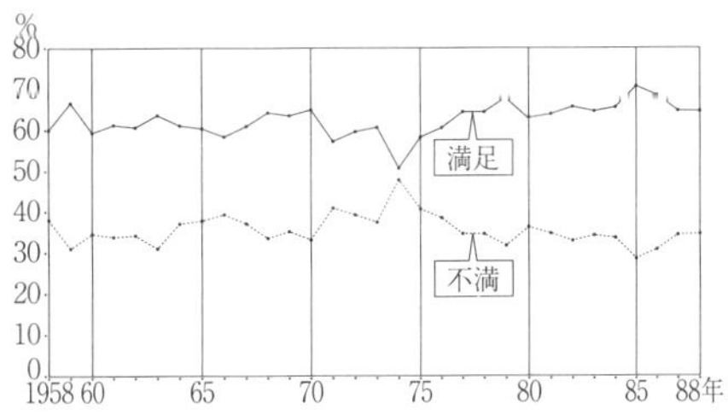

出典：総理府広報室編『月刊世論調査』1988年10月号。

外交意識の推移

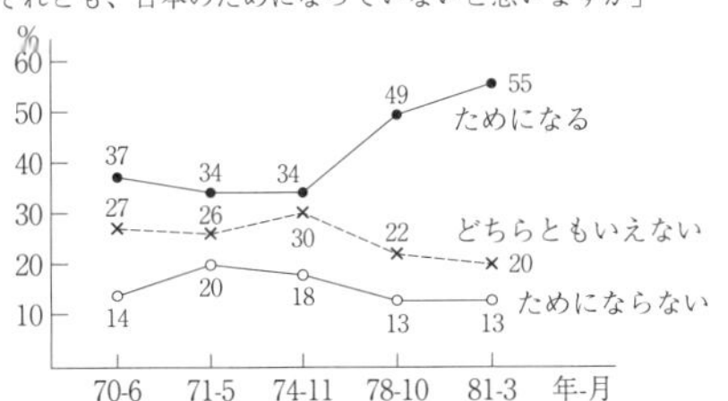

アメリカに対する「好き・嫌い」

好き　47 48 44 47 49 41 39 36 31 34 33 26 23 18 18 23 27 31 32 35 39
嫌い　6 6 6 5 4 7 8 8 11 8 8 11 11 13 10 8 6 4 5 4 5
35 36 37 38 39 40 41 42 43 44 45 46 47 48 49 50 51 52 53 54 55年

出典：NHK 放送世論調査所『図説　戦後世論史〔第２版〕』（日本放送出版協会、1982年）177ページ。

保守系首長の復活を許すことになります。

3 「臨調・行革」路線と戦後政治の総決算

日本は、第二次石油ショックを軽微な損傷で乗り越え、「**ジャパン・アズ・ナンバーワン**」と言われるようになります。しかし、財政状況は厳しく、国債の発行によって次第に赤字が増えていきました。こうして、「行財政改革」や「増税なき財政再建」が政治の課題として浮上してくることになります。

この課題を前面に掲げて「**臨調・行革路線**」を打ち出したのが、**中曽根康弘**（なかそねやすひろ）首相でした。「**三角大福中**」の最後の首相候補であった中曽根さんは田中元首相の後押しを受けて首相となり、5年間の長期政権を実現します。そして、施政方針演説で、日本は「戦後史の大きな転換点」にあるとして「戦後政治の総決算」を打ち出しました。

中曽根首相は戦後政治の枠組み全体の見直しを提起しましたが、その主たるターゲットは自民党内の**保守本流**にありました。吉田茂の流れを汲む佐藤栄作首相や池田勇人首相によって定着した政治のあり方で、ものごとをボトムアップで決めていくやり方でした。

これに対して中曽根首相は大統領型首相をめざし、強力なリーダーシップを発揮するトップダウンのやり方を多用しました。ブレーンを活用して国会を経由しないで政策形成を行い、テレビなどで直接国民に訴えることを重視したため、**ポピュリズム**（**大衆迎合政治**）とも評されました。

こうして中曽根首相は、それまでの**ケインズ主義**的な経済政策から、レーガン米大統領やサッチャー英首相と同様の**新自由主義**的な政策に転じます。その中心は第二次臨時行政調査会（第二臨調）による行政改革の実施で、具体的には、政府による公的規制の緩和、民間活力の活用と国鉄・電電・専売の3公社の民営化、社会保障の後退などです。

また、中曽根首相は、「日米両国は運命共同体」で、日本列島を「浮沈空母」として3海峡を封鎖するとの発言や軍事費のGNP比1％枠の突破、戦後の首相としてはじめての靖国神社公式参拝など、軍事力の強化や復古的な発言や行動も目立ちました。

4 竹下派支配と政治改革の浮上

田中元首相はロッキード事件で失脚してからも隠然たる影響力を保持し、中曽根首相を全面的にバックアップしました。しかし、その田中派にも世代交代の波が生じます。1985年2月に竹下登（たけしたのぼる）蔵相を盟主とした創政会が旗揚げしたからです。そしてその20日後、田中元首相は突然、脳梗塞で倒れ、入院してしまいました。

中曽根首相の任期は、1987年12月に終了しました。後継者の候補は、竹下登、安倍晋太郎（あべしんたろう）、宮澤喜一（みやざわきいち）の3人でしたが、中曽根さんは竹下さんを後継者に指名します。当時の竹下派は自民党の最大派閥でしたから、そこからの候補が首相に選ばれるのは当然だったと言えるでしょう。

竹下首相は、宮澤さんを副総理に、安倍さんを自民党幹事長として「総主流派体制」を実現します。自民党の派閥のなかでも突出した勢力を持つのは竹下派であり、これは事実上、竹下派支配と言うべきものでした。この体制を背景に、竹下首相は念願の**消費税**導入に成功します。

➾ジャパン・アズ・ナンバーワン
終身雇用・年功序列・企業別組合という「日本的経営」によって日本は経済発展を遂げたという主張。アメリカの社会学者・日本研究者であるエズラ・F・ヴォーゲル『ジャパンアズナンバーワン』（TBSブリタニカ、1979年）によって一世を風靡した。

➾臨調・行革路線
第二次臨時行政調査会（第二臨調）の答申を受けて、中曽根康弘首相によって推進された行政改革。「増税なき財政再建」と「国際社会への積極的貢献」をスローガンに、日本型福祉社会の建設や民間活力の発揮を推進した。

➾中曽根康弘（1918年～）
戦後政治の総決算を掲げて臨調・行革路線を推進した自民党の政治家。群馬県生まれ。1947年に民主党から衆院議員初当選。憲法改正を主張しつつ、科学技術庁長官・防衛庁長官・通産大臣などを歴任。1982年に首相就任。国鉄・電電・専売を民営化した。2003年政界を引退。

➾三角大福中
三木武夫・田中角栄・大平正芳・福田赳夫・中曽根康弘のこと。佐藤首相の後継を争った4人の実力者に、同じくポスト佐藤の1人と目されていながら田中支持に回った中曽根康弘を加え、5人の名前の一字を取ってこう呼ばれた。

➾保守本流
吉田茂の人脈と政策路線を受け継ぐ自民党内の人脈や派閥。政策的には、経済成長重視の経済主義、解釈改憲路線、日米協調を特徴とし、政治手法としては、コンセンサス重視の合意漸進路線をとる。池田勇人と佐藤栄作、その子分であった大平正芳、田中角栄、福田赳夫などの派閥がそれに当たる。

➾ポピュリズム（大衆迎合政治）
一般の人々に受け入れられやすい政策や方針を打ち出そうとする態度や傾向。多数の人々の要求に応え、反応を重視するというプラスの面と、原理や原則を曲げてでも、大衆受けを狙うというマイナスの面がある。

➾ケインズ主義
市場任せにせず政府の政策を通じて経済成長を実現しようと考える経済理論。政府は金融財政政策を通じて有効需要を創り出す必要が

しかし、この最中に明るみに出た1つの事件が、竹下内閣を危機に陥れました。リクルート事件です。リクルート社の江副浩正前会長らが未公開株を額面価格で売却し、公開後の値上がりで大儲けさせたというものです。これは有力政治家・官僚・マスコミの幹部に渡っていました。この事件によって、宮澤蔵相が退陣に追い込まれ、竹下首相も1989年4月に退陣を表明します。

こうして、政治腐敗の根絶が大きな課題として浮上することになりました。自民党は竹下内閣末期に政治改革委員会を設置して、この問題への取り組みを開始します。その後、政治改革に向けての流れは、次第に大きなものになっていきました。

5 バブル経済の発生と崩壊

中曽根内閣の後半、日本は異常とも言える景気の過熱状態に陥りました。「バブル経済」の発生です。発端は1985年のプラザ合意でした。先進5ヵ国の中央銀行総裁がプラザホテルに集まり、ドル高是正のための協調介入を約束したのです。

バブル経済とは、資産額が泡のように膨らんで大きな評価益が生じているようにみえた経済状態を言います。超低金利と円高防止のためのドル買い行為によって金余り現象が生じ、土地や株の相場を押し上げ、高級ブランド商品、ゴルフ会員権、外国の不動産まで買いあさるブームが生まれました。

電機や自動車産業などの日本企業は海外の企業を買収して本格的な**多国籍企業**化を進め、国内産業の空洞化が始まります。やがて、あまりの景気過熱に危機感を高めた日銀は1989年から急激な金融引き締めに転じました。

その結果、株安に拍車がかかり、株価が下落し、高級商品の需要も急減します。1990年1月から3月にかけて、債権・株・円の「トリプル安」現象が生じました。こうして、「バブル経済」は崩壊することになったのです。

あると主張した。

➾新自由主義
ハイエクやフリードマンらを代表とする新保守主義経済学の一流派。ケインズ主義的な福祉国家に対抗して「小さな政府」を主張した。小泉構造改革など、国有企業の民営化や規制緩和政策に大きな影響を与えた。

➾消費税
消費に対して課される租税。消費一般に広く公平に課税する間接税であるとされているが、同時に、所得の多い人よりも所得の少ない人の方が負担率が高くなり、逆累進性がある。

➾多国籍企業
複数の国に生産·販売拠点や研究·開発部門などを置き世界的規模で意思決定を行い活動している巨大企業。多国籍企業は、自動車、石油、金融、IT関連、機械・金属、航空機や軍需産業などに多く見られる。

「皇民党事件」の深層——総理誕生の裏で暗躍した右翼と暴力団

「日本一金儲けのうまい竹下さんを総理大臣にしよう」。政治結社日本皇民党の宣伝カーは、こう国会周辺で連呼した。いわゆる「褒め殺し」である。

1986年の衆参同日選挙で大勝した自民党は総裁任期を1年延長した。ポスト中曽根を狙う竹下登は1987年2月に「創政会」を旗揚げし、その直後、田中角栄は倒れる。

総裁への指名を争ったのは、竹下・安倍・宮沢の3人だった。「右翼のことひとつ解決できないようでは、総理総裁の資格はない」との中曽根首相の言葉を伝え聞いた竹下は焦り、心労から円形脱毛症になった。このままでは後継首班への指名が危ういと思った竹下は「禁じ手」に頼る。それが暴力団を使っての右翼対策であった。

皇民党2代目総裁の大島竜珉の供述書によれば、「竹下総裁が決まる直前、皇民党が“褒め殺し”攻撃をした際、当時の稲本虎翁総裁に対して、金丸信、小渕恵三、梶山静六、魚住汎英（ひろひで）、浦田勝、浜田幸一、森喜朗の7議員から中止を求める要請があった。……金丸氏の代理人は30億円、森氏も20億円と金銭での解決を求めた」という。

しかし、これらはことごとくはねつけられた。窮した竹下側が頼ったのは、東京佐川急便の渡辺弘泰社長だった。渡辺は暴力団稲川会の石井進前総裁を介して会津小鉄小頭で荒虎千本組組長の三神忠に説得工作を依頼した。三神は竹下が田中元首相を訪ね、謝罪することを条件に街宣中止を呑ませた。

1987年10月6日、雨の中を突然、竹下は目白の田中邸を訪問して門前払いを食う。当時、その理由は不明だったが、これを境に皇民党による「褒め殺し」はピタリとやんだ。田中邸訪問の2週間後、竹下は中曽根によって首相に指名される。

石井に借りができた渡辺元社長は、総額約400億円もの融資を行い、特別背任罪に問われた。判決は1996年にあり、渡辺は懲役7年の有罪になるのである。

18歳から考える日本の政治

14 混迷の時代から新しい政治へ

90年代〜現在

1 ソ連・東欧の崩壊と冷戦の終焉

1989年は、戦後世界史の転換点でした。この年にソ連・東欧諸国には体制変革につながる激動が生じ、11月には東西ドイツを隔てていたベルリンの壁が崩壊します。12月には、地中海のマルタ島でブッシュ大統領とゴルバチョフ書記長の米ソ首脳会談が開催され、東西冷戦の終結が確認されました（資料14-1参照）。

1989年には、ポーランドやハンガリーでの非共産党政権の成立、チェコスロヴァキアの**ビロード革命**、ルーマニアのチャウシェスク政権の崩壊などが続きました。その後、バルト三国のソ連からの独立があり、1991年には**ソ連邦が崩壊**し、**独立国家共同体**（CIS）が成立します。

民主化の波はアジアにも及びました。1989年6月4日、中国で**天安門事件**が起きました。事件の直後、たまたま私は中国に短期留学し、各地を訪問しました。重慶の広場にあったカエルの形をしたゴミ箱の背中に、「自由民主」と書かれていたことを忘れることができません。

翌1990年には、イラク軍がクウェートに侵入して全土を制圧したため、「**湾岸危機**」が発生しました。1991年1月初頭、米軍などの多国籍軍がイラク軍を攻撃し、「**湾岸戦争**」が始まります。戦争は3月に終結しましたが、これらの世界的激動は、日本にも大きな政治的変化を呼び起こすことになりました。

2 「一国平和主義」批判とPKO

湾岸危機に際しては、日本にも協力が求められました。日本政府は総額130億ドルに上る戦費を拠出することになります。しかし、アメリカは「お金だけでなく人も」出すことを求め、日本国内でも「日本だけが平和なら、それでよいのか」という「一国平和主義」に対する批判が強まりました。

このような議論の背景には、国際平和のためにもっと積極的な役割を果たしたいという善意の願望があったことは明らかです。同時に、この機会に自衛隊を海外へ送ることができない憲法の制約に風穴を開けたいという目論見も混在していました。その結果、**国連の平和維持活動**への協力としての自衛隊の海外派兵が、具体的な課題として浮上しました。

まず、海部（かいふ）内閣は国連平和協力法案を提出しましたが、結局廃案となりました。次いで、自衛隊の輸送機を避難民の移送のために使用することや停戦後に自衛隊掃海艇のペルシャ湾への派遣を決めます。このときの海上自衛隊の艦船による機雷除去が自衛隊の海外任務の始まりでした。

海部内閣は「**PKO協力法案**」を国会に提出し、この法案は宮沢内閣の下

➾ビロード革命
チェコスロバキアでの共産党による支配体制を打倒した民主化革命。1989年11月17日のプラハでの学生デモへの暴力がきっかけで起こった。1ヵ月後のルーマニア革命のような大きな流血事件がなかったため、なめらかなビロードにたとえて名付けられた。

➾ソ連邦の崩壊
ソ連（ソビエト連邦）が解体され崩壊した出来事。1991年12月25日にゴルバチョフ大統領が辞任し、ソ連を構成していた各連邦共和国は主権国家として独立した。

➾独立国家共同体（Commonwealth of Independent States, CIS）
旧ソビエト連邦を構成していた12の共和国で形成された緩やかな連合体。経済や外交、防衛問題で協力することをめざし、ベラルーシのミンスクに本部を置いた。南オセチア紛争により2009年8月にグルジアが脱退した。

➾天安門事件
中国・北京市の天安門広場で起こった流血事件。胡耀邦元中国共産党総書記の死を悼み民主化を求めて集結していた学生や市民に対し、1989年6月4日早暁に中国人民解放軍が武力弾圧を行い、多数の死傷者が出た。

➾湾岸危機と湾岸戦争
イラクによるクウェート侵攻を機に始まった危機と戦争。1990年8月、イラクはクウェートに侵攻・占領して併合を宣言した。国連は多国籍軍の派遣を決定し、湾岸危機が始まる。翌1991年1月17日からはイラクへの空爆が開始され、湾岸戦争へと発展した。

➾国連の平和維持活動（Peace Keeping Operation, PKO）
武力紛争の平和的収拾を図るため当事者に間接的に解決を促す国連の活動。紛争当事者の同意のもとに軍隊を派遣し、その駐留活動を通じて紛争の政治的解決への素地

で成立します。同時に、国際援助活動への自衛隊の参加を可能とする国際緊急援助隊派遣法も施行されます。1992年9月からは、カンボジアPKOへの自衛隊の派遣が始まり、戦後はじめて日本の武装部隊が日の丸を掲げて海外に出かけていくことになりました。

以後、自衛隊の海外への派遣は継続されました。主なものだけでも、1992年のカンボジア、1993年からのモザンビーク、1996年からのゴラン高原、2002年からの東チモール、2007年からのネパール、2008年からのスーダン、そして、2010年の大地震後のハイチへの派遣、2011年からの南スーダンへの派遣などがあります。2006年には改正自衛隊法が成立し、海外派遣は付随的任務から通常任務に格上げされています。

3　細川連立政権の樹立と「55年体制」の崩壊

冷戦体制の崩壊は、国内政治における与野党の対立関係にも微妙な影響を及ぼしました。多少の問題があっても「自由社会を守る」ために自民党を大目に見てきた国民の意識に変化が現れ、事実上の自民党支配が崩れはじめたからです。その予兆は、1989年の参院選で示されました。このとき自民党は大敗し、結党以来はじめて過半数を失いました。

1990年にはバブル経済がはじけ、長期にわたる**平成不況**がはじまりました。同時に、自民党長期政権による政治腐敗も明るみに出てきました。1992年には皇民党事件や**東京佐川急便事件**が発覚し、金丸信（かねまるしん）自民党副総裁の議員辞職を契機に竹下派が分裂します。1993年には巨額脱税容疑での金丸逮捕をきっかけに大手建設会社によるヤミ献金が明るみに出ました。この**ゼネコン汚職**によって政治改革は再び政治の主要課題となりました。

その後、衆院解散を機に自民党が分裂し、新生党や新党さきがけが結成されました。前年に参院選でのデビューを果たした日本新党を含めて、これら

を作る。部隊単位で編成される平和維持軍（PKF）と、非武装の将校からなる軍事監視団の2種類がある。

➾PKO協力法
国連平和維持活動（PKO）等に協力するために制定された国内法。国連によるPKO活動のほか、国連その他の国際機関等が行う人道的な国際救援活動に参加するための文民や自衛隊の海外派遣の根拠法となった。1992年に成立。

➾平成不況
「バブル景気」崩壊後に始まった不況。「失われた10年」「複合不況」とも言われる。1991年から資産価格の暴落が始まり、日銀による急速な金融引き締め（総量規制）、在庫調整に財務当局の失敗、円高や世界的な不況などの複合的な要因が加わって不況は長期化した。

➾東京佐川急便事件
渡辺広康元東京佐川急便社長らによる952億円に上る戦後最大規模の特別背任事件。1992年2月、暴力団系企業への債務保証や政治家への献金が明るみに出て、渡辺元社長ら4人が逮捕された。自民党経世会（竹下派）の金丸信会長も5億円のヤミ献金を受領していたことが発覚して衆院議員辞職に追い込まれた。

➾ゼネコン汚職
公共事業の入札などをめぐり総合

資料14-1　冷戦の経緯

1946年	英チャーチル首相、「鉄のカーテン」演説でソ連を批判
1947年	東欧で次々に社会主義国誕生（～48年）
	米トルーマン大統領、社会主義封じ込め政策（トルーマン・ドクトリン）を表明
	米マーシャル国務長官、ヨーロッパ復興計画（マーシャル・プラン）を発表
	共産党・労働者党の連絡・情報機関としてコミンフォルム結成
1948年	大韓民国（南）と朝鮮民主主義人民共和国（北）に分断
	西ベルリンにつながる鉄道と道路を封鎖（ベルリン封鎖）
1949年	北大西洋条約機構（NATO）結成
	中華人民共和国誕生
	ドイツ連邦共和国（西ドイツ）とドイツ民主共和国（東ドイツ）に分断
1950年	中ソ友好同盟相互援助条約締結
	朝鮮戦争勃発（～53年）
1951年	米比相互防衛条約、日米安保条約、太平洋安全保障条約（ANZUS）調印
1953年	米韓相互防衛条約調印
	ソ連スターリン首相、死去
1954年	ジュネーブ会議、インドシナ休戦協定に調印
	米華（中華民国）相互防衛条約調印
	東南アジア条約機構（SEATO）、中東条約機構（バグダッド条約機構、METO）を設立
1955年	ソ連、東欧諸国とワルシャワ条約機構結成
	4大国首脳（米・ソ・英・仏）会議、ジュネーブで開催
1956年	ソ連共産党第20回大会で「スターリン批判」
	ハンガリーの混乱にソ連軍介入（ハンガリー動乱）
1959年	キューバでカストロ首相就任（キューバ革命）
	フルシチョフがアメリカを訪問（「雪どけ」の開始）
1961年	東独、東西ベルリンの境界に壁を構築（ベルリンの壁）
1962年	米、キューバでのソ連ミサイル基地建設に対抗し海上封鎖（キューバ危機）
1965年	ベトナム戦争への米軍の介入本格化（～75年）
1968年	チェコ・スロバキアで自由化・民主化を求める「プラハの春」
1969年	米ソ両国、戦略兵器削減交渉（SALT）開始
1971年	ニクソン米大統領、中国の北京を電撃訪問（ニクソン・ショック）
1972年	米ソ両国、弾道ミサイル迎撃ミサイル（ABM）制限条約と戦略的攻撃兵器制限暫定協定（SALT）調印
1975年	全欧安保協力会議、ヘルシンキで開催
1979年	ソ連、アフガニスタンに侵攻（～89年）
1980年	西側諸国、モスクワ・オリンピックをボイコット
1985年	ゴルバチョフ・ソ連書記長、「ペレストロイカ（改革）」を開始
1987年	米ソ両国、中距離核戦力全廃条約（INF）に調印
1989年	ベルリンの壁、崩壊
	米ソ両国首脳、マルタ会談で「東西冷戦終結宣言」
1990年	東西ドイツ統一
1991年	米ソ両国、第一次戦略兵器削減条約（START）に調印
1991年	独立国家共同体（CIS）結成によりソ連邦消滅

出典：『現代日本政治』178ページ。

の新党は衆院選で躍進し、自民党は解散前議席を回復できませんでした。こうして、政権交代が生じます。

1993年8月6日、**細川護熙**日本新党代表を首班に、8党・会派による連立政権が樹立されました。官房長官は武村正義新党さきがけ代表でしたが、実際に政権を動かしていたのは、**小沢一郎**新生党代表でした。

細川内閣は空前の支持率を背景に、政治改革関連4法を成立させて小選挙区比例代表並立制という新しい選挙制度を導入します。また、**政党助成金**の制度を新たに設けましたが、その代わりに実施されるとされた企業・団体献金の禁止は先送りされました。

1955年に成立した「55年体制」と言われる政党制は、こうして崩壊したのです。

4　政治と経済の「失われた10年」

「失われた10年」というのは、バブル経済崩壊後、2002年の景気回復期までの約10年間を指しています。この間に地価と株価が急落し、債務・設備・雇用の3つの過剰が大きな問題となり、人員整理を意味するリストラの嵐が吹きます。日本経済は長期にわたる不況を迎えました。

政治もまた、混迷を深めます。細川首相は東京佐川急便からの金銭疑惑を理由に突然辞任し、後を引き継いだ羽田孜内閣はわずか2ヵ月で終わりました。連立を離脱した社会党と新党さきがけが自民党と手を握り、村山富市「自社さ」内閣が誕生します。

後に続いた橋本龍太郎内閣で自民党は政権首班を取り戻し、その後も自民党中心の内閣が成立しました。この間、政党の離合集散が相次ぎます。社会民主党への移行による社会党の消滅、新生党を中心とした新党・新進党の結成と挫折、公明党の分党と再統一、民主党の結成と新しい民主党への転換など、めまぐるしい変化がありました。

このようななかで、保守政治の行き詰まりを打開するための改革路線が模索されます。それが新自由主義的な構造改革で、基本的には中曽根首相の「臨調・行革」路線を引き継ぐものでした。橋本首相は中央省庁の再編や内閣機能の強化などの行政改革をはじめとした**6大改革**を提起しました。

しかし、消費税率の引き上げなど9兆円の負担増によって景気は悪化し、北海道拓殖銀行や山一證券の経営破綻、経済対策の遅れなどもあって1998年の参院選で敗北し、橋本首相は退陣しました。続く小渕恵三内閣や森喜朗内閣も、景気対策を優先し、改革路線は後景に退きました。このようなときに構造改革を掲げて登場してきたのが、**小泉純一郎**にほかなりません。

5　「小泉ブーム」と構造改革

「神の国」発言などで批判を受けた森首相の退陣表明を受けて、2001年4月に自民党総裁選が実施されました。このとき、圧倒的な支持を集めたのが森派の後継であった小泉候補でした。若手議員と地方の支持を得て予備選で圧勝し、国会議員による本選挙でも総裁に選ばれました。

自民党に対する国民の不満は鬱積していました。「自民党をぶっ壊す」というスローガンを掲げて、小泉さんはこの不満の受け皿となったのです。田中派以来の利権政治と官僚主導の「古い自民党政治」をやり玉にあげ、**郵政**

建設会社（ゼネコン）が国会議員や知事などに賄賂を贈った汚職事件。金丸信元自民党副総裁の巨額脱税事件の押収資料から実態が判明し、1993年から1994年にかけて、建設相、宮城県知事、茨城県知事、仙台市長、清水建設会長らが逮捕された。

➾細川護熙（1938年〜）
日本新党を結成し、8党派連立内閣の首班となった政治家。旧熊本藩主細川家第18代当主。母方の祖父は近衛文麿（このえふみまろ）。参院議員では田中派に所属。熊本県知事、日本新党代表、衆院議員、初代のフロム・ファイブ代表などを歴任した。

➾小沢一郎（1942年〜）
元自民党幹事長で脱党し、新生党・新進党・自由党を結成した政治家。「剛腕」「闇将軍」の異名を持つ。衆院議員17期、自治大臣・国家公安委員長、自民党幹事長、新生党代表幹事、新進党党首、自由党党首、民主党代表などを歴任。

➾政党助成金（政党交付金）
政党の活動を助成する目的で国庫から交付される資金。政党助成法に基づいて、①国会議員5人以上、②国会議員1人以上で、直近の国政選挙において2%以上の票を得ているというどちらかの要件を満たした政党に交付されるが、共産党は受け取っていない。

➾橋本内閣の6大改革
行政、財政構造、金融システム、経済構造、社会保障構造、教育という6つの改革課題。1996年末から1997年にかけて打ち出された。これらの課題の多くは竜頭蛇尾に終わったが、省庁の再編や社会保障システムの見直し、労働分野での規制緩和などは実行に移された。

➾小泉純一郎（1942年〜）
郵政民営化などの構造改革を推進した自民党出身の元首相。衆院議員、厚生大臣、郵政大臣、外務大臣、農林水産大臣、内閣総理大臣などを歴任した。首相としての在任期間は1980日で、戦後では佐藤栄作、吉田茂に次ぐ第4位。

➾「神の国」発言
森喜朗首相が行った挨拶の中に含まれていた発言。森首相は「日本の国、まさに天皇を中心としている神の国であるぞということを国民の皆さんにしっかりと承知していただく、そのために我々が頑張って来た」と挨拶したことが、国民主権の原則に反するとして問題になった。

民営化を「本丸」とする構造改革を打ち出しました。

党運営においても派閥の均衡や当選回数を無視し、官邸主導でトップダウン型の政策形成を行いました。テレビなども活用したパフォーマンスによって、国民の高い支持を獲得しました。

しかし、このような構造改革の影で、日本社会は大きな変容を遂げていました。貧困化が進み、格差が拡大していたのです。働く人の3分の1は**非正規労働者**となり、賃金は低下し、労働条件は悪化しました。社会保障費は削られ、「平成の大合併」や「三位一体の改革」によって地方や地域は疲弊していきました。人口は自然減となり、生産年齢人口も減少を続けています。日本は持続できない社会へと変質し、衰退への道を歩み始めました。

6　安倍・福田・麻生と続いた短命政権

小泉内閣の後、安倍晋三・福田康夫・麻生太郎の3人が内閣を構成しました。しかし、いずれも任期一年という短命政権に終わっています。それぞれの首相の辞任理由は様々でしたが、基本的には保守政治の矛盾を解決できなかったためで、いわば政権担当政党としての自民党の生命力が枯渇しつつあったということになります。

小泉内閣の後を継いだのは**安倍晋三**官房長官で、初めての戦後生まれの首相の誕生でした。安倍新首相は「美しい国、日本」を掲げて「戦後レジームからの脱却」をめざし、教育再生会議の立ち上げと教育基本法の改正、防衛庁の省への昇格､改憲手続きを定めた国民投票法の成立などに取り組みます。

しかし、郵政民営化に造反した議員を復党させた頃から内閣支持率は急落し、閣僚の不祥事や失言による辞任が相次ぎ、「**宙に浮いた年金**」問題も明るみに出ます。このようななかで実施された2007年7月の参院選で与党は過半数割れの惨敗を喫し、衆参両院の多数が異なる「ねじれ国会」が出現し

⇒郵政民営化
旧郵政省から継承して郵政公社が運営していた郵政三事業（郵便・郵便貯金・簡易保険）と窓口サービスの民間会社への移行。2005年に成立した郵政民営化法案に基づき、2007年10月に実施され、日本郵政グループ5社に分社化された。

⇒非正規労働者（非正社員、非正規雇用）
期間を定めた短期契約で労働者を雇う雇用形態。期間を定めないで雇用契約を結ぶ正規労働者（正社員）との対義語で､具体的にはパート（パートタイマー）、アルバイト、契約社員、派遣社員、請負労働者、期間工、季節工、準社員、フリーター、嘱託などが含まれる。

⇒安倍晋三（1954年～）
自民党所属で細田派出身の政治家。大学卒業後、神戸製鋼所社員を経て衆院議員。官房副長官、自民党幹事長、官房長官等を歴任して2006年首相に就任。2007年9月に退任し、2012年12月首相に再就任。父は安倍晋太郎元外相、父方の祖父は安倍寛元衆院議員、母方の祖父は岸信介元首相という政治家一家。

⇒宙に浮いた年金
納付記録があるものの基礎年金番号に統合されずにいる、持ち主の分からない年金記録のこと。社会保険庁は国民年金や厚生年金などの番号を基礎年金番号に統合して

何が、どう変わったのか――利益政治から理念政治への転換

今から27年前、戦後日本の内閣の変遷について書いたことがある。拙著『概説・現代政治――その動態と理論』（法律文化社、1993年）の第2章に当たる。そこでの切り口は、「理念と利益」であった。

60年安保闘争によって教訓を得た自民党は、池田内閣によって理念政治から利益政治へと転換し、田中内閣を頂点とする利益政治の展開を経て､中曽根内閣で理念政治による修正を図る。竹下・宮沢内閣は利益政治と理念政治の重層であった。

その後、利益政治の矛盾を背景に細川連立政権が登場し、橋本・小渕・森内閣を経て、本格的な理念政治が登場する。新自由主義的な構造改革を旗印とした小泉内閣である。その後続く安倍、福田、麻生、鳩山内閣も、基本的には理念政治であった。しかし、鳩山内閣以降は、理念の中身が異なっている。

利益から理念の政治への転換は、分配から選択の政治への転換でもあった。背景には、分配による利益誘導型政治を可能とする「右肩上がりの成長」が望めなくなったという事情がある。

限られた資源を前提とする以上、何を選択するかを決めるのが政治の役割になる。こうして登場したのが新自由主義の理念であり、中曽根内閣に始まり、橋本内閣が受け継ぎ、小泉内閣で全盛期を迎えた。

しかし、構造改革は貧困と格差を拡大させて失敗した。残されたのは、労働の破壊と生活の危機であった。これを是正し、立て直すための新しい理念が必要になる。

これが新福祉国家を展望する「生活が第一」という社会民主主義的な理念である。政権交代と民主党中心の政権樹立の背景には、基本的にはこのような大きな政治の流れがあったように思われるのである。

いくことになっていたが、統合されないままの年金記録が2006年6月時点で5000万件以上も残っていることが判明して大問題となった。

➡福田康夫（1936年〜）
自民党所属で細田派の政治家。大学卒業後、石油会社で17年余りサラリーマン生活を送り、40歳で退社して政界入り。官房長官、沖縄開発庁長官、男女共同参画担当大臣などを歴任後、首相に就任した。父は福田赳夫元首相で、親子で首相になった初めての例。

➡リーマン・ショック
2008年9月15日のアメリカの投資銀行リーマン・ブラザーズの経営破綻に発する世界的な金融危機。信用度の低い人を対象とした高金利の住宅担保貸付けであるサブプライム・ローンを証券化した商品を大量に抱え込み、住宅バブル崩壊で損失が膨らんだのが破綻の原因。

➡麻生太郎（1940年〜）
自民党所属で麻生派を率いる政治家、実業家。経済企画庁長官、総務相、外相、自民党幹事長などを歴任して2008年首相に就任。退任後、第2次安倍内閣で副総理兼財務相兼金融担当相として再入閣。母方の祖父は吉田茂元首相、父は吉田の側近だった麻生太賀吉麻生セメント社長。

➡鳩山由紀夫（1947年〜）
2009年8月の政権交代によって首相になった民主党代表の政治家。Ph.D.（スタンフォード大学）の学位を持つ学者でもある。旧田中派出身で、細川連立内閣で内閣官房副長官、民主党代表などを歴任した。鳩山一郎は父方、ブリヂストン創業者の石橋正二郎は母方の祖父。2013年に「友紀夫」に改名。

➡菅直人（1946年〜）
民主党所属の政治家、弁理士。東工大時代はノンセクト・ラジカルで、市川房枝を「勝手連」として応援して政治に関与。社会市民連合代表、社会民主連合副代表、新党さきがけ政策調査会長などを経て、民主党代表、厚相、副総理、財務相などを歴任。東日本大震災発生時の首相。

➡野田佳彦（1957年〜）
民主党所属の政治家。父は自衛官で松下政経塾の第1期生。千葉県議を2期務めた後、日本新党の結党に参加して国政に転じ、新進党を経て民主党に入党。民主党国会対策委員長、財務副大臣、財

ました。結局、安倍首相は臨時国会開会2日後の9月12日、突然、辞意を表明しますが、それは過度のストレスによる潰瘍性大腸炎の悪化が理由だったことが後日判明します。

安倍退陣を受けて発足したのは**福田康夫**内閣で、憲政史上、親子が首相になった初めての例になります。当初の内閣支持率は高かったものの、「ねじれ国会」であったため、テロ対策特措法の延長問題、民主党の小沢代表との党首会談と大連立構想の頓挫、防衛汚職や薬害肝炎の問題、日銀総裁の人事、道路特定財源や2008年度予算案の審議などで野党は抵抗を続け、通常国会最終盤では、参院で憲政史上初めて首相の問責決議が可決されました。

福田首相は内閣改造によって事態の打開を図りますが、支持率の低下は止まりません。折しも、米国の大手証券会社リーマン・ブラザーズが経営破綻（**リーマン・ショック**）し、世界金融危機が顕在化するなかで、またもや福田首相は突如辞意を表明してその座を去ることになります。

後任となった**麻生太郎**新首相は臨時国会冒頭の解散を念頭に置いていたようですが、世界金融危機への対策や景気対策に取り組むため、解散を先送りしました。しかし、その後も閣僚などの失言や失態による辞任、更迭などが相次ぎ、首相自身の漢字の読み間違いなども顰蹙（ひんしゅく）を買ったため、いったんは持ち直した内閣支持率は急速に低下します。

このようななかで実施された都議選で自民党は大敗し、麻生首相の退陣を求める声が高まりました。通常国会最終盤で、再び首相への問責決議案が可決され、追いつめられた首相は衆院解散・総選挙に踏み切ることになります。

7　政権交代と鳩山・菅・野田民主党政権

2009年8月に実施された総選挙では自民党が記録的大敗を喫して過半数を割り、戦後初めて本格的な政権交代が実現しました。民主・社民・国民新3党の連立による**鳩山由紀夫**新政権の誕生です。

鳩山首相は「生活が第一」「コンクリートから人へ」などを掲げて利益政治からの転換をめざし、子ども手当法や高校授業料無償化法を成立させます。しかし、沖縄米軍普天間基地移設問題で迷走し、辺野古移設の日米合意に反対する社民党が政権離脱したうえ、鳩山首相自身に対する母親からの巨額な献金や小沢民主党幹事長の裏献金・土地取引疑惑などの「政治とカネ」の問題などを背景に内閣支持率が急落し、結局辞任することになりました。

後継となった**菅直人**首相は、突然、消費税増税を打ち出して7月の参院選で惨敗し、再び衆参の多数が異なる「ねじれ国会」となり、動かない国会を背景に内閣支持率は低下し、首相自身の指導力も疑問視され、民主党内でも小沢グループとの対立が表面化して党分裂の動きが生じました。

このようななかで、2011年3月11日14時46分に東日本大震災が勃発し、それに付随して福島第一原子力発電所事故が発生すると、状況は一変します。震災からの復旧・復興と原発事故への対策が最優先されますが、ここでも菅首相の指導力への批判は止まず、結局、首相は辞任することになります。

9月には**野田佳彦**新内閣が発足しましたが、震災や原発事故対策は遅れ、社会保障と税の一体改革による消費税増税、環太平洋経済連携協定（TPP）への参加、沖縄米軍普天間基地の辺野古移設への固執などが批判を招いて、当初6割ほどあった内閣支持率は低下し続けました。外交面では、国による

尖閣諸島の国有化によって中国との緊張が激化します。

民主・自民・公明三党の合意によって消費税の増税が決まりましたが、この過程で民主党は分裂し、日本維新の会など新党の結成が相次ぎました。年末の総選挙では、マニフェスト違反と批判された民主党政権への失望や不満は大きく、多党乱立もあって自民党は小選挙区で圧勝し、安倍晋三元首相が自民党結成以来初めて政権に返り咲くことになります。

8　第2次安倍内閣の樹立

安倍首相は経済の再生を最大かつ緊急の課題と位置づけてアベノミクスを打ち出しました。2012年末から始まっていた円安・株高にも助けられて内閣支持率は高く、都議選や参院選で自民党は復調します。安定した基盤を得た安倍首相は消費増税を最終的に決断し、国家安全保障会議設置法や特定秘密保護法など「安倍カラー」の強い法律を制定するとともに、沖縄・普天間飛行場移設のための辺野古埋め立て承認や靖国参拝などを強行しました。

しかし、このような安倍首相の政策は周辺諸国との緊張を高め、靖国神社の参拝を強行したためにアメリカなど国際社会からの「失望」を招きました。集団的自衛権の行使容認や改憲にも執念を燃やし、2015年9月には安保法を成立させました。これによって日本は「戦争できる国」になりましたが、その先のビジョンは不明確です。このままでは、目標を見失って漂流を続けることになりかねません。そのような日本であって良いのでしょうか。

日本は憲法前文と9条を掲げ、再び戦争しない国として戦後の国際社会に復帰しました。それを投げ捨て、ときには戦闘に加わって血を流すことが積極的な平和をもたらすことになるのか。このような「普通の国」としてのあり方が周辺諸国の理解を得られるのか。日本政治の転換点に際して、これらの問いをもう一度噛みしめてみる必要があるように思われます。

務相を歴任。決選投票前の「ドジョウ演説」で勝利し代表・首相に就任。

➾尖閣諸島の国有化
石原都知事による尖閣諸島購入計画を契機にした国による購入。それまで私有地であった3島（魚釣島、北小島、南小島）を20億5000万円で購入して国有化した。これに対して中国各地で抗議活動が発生し、一部のデモ参加者が暴徒化して日系の商店や工場を破壊した。

資料14-2　東日本大震災の被害状況

	人的被害			建物被害						
	死者	行方不明	負傷者	全壊	半壊	全半焼	床上浸水	床下浸水	道路損壊	橋梁被害
北海道	1		3		4		329	545		
青　森	3	1	111	308	701				2	
岩　手	4673	1142	213	19107	6599	33		6	30	4
宮　城	9537	1289	4145	82912	155085	135		7796	390	12
秋　田			11						9	
山　形	2		29						21	
福　島	1607	207	182	21246	73449	80	1061	338	187	3
東　京	7		117	15	198	48			295	55
関　東	54	3	1335	3714	36813		1956	1516	3263	42
中　部			1				2		1	
四　国			1				2	17		
合　計	15884	2633	6148	127302	272849	297	3352	10218	4198	116

（注1）3月11日に発生した地震とその後の余震による被害を含む。
（注2）関東には、新潟、山梨、長野、静岡を含む。
（注3）中部とは、岐阜と三重である。
出典：2014年3月11日付の「警察庁緊急災害警備本部広報資料」(http://www.npa.go.jp/archive/keibi/biki/higaijokyo.pdf) より作成。

政党の系譜

1　戦前の政党制

日本で最初の政党が誕生したのは1881年のことになります。それまでも政党結成に向けての動きはありましたが、国会開設の詔勅が出されると、この機運は一気に高まり、同年10月に板垣退助らの**自由党**が結成されました。これが日本における政党の第1号です。

これに続いて、翌1882年には大隈重信などの**立憲改進党**が結成され、立憲帝政党、東洋社会党などの政党も誕生しました。日本の政党にはおよそ130年の歴史があり、最初から性格の異なる2つの主要政党が存在したわけです。これが、その後の保守政党の流れのルーツになりました。

しかし、これに対して明治政府は新聞紙条例や集会条例を制定して厳しく抑制します。このため、政党活動は当初から厳しい船出を余儀なくされました。政治活動の自由を求める運動なしには政党が発展できなかったということも、歴史の教訓として覚えておくべきことでしょう。

政党が中心になる最初の内閣が誕生したのは1898年でした。大隈重信の立憲改進党は改称して進歩党となり、板垣退助の自由党も立憲自由党と改称し、この2つが合同して新しい政党を作りました。これが**憲政党**ですが、この政党による大隈と板垣の内閣がいわゆる「隈板内閣」です。しかし、内部対立によってたった4ヵ月で瓦解しました。

本格的な政党内閣は第一次世界大戦後の1918年の原敬内閣からで、1932年の「5.15事件」で政友会の犬養毅内閣が倒れるまで続きました。この時期の政党政治の中心となったのは、**政友会**と**民政党**でした。しかし、1931年の「満州事変」によって戦時体制が強まり、1937年の日中戦争の開始、1938年の国家総動員法制定を経て、1940年の**大政翼賛会**の結成によって全ての政党は解散させられました。この間、1922年には日本共産党が結成され、「**無産政党**」と呼ばれる労働者や農民を基盤とする社会主義的な政党も誕生します。しかし、非合法状態におかれていた共産党は1935年に最後の中央委員が治安維持法違反で検挙されて壊滅し、無産政党も大政翼賛会に合流していきました。こうして、戦前における政党の歴史は終焉を迎えることになります。

2　戦後における政党の出発

第二次世界大戦で日本は敗北し、政党が復活しました。戦後の政党の系譜は、**資料15-1**のとおりです。

1945年11月に日本社会党、**日本自由党**、**日本進歩党**、12月に**日本協同党**が結成され、合法化された**日本共産党**も12月に第4回大会を開きました。

➾自由党
板垣退助らが結成した日本最初の全国的政党。国会開設の詔勅が出た直後の1881年10月29日、国会期成同盟を中心に結党。フランス型の急進主義を取ったため、急進派の行動を抑えきることができず1885年に解散した。

➾立憲改進党
自由民権運動の代表的政党の1つ。略称は改進党で、1882年4月16日、「明治14年の政変」で政府を追われた大隈重信を初代総理（党首）に結成され、副総理には河野敏鎌が就任。イギリス型の穏健主義を特徴としたが、1896年3月に解散した。

➾憲政党
板垣退助の自由党と大隈重信の進歩党が合同してできた政党。1898年6月、総選挙に備えて藩閥政府に反対するために結成された。「隈板（わいはん）内閣」の与党となり、8月の総選挙で絶対過半数を獲得したが、総選挙直後に再分裂。旧自由党側が憲政党を名乗り、旧進歩党側は憲政本党を名乗った。

➾政友会（立憲政友会）
戦前の日本における立憲民政党と並ぶ保守的二大政党の1つ。1900年9月15日に結成。伊藤博文が初代総裁となり、西園寺公望・原敬らが総裁を務めた。40年にわたって戦前の政党政治で主導的な役割を果たし、1940年に大政翼賛会に合流した。

➾民政党（立憲民政党）
戦前の日本における立憲政友会と並ぶ保守的二大政党の1つ。1927年6月1日に憲政会と政友本党が合併して結成。濱口内閣・第二次若槻内閣を組織した。1940年に解党して大政翼賛会に合流した。

➾大政翼賛会
近衛文麿首相による新体制運動を母体とした官製の国民統合組織。

この当時の社会党は右派主導で、共産党に対して強い対抗意識を持っていました。共産党の方もソ連や中国の共産党に従属しており、1950 年には外国からの干渉によって分裂し、「火炎ビン闘争」などの武装闘争の過ちを犯します。これは「**50年問題**」と呼ばれています。

自由党、進歩党、協同党の 3 党をルーツとする保守・中道政党は離合集散を繰り返し、1955 年には、自由党と民主党という 2 つの政党に整理されました。社会党も左派と右派に分かれましたが、1955 年 10 月に再統一しました。これに危機感を高めた財界などからの働きかけもあり、自由党と民主党も 1955 年 11 月に合同して自由民主党（自民党）を結成します。

3 「55年体制」の成立と変容

こうして、1955 年に自民党と社会党が対峙する保守・革新の「擬似二大政党制」が成立します。これが「55 年体制」です。これは拮抗する勢力による二大政党ではなく、自民党の 1 に対して社会党が 2 分の 1 という「1 と 2 分の 1 政党制」でしたから、政権交代は起きず、事実上、自民党の優勢政党制でした。

この後、野党第 1 党の社会党と、綱領を確定して「暴力革命」路線を放棄した共産党は「革新勢力」を構成し、「戦後民主主義」の「守護神」となりました。1960 年には日米安保条約改定問題での対立から社会党が分裂し、**民社党**が結成されます。1964 年には、**公明党**が結成され、当初は参議院に、次いで衆議院に進出していきました。

こうして、自民党、社会党、共産党、民社党、公明党という 5 つの政党による多党制的状況が生まれました。自民党の得票率も 1967 年の総選挙ではじめて過半数を下回り、「一党優位」という状況にも次第に変化が現れてきました。

1940 年 10 月に発足した。軍部を抑制できる政治力の結集が目指されたが、「近衛幕府」と批判され、政治結社ではない公事結社とされた。1941 年 4 月、内務省によって総動員のための行政補助機関に改変された。

➾無産政党
生産手段を持たない無産者の政党。戦前における労働者農民の合法政党で、非合法だった日本共産党以外の社会民主主義的政党を指す。農民労働党、労働農民党、社会民衆党、日本労農党、社会大衆党などである。

➾日本自由党
鳩山一郎を中心に戦後すぐに結成された保守政党。1945 年 10 月、旧政友会系の河野一郎や芦田均（ひとし）、旧民政党に属していた三木武吉（ぶきち）らが参加し、1948 年に民主党幣原喜重郎派と合同して民主自由党となる。綱領に国体護持、自由経済、軍国主義の一掃などを掲げた。

➾日本進歩党
旧大日本政治会を母体に戦後結成された旧民政党系の保守政党。1945 年 11 月の結成で総裁は町田忠治（ちゅうじ）。最保守で国体護持を綱領に掲げ、幹部の大半が公職追放された。1947 年に解党して民主党を結成する。

➾日本協同党
協同組合主義や労使協調を標榜し

資料 15-1　戦後の政党の系譜

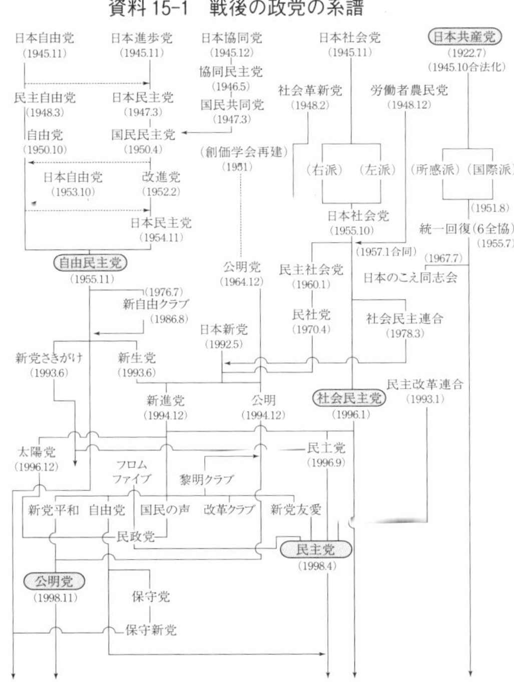

出典：『現代日本政治』112ページ。

資料 15-2　2012 年以降の新党の動き

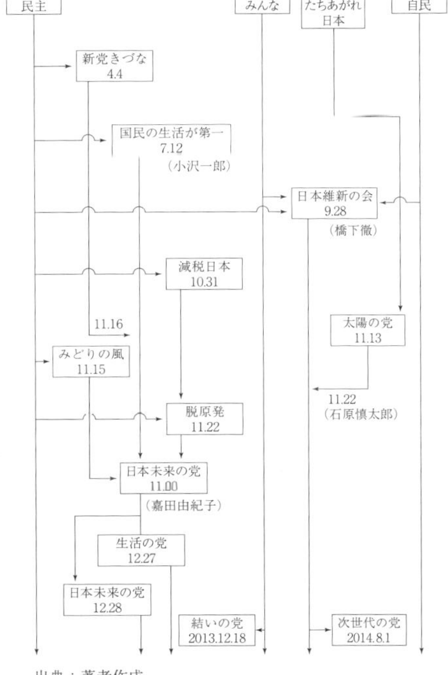

出典：著者作成。

1970年代には、自民党から新自由クラブが分かれ、社会党の周辺に社会民主連合が結成されるなど、多党化状況はいっそう深まりました。自民党の力が弱まり続けたからです。

しかし、このような多党化状況のなかでも、「55年体制」と呼ばれる「擬似二大政党制」は基本的に生き続けます。それが最終的に崩れたのは、1993年に自民党が下野したときです。宮沢内閣への不信任案提出を契機に、武村正義グループが脱党して**新党さきがけ**を結成し、続いて羽田・小沢グループも離党して**新生党**を発足させ、自民党が分裂しました。直後の総選挙でも、自民党は過半数の得票を回復できませんでした。

4　混乱と再編

その結果、社会党、公明党、新生党、日本新党、新党さきがけ、民社党、社民連、民主改革連合の8党派による細川護熙連立政権が成立しました。しかし、自民党はわずか10ヵ月後に、社会党やさきがけとの連立によって政権を奪還し、再び与党の地位に戻ります。

1996年には橋本龍太郎内閣を実現して自民党は首相の地位を回復しましたが、参議院での過半数を失ったままでした。そのため、自民・自由、自民・自由・公明、自民・公明・保守などのように連立政権が続きました。

この間、新党の結成が相次ぎ、政党状況はめまぐるしく変転しました。1994年12月には、新生党、民社党、日本新党、それに、公明党から分かれた公明新党など9党派が合同して**新進党**を結成しましたが、これは3年後の1997年に、自由党や新党友愛など6党派に分裂します。ここから分かれた黎明クラブや新党平和は古巣の公明と合体して公明党を再結成しました。

他方、社会党は1996年に社会民主党に衣替えしましたが、一部が飛び出して新党さきがけや市民リーグなどと民主党を作ります。これに、新進党を飛び出して太陽党を結成していた羽田グループ、民主改革連合、旧民社党の新党友愛などが合流していきました。

さらに、自由党からは自民党との連立解消を機に保守党が分かれ、後に保守新党となります。残った小沢グループの自由党は、2003年の総選挙直前に民主党に合流しました。民主党の歩みは、**資料15-3**をご覧下さい。

以上が、1993年からの10年間に生じた政界再編の概略です。これらの流動化の背景には、1990年前後におけるソ連・東欧の崩壊、東西冷戦の終結、バブル経済の破綻による「右肩上がり経済」の終焉などの事情がありました。また、自民党長期政権の下、政・官・財（業）の癒着や各種の制度疲労が進み、既得権益の網の目が張りめぐらされて政治腐敗と機能不全も蔓延していました。

1990年代以降、政党の再編成と新党の結成が頻繁に生じた背景には、このような事情がありました。2003年10月の自由党と民主党の合併、その直後の11月の総選挙によって、自民・民主両党による「二大政党」的状況が生じ、政界再編の動きは一段落します。

これからしばらくは、政党の結成や合併などの大きな動きはありませんでした。あまりにもめまぐるしい再編の動きに、国民もうんざりしたからでしょう。

5　2010年の政党状況

2010年に日本の政党には、民主党、自民党、公明党、日本共産党、社会

た中道政党。1945年12月に結成され、船田中（なか）や赤城宗徳（むねのり）など、主に護国同志会の出身者を中心に結成。委員長は山本実彦（さねひこ）。1946年5月、日向（ひゅうが）民主党や日本農本党などと合同して協同民主党となる。

➾日本共産党
科学的社会主義を理論的基礎とする共産主義政党。1922年7月に結成され、国会に議席を有する政党では最も古い歴史を持つ。究極目標として社会主義・共産主義を掲げているが、資本主義の枠内でアメリカへの従属と大企業支配の打破を目指す民主主義革命を当面の目標としている。

➾50年問題
外国からの批判をきっかけに日本共産党が分裂し混乱に陥った問題。1950年のコミンフォルム批判によって、共産党は批判を受け入れる宮本顕治らの「国際派」とそれに反対する所感を発表した徳田球一らの「所感派」などに分裂し、後者は「極左冒険主義」と呼ばれる武装闘争方針を採用する。この分裂は、5年後の6全協（第6回全国協議会）まで続いた。

➾民社党
社会党から分かれた右派社会民主主義政党。1960年1月、安保闘争に反発して社会党から離党した西尾末広（すえひろ）・西村栄一らを中心に民主社会党として結成。1970年4月には民社党を正式名称とした。94年12月に解党し、所属議員の多くは新進党などを経て民主党に合流した。

➾公明党
日蓮正宗系の新宗教団体である創価学会を母体とした政党。1964年に公明政治連盟を改組して結成され、当初、「王仏冥合・仏法民主主義を基本理念」とした。1994年にいったん解散し、「公明新党」と「公明」に分かれた。その後、公明新党は新進党に合流し、新進党の解散に伴って「公明党」が再結成された。

➾新党さきがけ
自民党から分かれて1993年に結成された政党。代表は武村正義（たけむら・まさよし）で、衆院議員1～2回生10人が参加。宮沢喜一内閣への不信任決議案が可決され、衆院が解散された直後に自民党を離党して結成され、政界再編のさきがけとなった。

➾新生党
自民党から離党して1993年に結成された政党。竹下派（経世会）

民主党、国民新党、みんなの党、改革クラブ、新党日本、たちあがれ日本などがありました。このうち、民主・社民・国民新の三党が連立与党ですが、新党日本と新党大地は鳩山政権と友好関係にありました。

連立政権の一角を占めた国民新党は郵政民営化に反対する自民党議員が離党し、2005年に結成された政党です。新党日本も郵政民営化に反対して2005年に結成された田中康夫元長野県知事を中心とする政党です。新党大地も2005年に結成された鈴木宗男衆院議員中心の北海道を基盤とする地域政党でした。野党の「みんなの党」は、2009年に自民党を離党した渡辺喜美衆院議員を中心とする政党です。このほか、「たちあがれ日本」、改革クラブなどの政党もありました。

6　民主党の分裂と「国民の生活が第一」の結成

民主党は2012年に分裂します。分裂の契機となったのは**消費税率の引き上げ**問題でした。社会保障と税の一体改革をめぐって、野田佳彦内閣と民主党は2014年度から8%、2015年度には10%へと二段階に分けて消費税率を引き上げるという方針を打ち出します。民主・自民・公明3党は消費増税関連法案で合意し、国民新党や「たちあがれ日本」などの賛成も得て衆院を通過し、参院に送られました。

これに対して、民主党内の小沢グループなど57人が反対し、16人が欠席・棄権します。その後、50人が民主党を飛び出し、小沢一郎元代表らは除籍処分となりました。民主党を離党した議員は2012年7月に新党「**国民の生活が第一**」を結成しますが、これには衆院37人、参院12人の49人が加わり、衆院では公明党を上回る第3党になりました。

2012年暮れの衆院総選挙では前回308議席を獲得した民主党は苦戦が予想されていましたが、比較第1党を目標に選挙に臨みました。結果は、公示

から分かれた羽田派によって結成され、結党時は衆院議員36人、参院議員8人の計44人が参加。党首は羽田孜（はた・つとむ）、代表幹事は小沢一郎。細川連立政権では、羽田が副総理・外相、藤井裕久が蔵相、熊谷弘が通産相に就任した。

➾新進党
新生党・公明党・民社党・日本新党・民主改革連合などが合流して結成された政党。非自民・非共産勢力により1994年に発足。初代党首は海部俊樹元首相で、幹事長には小沢一郎が就任した。1996年の総選挙で敗北した後、党内抗争が激化して1997年に解散した。

➾消費税率の引き上げ
社会保障と税の一体改革を進めるとの名目で民主・自民・公明の3党によって合意された。5％だった消費税を2014年度から8％、2015年度には10％へと2段階に分けて引き上げる。関連法は2013年8月に成立したが、実施に当たっては経済状態を勘案して決定される。

➾国民の生活が第一（People's Life First）
消費税増税法案に反対して民主党を離党した議員によって結成された政党。主要政策として「いのち」と「暮らし」と「地域再生」をキーワードに、「消費税増税の廃止」「原発ゼロ」「地域が主役の社会」を掲げた。代表は小沢一郎衆院議員。

資料15-3　民主党の歩み

1996年 9月	さきがけ・社民両党が分裂し、民主党結成（鳩山由紀夫・菅直人代表）
1997年 9月	両院議員総会で、菅代表・鳩山幹事長の新体制選出
1998年 4月	民主・民政・新党友愛・民改連の4党が合流し（新）民主党を結成
1999年 9月	代表選挙で鳩山候補が当選し、第2代代表に就任
2002年 12月	代表選挙で菅候補が当選
2003年 10月	自由党、民主党に合流
2004年 5月	代表選挙で岡田克也候補が当選
2005年 9月	総選挙大敗で岡田克也代表辞任。前原誠司代表選出
2006年 4月	「ニセ・メール」問題の責任を取って前原誠司代表辞任。小沢一郎代表選出
2007年 7月	参院選で60議席を獲得。参院で第1党となり江田五月議長選出
2009年 5月	小沢一郎代表、西松献金問題による支持率低下の責任を取り辞任。鳩山由紀夫代表選出
8月	総選挙で308議席を獲得して第1党に躍進。政権交代を実現
9月	鳩山由紀夫代表、首班に指名。鳩山由紀夫内閣成立
2010年 6月	鳩山由紀夫内閣総辞職。小沢一郎幹事長も辞任。菅直人新代表選出。衆参の首班指名を受け菅内閣発足
7月	参院選で改選議席を下回る44議席と敗北。自民党は51議席
2011年 9月	菅直人内閣総辞職。野田佳彦新代表選出により野田新内閣発足
2012年 12月	総選挙で民主党は57議席となって壊滅的敗北。再び、政権を失い野党に転落
12月	代表選挙で海江田万里候補が当選
2014年 12月	総選挙で10議席増の73議席。海江田代表が落選して辞任
2015年 1月	代表選挙で岡田克也候補が当選
2016年 3月	維新の党と合併して民進党を結成。民主党誕生以来20年の歴史に幕

出典：著者作成。

前勢力230議席の4分の1となる57議席という惨敗で、現職閣僚7人を含む党幹部が相次いで落選しました。こうして民主党は第1党の座を自民党に譲り、再び政権交代が起きることになります。

その後も、民主党の凋落は止みません。2013年7月の参院選でも改選44議席を17議席に減らし、結党以来最少議席となる惨敗を喫しました。ただし、民進党となった2016年参院選では32議席を獲得して回復に転じています。

7　日本維新の会の結成と失速

➡大阪維新の会と大阪都構想
2010年に地域政党として結党。代表は橋下徹弁護士。中心的な政策は大阪都構想で、大阪市を排していくつかの特別区に再編し大阪府との二重行政を解消するとしていた。2015年と2020年の2回、住民投票が実施されたが、いずれも僅差で否決された。

➡日本維新の会（Japan Restoration Party）
2010年4月設立の地域政党「大阪維新の会」を母体に、自民党・民主党・「みんなの党」から離党した国会議員らを加えて設立。太陽の党（旧「たちあがれ日本」）が合流し、2013年1月以降は石原慎太郎・橋下徹の共同代表制になった。

➡都議選
2013年6月23日に投開票された。自公両党は全員当選で、自民党は第1党、公明党は第2党となって過半数を越えた。これまで第1党の民主党は惨敗して共産党に次ぐ第4党に転落。みんなの党が躍進した一方、日本維新の会は伸び悩んだ。

日本維新の会の母体となったのは、地域政党である**大阪維新の会**です。12年9月に設立届けを提出して国政政党になりました。新党の代表には橋下徹大阪市長、幹事長には松井一郎大阪府知事が就任し、民主・自民・「みんな」の各党から7議員が合流します。

他方、石原慎太郎前都知事は「たちあがれ日本」を母体に太陽の党を結成します。この太陽の党が**日本維新の会**に合流して石原前都知事が代表となり、橋下大阪市長は代表代行となりました。その後、2人は共同代表になります。

2012年12月の総選挙で、日本維新の会は54議席を獲得するという躍進を遂げ、民主党に次ぐ第3党となりました。比例区では40議席を獲得し、民主党を抑えての第2党です。

このように総選挙で躍進した日本維新の会でしたが、共同代表となった橋下大阪市長は、2013年5月の記者会見で「慰安婦制度は必要なのは誰だってわかる」等と従軍慰安婦制度を是認するかのような発言を行い、沖縄のアメリカ海兵隊司令官に「もっと風俗業を活用してほしい」と進言したことも明らかにしました。これは大きな批判を招きます。初挑戦となった6月の**都議選**では1議席減の2議席となり、7月の参院選でも獲得議席は8議席にとどまりました。

2014年になっても、その勢いは急速に失速しました。石原共同代表は「自主憲法制定」にこだわって結いの党との合流に反対し、維新の会と分党して新党「次世代の党」を結成します。他方の日本維新の会は結いの党との統一をめざすことになりました。

8　「第三極」新党と未来の党の挫折

➡嘉田由紀子（1950年〜）
滋賀県知事で日本未来の党前代表。元滋賀県立琵琶湖博物館研究顧問、京都精華大学教授を経て、新幹線新駅の建設凍結などを掲げて滋賀県知事に当選。2012年11月に新党「日本未来の党」を結成して代表に就任。総選挙で9議席と敗北し、党代表を辞任。

衆院は2012年11月に解散されましたが、その前後から新党の結成と離合集散が激しくなりました。選挙の前に、石原慎太郎前都知事がたちあがれ日本の平沼赳夫代表とともに太陽の党を立ち上げ、その後、日本維新の会と合同します。また、衆院解散の後、「国民の生活が第一」と「減税日本・反TPP・脱原発を実現する党」「みどりの風」所属議員らが合流し、**嘉田由紀子**滋賀県知事を代表に「日本未来の党」が結成されます。これを含めて総選挙に候補者を立てた政党は12党でした。

総選挙で、「第三極」新党は明暗が分かれます。日本維新の会は54議席を獲得して第三党になり、みんなの党も公示前勢力を10上回る18議席を獲得しました。しかし、日本未来の党は「卒原発」をスローガンにしたものの公示前の61議席に遠く及ばない9議席に終わって惨敗しました。

その結果、日本未来の党は総選挙後、党名を「生活の党」に変更し、嘉田代表が森ゆうこ参院議員と交代しました。これには旧「国民の生活が第一」

の小沢代表ら衆参15議員が参加し、2014年1月の結党大会で小沢一郎衆院議員を新代表に選出して体制の立て直しを図りますが、7月の参院選では議席を獲得できませんでした。

9　みんなの党の分裂と結いの党の結成

2012年12月の総選挙で健闘し、2013年7月の参院選でも善戦した**みんなの党**は、維新の会など他の野党との連携に消極的な**渡辺喜美**代表と積極的な**江田憲司**幹事長の間で対立が表面化しました。8月の両院議員総会で江田幹事長は更迭され、浅尾慶一郎政調会長が後任に選出されます。江田幹事長の側近であった柿沢未途政調会長代理も役職を解かれて離党しました。

その後も対立は止まず、渡辺代表が特定秘密保護法案の修正協議に応じて賛成に回ったために亀裂は決定的になります。江田前幹事長ら国会議員14人が離党して先に離党していた柿沢未途衆議院議員と共に**結いの党**を結成し、代表には江田議員が就任しました。

さらに、DHCの吉田嘉明会長が2度にわたって計8億円を渡辺代表の個人口座に振り込んだ事実が判明し、結局、代表辞任に追い込まれます。新代表には浅尾慶一郎幹事長が選任され、後任の幹事長には水野賢一政調会長、政調会長に中西健治政調会長代理がそれぞれ昇格しました。

その後、結の党は日本維新の会と合併して2014年9月に維新の党を結成します。さらに2015年11月には松野頼久執行部に反発したグループが「おおさか維新の会」を、どちらにも加わらない議員5人が「改革結集の会」を結成して離脱します。その後、民主党との合併が具体化し、2016年3月に解党して民進党に合流しました。

➾みんなの党（Your Party）
自民党を離党した渡辺喜美衆院議員を中心に結成された政党。基本理念は脱官僚、地域主権、小さな政府、脱原発など。公約や政策を「アジェンダ」と呼び、他の政党とは「アジェンダ」が一致する範囲で連携・協力するとしている。

➾渡辺喜美（1952年〜）
みんなの党の代表。安倍内閣で内閣府特命担当大臣（規制改革）、安倍改造内閣・福田康夫内閣で内閣府特命担当大臣（金融）を務めたが、2009年に自民党を離党してみんなの党を結成。父は元副総理・外相・蔵相・通産相等を歴任した渡辺美智雄衆院議員。

➾江田憲司（1956年〜）
結いの党代表。大学卒業後通産省に入省。通産相秘書官、首相秘書官などを経て2008年に官僚国家日本を変える元官僚の会（脱藩官僚の会）を結成し代表幹事に就任。政治家に転じてみんなの党幹事長などを歴任。幹事長解任後、離党して除名処分され結いの党を結成。

➾結いの党
みんなの党を除名された江田憲司衆院議員を代表に結成された政党。参加した国会議員は全員が元みんなの党に所属していた。党名は江田代表の発案で「野党再編を明確にする党のため、各政党を結びつけ、束ねる結節点になり、野党連合勢力を結集していく意味合い」だという。

資料15-4　国会に議席を持つ政党（2020年9月20日現在）

名称	設立年月日	代表者	衆議院	参議院	計
自由民主党	1955年11月15日	菅義偉	284	112	396
立憲民主党	2020年9月15日	枝野幸男	107	43	150
公明党	1964年11月17日	山口那津男	29	28	57
日本維新の会	2015年11月2日	松井一郎	10	16	26
日本共産党	1922年7月15日	志位和夫	12	13	25
国民民主党	2020年9月11日	玉木雄一郎	7	8	15
社会民主党	1945年11月2日	福島瑞穂	2	2	4
れいわ新選組	2019年4月1日	山本太郎	0	2	2
NHKから国民を守る党	2013年6月17日	立花孝志	1	1	2
希望の党	2018年5月7日	中山成彬	2	0	2
政党そうぞう	2005年12月27日	下地幹郎	1	0	1
沖縄社会大衆党	1950年10月31日	高良鉄美	0	1	1
チームしが	2014年5月7日	嘉田由紀子	0	1	1
無所属			10	18	28
計（定数）			465	245	710

出典：筆者作成。

第2次安倍政権以降の政治と政党

1　最長政権と国政選挙での6連勝

安倍首相の連続在職日数は2822日で歴代最長で、第1次政権を含む通算でも最長の3188日になりました。過去のどの首相よりも長い在職記録を打ち立てたわけです。そうなった最大の理由は、6回の国政選挙に勝ち続けたことにあります。

自民党は2012年12月の衆院選で多数議席を獲得して政権を奪還し、以後、5回の衆参両院での選挙に勝ち続けました。13年7月の参院選でも勝利して「ねじれ国会」を解消し、14年11月には「消費増税延期」を掲げて総選挙で大勝しています。16年7月の参院選でも与党が勝利し、衆参両院で「改憲勢力」が3分の2を超えました。17年10月の衆院選では、北朝鮮によるミサイル発射実験と少子化問題という「国難突破」を掲げて解散し、小池百合子東京都知事が結成した「希望の党」への参加をめぐって民進党が分裂するという混乱もあって与党が3分の2を維持しています。

このような選挙での勝利を支えたのが、安倍内閣に対する支持率の安定でした。政権発足直後に70%という高さを記録して以来、下降しても回復し、平均して40%台を維持しています。

第2次安倍政権において、内閣支持率が急減したのは4回あります。1回目は2015年から16年にかけて安保法制に対する反対運動が大きく盛り上がった時で、初めて支持と不支持が逆転しました。2回目は17年春から夏にかけてで、**「森友・加計学園」疑惑**や「共謀罪」の新設を含む改正組織犯罪処罰法への反対運動などを受けて支持率26%と最低になっています。

18年春が3回目の急落で、これは森友学園をめぐって財務省が決裁文書の改ざんを行っていたことが明らかになったためです。この疑惑の中心には安倍首相とともに昭恵夫人が存在し、国民の批判が安倍政権を直撃する形になりました。そして、4回目の急落が2020年夏で、新型コロナウイルス感染への対策の迷走が批判を浴びて内閣支持率が低下し、ストレスを高めた安倍首相の持病が再発したとして辞任することになったのです。

➡「森友・加計（かけ）学園」疑惑
2017年前半に発覚したスキャンダル。安倍首相の妻の昭恵氏が名誉校長を務めていた森友学園の小学校建設用地取得や値引きに夫人が関わっていたのではないかというのが森友疑惑。安倍首相の「腹心の友」が理事長の加計学園の獣医学部新設認可に首相が関与していたのではないか、関係者に「忖度」が働いたのではないか、というのが加計学園疑惑。

2　政策と政治姿勢における「負の遺産」

安倍政権は「**アベノミクス**」を掲げて、円高や株価の上昇を実現し、国政選挙6連勝によって「一強体制」を実現することで長期政権となりました。デフレ脱却や三本の矢、女性活躍、地方創生、働き方改革、人づくり革命など、スローガンを多発しましたが、いずれも中途半端に終わり、大きな成果を上げたとは言えません。

大企業の収益は回復して内部留保が増えましたが、働く人々の収入はほぼ

➡アベノミクスと3本の矢
デフレからの脱却と富の拡大を目指した経済財政政策。「安倍晋三」のアベと「経済理論」を表すエコノミクスを組み合わせて「アベノミクス」と言われた。その具体的な内容は、大胆な金融政策、機動的な財政政策、民間投資を喚起する成長戦略の「3本の矢」。中心は日銀による金融緩和政策にあった。

横ばいで実質賃金は低下しています。景気回復の実感はなく、2度の消費税率の引き上げで経済は沈滞し、コロナ禍によって大打撃を受けました。

外交ではアメリカに従い続け、拉致問題や北方領土問題は解決できず、韓国との関係も戦後最悪になっています。安全保障面では軍事大国化を目指し、**国家安全保障会議設置法**、**特定秘密保護法**や安保法制（戦争法）の制定、沖縄・辺野古での埋め立て強行、米国製兵器の爆買いなどを進めてきました。

このような政策面での「負の遺産」だけでなく、立憲主義や民主主義を踏みにじる政治姿勢も深刻な問題を残しました。安倍首相自ら「憲法改正」を目標に「**96条先行改憲論**」を掲げて9条への自衛隊明記などを目指しました。それでも支持が広がらず改憲発議を実現することはできませんでした。

国会を軽視し、憲法53条に基づく臨時国会の召集要求を拒み、内閣人事局などで官邸支配を強めて官僚などによる忖度を強めました。「森友・加計学園疑惑」や「**桜を見る会**」、河井夫妻への選挙資金1億5000万円の供与と公職選挙法違反容疑などの問題では、嘘やごまかし、言い逃れが相次ぎ、公文書の隠ぺいや偽造に手を染め、財務省の職員による自死まで引き起こしました。統治機構をゆがめて政治への信頼を損なったのは大きな問題ですが、その疑惑の中心にいたのは安倍首相夫妻です。

3　新型コロナウイルスの感染拡大と安倍首相の辞任

2020年春から始まった新型コロナウイルスの感染拡大によって、世界全体で140万人以上が命を失いました。人類は新たな危機に直面したのです。コロナ危機がいつ、どのように解決されるか分からず、ある一定の期間、ウイルスと共生せざるを得ない時代が始まりました。

このコロナ危機によって現代社会の実像が明らかにされ、その脆弱性や問題点があぶり出されました。私たちはいま生きている社会がいかに新型ウイ

➾国家安全保障会議設置法
国防や緊急事態への対処に関する重要事項を審議するための国家安全保障会議（日本版NSC）を設置する法律。「安全保障会議設置法等の一部を改正する法律」によって、それまでの安全保障会議設置法から表題が変更された。これに伴い、事務局として2014年1月に国家安全保障局が新設された。

➾特定秘密保護法
特定秘密の保護に関する法律で、日本の安全保障に関する情報のうち「特に秘匿することが必要であるもの」を特定秘密として指定し、取扱者の適性評価の実施や漏洩した場合の罰則などを定めたもの。秘密の範囲は曖昧で、知る権利や報道の自由が阻害される恐れがあるとして反対運動が高まった。

➾96条先行改憲論
改憲を容易にするために、先ず96条を変えて発議条件を緩和しようという意見。憲法96条1項は、憲法の改正のためには、「各議院の総議員の3分の2以上の賛成で、国会が、これを発議し」と定めている。この3分の2を過半数に改めようというのである。

➾桜を見る会
内閣総理大臣が主催していた公的行事。1952年から2019年まで、毎年4月中旬頃に新宿御苑で開催。与党政治家の支援者や安倍晋

資料16-1　第2次安倍政権の歩み

2012年12月28日	第2次安倍内閣発足
2013年7月21日	参院選で自民圧勝し「ねじれ国会」解消
12月4日	国家安全保障会議（NSC）発足
12月6日	特定秘密保護法成立
12月28日	安倍首相、靖国参拝
2014年4月1日	消費税率8%に引き上げ
5月30日	内閣人事局発足
7月1日	集団的自衛権行使容認を閣議決定
12月14日	衆院選で消費税率引き上げ延期を掲げ与党勝利
2015年9月8日	安倍首相、自民党総裁選で無投票再選
9月19日	安全保障関連法成立
2016年6月1日	安倍首相、消費税増税再延期を表明
7月10日	参院選で与党勝利
2017年5月3日	安倍首相、ビデオメッセージで20年改憲施行を表明
6月15日	共謀罪を盛り込んだ改正組織犯罪処罰法成立
10月22日	衆院選で自民党圧勝
2018年6月4日	財務省、森友関連文書改ざんの調査報告書発表
9月20日	安倍首相、自民党総裁選で3選
2019年4月1日	新元号「令和」を発表
7月21日	参院選で与党勝利するも改憲勢力3分の2割れ
10月1日	消費税率10%に引き上げ
11月20日	安倍首相、通算在職日数が歴代最長に
2020年4月7日	新型コロナウイルスで7都府県に緊急事態宣言を発令
4月16日	緊急事態宣言を全国に拡大
8月28日	安倍首相、辞意表明
9月16日	安倍内閣総辞職

出典：筆者作成。

三後援会の会員などが招待され、当初の予算の三倍となる約 5200 万円に上っていた。参加者の選定、支出額の増加、招待者名簿の廃棄と公文書管理のあり方などの点で多くの疑惑が指摘された。

ルスに対して脆いものであったのかを知りました。新自由主義的な効率最優先と自己責任論によって命と暮らしがおろそかにされ、医療・介護・保健などのケアや社会を支えるために不可欠な仕事であるエッセンシャルワークが削減され、セイフティネットが機能しない社会になっていたのです。

2020 年 8 月 28 日に安倍首相は記者会見を開き突然の辞任を表明しました。その直接の原因は持病の悪化とされていますが、背景には政権の行き詰まりがありました。一斉休校や「アベノマスク」配布、困窮世帯限定の 30 万円給付案の撤回などコロナ対策は迷走し、国民からの批判、内閣支持率の低下などによって安倍首相のストレスが高まり、急速に病状が悪化した可能性があります。

第 1 次政権での安倍首相の辞任も病気が理由でしたが、実際には直前の参院選で敗北し「ねじれ国会」となって政権を投げ出したのかもしれません。第 2 次政権でも日本経済の先行きに展望が持てず、コロナ対策にお手上げとなり、政権運営に行き詰まって逃げ出したように見えます。いずれの場合も、持病が口実として利用されたことになります。

4　民進党の結成と「希望の党」騒動

2016 年 3 月 27 日に民主党に維新の党が合流し、改革結集の会の一部、無所属の議員も参加して、民主党が改称する形で民進党が結成されました。結党時から 2017 年 9 月までは衆参両院で野党第一党でした。

他方、2016 年 7 月の東京都知事選挙で**小池百合子**衆院議員は自民党の推薦を得ずに立候補して当選します。その後、都議会自民党と対抗するために地域政党「**都民ファーストの会**」を結成し、17 年 7 月の都議会議員選挙で第 1 党になります。国政でも、政治団体「日本ファーストの会」を結成するなど新党結成を目指しました。

2017 年 9 月の衆院解散の直前、小池都知事は国会議員 14 人とともに「**希望の党**」の結成を発表します。その前夜、小池都知事と前原誠司民進党代表が極秘に会談し、民進党と希望の党の合流が協議されました。

衆院解散当日、前原代表は民進党の常任幹事会で希望の党と合流することを提案して了承され、午後に行われた両院議員総会において、全会一致で採択されました。これにより民進党は事実上の「解党」となりました。

ところが、小池都知事は「全員を受け入れるということはさらさらありません」と発言し、安保法制と改憲に賛成しない民進党の立候補予定者を「排除する」として民進党全体との合流を否定します。これに反発した民進党内のリベラル系議員が希望の党への合流を拒否し、**枝野幸男**衆院議員を代表として「立憲民主党」を結党し、一部の議員は無所属で立候補しました。

⇒小池百合子（1952年7月15日〜）
東京都知事。アラビア語通訳者やニュースキャスターを経て 1992 年に政界へ転身。参院議員 1 期、衆院議員 8 期、総務政務次官、経済企画総括政務次官、環境大臣、内閣府特命担当大臣（沖縄及び北方対策担当）、防衛大臣、自民党広報本部長、自民党総務会長、都民ファーストの会代表、希望の党代表などを歴任。

⇒都民ファーストの会
東京都を地盤に活動する地域政党。2016 年 9 月に小池百合子都知事によって設立。17 年 1 月に地域政党となる。17 年 7 月の都議会議員選挙で 50 人を擁立して 49 人当選。その後追加公認を含めて 55 人となり都議会第一会派となった。

⇒希望の党（Party of Hope）
小池百合子東京都知事を中心とする政党。都議会の地域政党「都民ファーストの会」が国政に進出する形で、2017 年 9 月 25 日に結成された。9 月 28 日に民進党と合流したが排除されたリベラル系議員らは立憲民主党を結成。2018 年 5 月に国民党と希望の党への分党手続きを行って解党。国民党は民進党と合併し、国民民主党となった。

⇒枝野幸男（1964年5月31日〜）
立憲民主党代表。弁護士出身で衆院議員 9 期。旧民主党政策調査会長、民主党政策調査会長、民主党幹事長、内閣府特命担当大臣（行政刷新担当）、内閣官房長官、内閣府特命担当大臣（沖縄及び北方対策担当）、経済産業大臣、内閣府特命担当大臣（原子力損害賠償支援機構担当）、民進党幹事長、旧立憲民主党代表などを歴任。

5　立憲民主党・国民民主党の結成と合流

2017 年 9 月の民進党代表選で前原代表に敗れた枝野幸男代表代行は、「枝野立て」との声に押されて、希望の党への合流で排除されたリベラル派や左派の受け皿として、10 月 2 日に立憲民主党を結党しました。この党名について、枝野代表は立憲主義や本当の民主主義を取り戻すという立ち位置を示しているとして大きなこだわりを示しています。10 月の総選挙で、立憲民主党は共産党や社民党の選挙協力を得て 55 議席を獲得して野党第 1 党になりました。参院でも2018年10月以降、野党第1会派となっています。

残存した民進党と希望の党から分かれた国民党は合流し、2018年5月7日に国民民主党を結成して野党第2党となりました。民進党の大塚耕平代表、希望の党の**玉木雄一郎**代表が共同で代表に就任しています。

他方、2012年12月に、日本未来の党は党名を「生活の党」に改称していました。参加したのは、民主党の小沢グループと鳩山グループ、新党きづな、国民の生活が第一の出身者などです。2014年7月の参院選に続いて12月の総選挙でも政党要件を失いましたが、無所属の**山本太郎**参院議員が入党して政党要件を回復しています。これに伴い、党名を「生活の党と山本太郎となかまたち」に改め、小沢一郎と山本太郎が共同代表に就任しました。

2016年10月には党名を「自由党」に変更し、党則も変えました。さらに、2019年4月に解党して国民民主党に合流することになります。このとき山本共同代表は参加せず、7月の参院選前に「**れいわ新選組**」を結成しています。

その後、立憲・国民両党と「社会保障を立て直す国民会議」によって統一会派が結成され、衆院は「立憲民主・国民・社保・無所属フォーラム」、参院が社民党も加わり「立憲・国民・新緑風会・社民」となりました。19年末から国民、立憲両党の幹事長による合流協議が始まりますが、吸収合併を想定する立憲側と対等合併を主張する国民側で平行線となり、合意に至りませんでした。

2020年7月になって合流協議が再開され紆余曲折の末、9月15日に立憲民主党、国民民主党、社会保障を立て直す国民会議、無所属フォーラムに所属していた議員によって（新）立憲民主党が設立されました。党首には枝野代表が選出され、所属する国会議員は衆院で197人、参院で43人、計150人になっています。

他方、（旧）国民民主党の玉木代表は分党方針をとり、15人で（新）国民

➾玉木雄一郎（1969年5月1日～）
国民民主党代表。元大蔵・財務官僚で衆院議員4期。民主党香川県連代表・副幹事長・政策調査会副会長、民進党幹事長代理、旧希望の党共同代表、旧希望の党代表、旧国民民主党共同代表、旧国民民主党代表（初代）などを歴任。

➾山本太郎（1974年11月24日～）
「れいわ新選組」代表で参院議員1期。元タレント、元俳優。生活の党と山本太郎となかまたち共同代表兼政策審議会長、自由党共同代表兼政策審議会長などを歴任。

➾れいわ新選組
2019年4月1日に山本太郎によって設立された政党。党名は新元号「令和」が発表された日に届け出たことと幕末の新撰組に由来するが「新撰組」でなく「新選組」。同年7月の参院選で得票率2％を上回って政党要件を満たし、2議席を獲得して国政政党となった。

資料16-2　2015年以降の新党の流れ

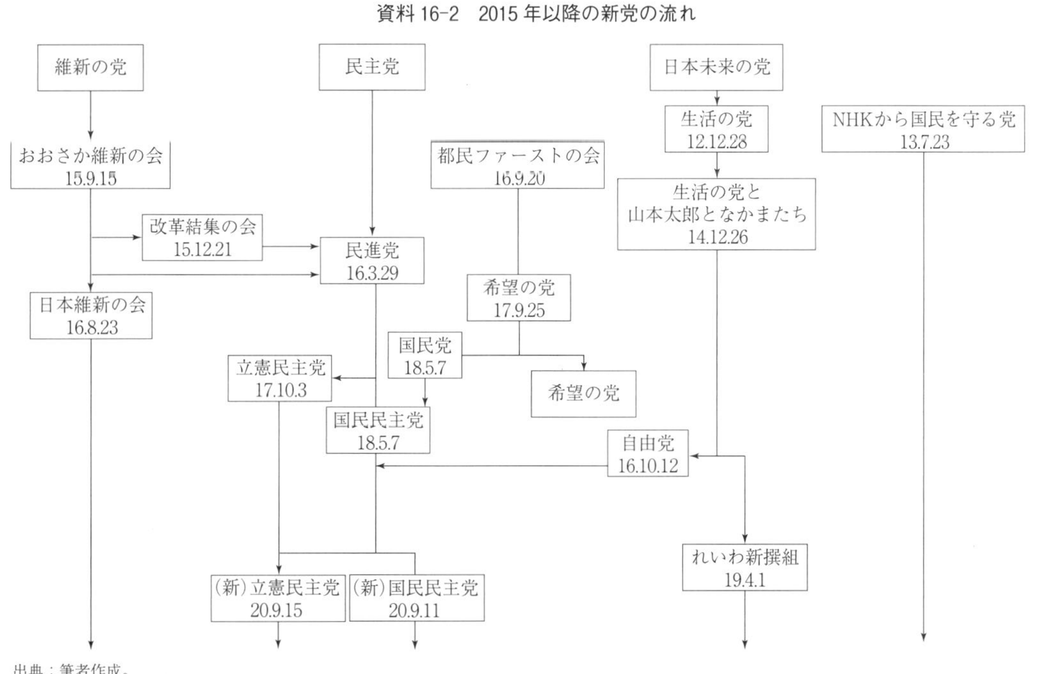

出典：筆者作成。

民主党を結成しました。これまで民主党や民進党を支援してきた連合は「立憲民主党を連合総体として支援する」との基本方針を決めましたが、(新)国民民主党との連携にも含みを持たせています。民間系の産業別労働組合(産別)は(旧)国民民主党の組織内議員の合流を見送り、電力総連と電機連合の組織内国会議員は(新)国民民主党に参加しました。

6 菅義偉新政権の発足

2020年9月16日に**菅義偉**(すがよしひで)新政権が発足しました。「安倍政権の継承」を掲げている通り、自民党の役員と閣僚の人事に大きな変化はありませんでした。

第1に、菅前官房長官が首相になり、二階俊博幹事長と麻生太郎副総理兼財務相は留任するなど、安倍政権を支えてきた「3本柱」がそのまま残りました。主要閣僚では萩生田光一文科相など5人が留任し、加藤勝信官房長官ら3人はポストを変えての再任です。

第2に、党の役員や閣僚として安倍政権を支えた議員の再入閣も目立ち、新入閣はたったの5人でした。上川陽子法相や田村憲久厚労相など4人は安倍政権で閣僚になった経験があります。

第3に、菅新首相自身は無派閥出身ですが、5つの主要**派閥**に支持されたことを反映して、各派閥への目配りもなされています。派閥均衡がはっきりと示されているのは自民党4役の人事で、閣僚ポストも各派閥にほぼ均等に配分されています。

第4に、菅首相ら自民党籍の閣僚20人中18人が「**日本会議**国会議員懇談会」と「神道政治連盟(神政連)国会議員懇談会」に加盟していました。未加盟の小泉進次郎環境相も毎年の終戦記念日に靖国神社を参拝しており、実際には19人がこのような右派議員になっています。右翼色の強い強権内閣としての性格も安倍政権から引き継いだと言えます。

そのことを象徴的に示したのが、**日本学術会議**の会員任命拒否事件でした。学術会議から推薦された105人のうち6人の任命を拒んだのです。任命は形式的なもので推薦名簿のまま任命するという学術会議法制定時の約束やこれまでの慣例に反し、学問の自由や表現の自由を侵すだけでなく、法の趣旨にも反するとして、これは大きな批判を浴びました。

安倍政権の時代から、人事によって言うことを聞かせようという強権的手法が用いられ、教育や学術に対する介入や統制は徐々に強化されていました。この問題は、このような安倍政権の手法や介入も継承するという菅政権の姿勢を示すものだったのです。

菅首相は首相就任後40日経ってから臨時国会を召集したものの、コロナ感染第3波にもかかわらず記者会見を開くことなく、旅行や外食などを支援する「Go To キャンペーン」を継続しました。国会を軽視し説明責任を回避するという政治姿勢や、後手に回ったコロナ対策の無策ぶりも前政権から引き継いだと言えます。

アメリカ大統領がトランプからバイデンに交代するなど国際環境が大きく変わりました。コロナ禍の収束は見通せず、「政治とカネ」をめぐるスキャンダルも明るみに出るなど、菅政権の前途は多難です。

➾菅義偉(1948年～)
自民党所属で無派閥の政治家。世襲議員ではなく秋田の専業農家の長男。上京して法政大学入学。卒業後、横浜市議会議員から衆院議員となり、総務副大臣、総務大臣、内閣府特命担当大臣(地方分権改革)、郵政民営化担当大臣、自民党幹事長代行、内閣官房長官などを歴任。官房長官として新元号「令和」を発表。

➾自民党の派閥
有力政治家を中心に結集した任意の議員集団。情報交換やネットワークづくり、総裁選や国政選挙の支援、政治資金やポストの配分などを目的とする。2020年現在、清和政策研究会(細田派)、志公会(麻生派)、平成研究会(竹下派)、志帥会(二階派)、宏池会(岸田派)、水月会(石破派)、近未来政治研究会(石原派)がある。

➾日本会議
日本の代表的な極右・保守主義団体。日本を守る会と日本を守る国民会議を統合して1997年5月30日に設立。日本会議国会議員懇談会、日本会議地方議員連盟、日本女性の会は関連団体。「憲法改正」や「美しい日本の再建と誇りある国づくり」をめざしている。

➾日本学術会議
日本の国立アカデミーで、内閣府の特別の機関の一つ。日本の科学者の代表機関として政府から独立した立場での政策提言や海外の学術団体との連携に取り組む。科学が戦争に利用された戦前の反省を踏まえて1947年に設立された。年約10億円の予算が政府から支出。

第Ⅲ部

政治の仕組み

18歳から考える日本の政治

17

民主主義って、必要なの？

政治のルールと仕組み

1　民主主義とは？

⊸民　衆
国家や社会を構成している世間一般の人々。民とは国家や社会を構成する人々のことで、衆とは大ぜいの人々という意味。

⊸都市型社会
産業化によって人口の都市への集中が一般的になった社会。それにともなって都市型の生活様式が形成・拡大し、人口移動の増大、家族形態の変化、集団参加の多様化、近隣関係の希薄化などの社会変動や、市民意識の形成などの意識構造の変化が生じていく。

民主主義の「民」とは訓読みで「たみ」とも読み、人々のことです。**民衆**とも言いますが、これらの人々が、国を構成すれば国民となり、国王の下の臣下であれば臣民です。政治を変える人々としての意味を強める場合には人民という言い方もされ、**都市型社会**における自覚した民という意味では、市民という言葉も使われます。

民主主義の「主」とは訓読みで「ぬし」や「あるじ」とも読み、主人のことです。演劇で主な役割を演ずるのが主役で、主人公とも言います。君主とは国の主（ぬし）で、家主（やぬし）とは家の主（ぬし）です。

つまり、「民主」とは、人々が主人であるということなのです。民衆あるいは国民が主な役割を演じ、主人公となることです。「主義」とは、人々が主張や行動の指針にする原則や思想のことですから、「民主主義」とは人々が主人公であるという原則や思想に基づいて主張し、行動することを意味しています。

2　政治にとって民主主義はどのような意味を持っているのか？

それでは、人々が主人であるということは、どのような意味を持っているのでしょうか。民衆が主人公であるというのは、どういうことなのでしょうか。

それは第１に、社会を構成する人々が、基本的に平等で分け隔てがないということを意味しています。社会が、固定されたいくつかのグループに分かれていたり、そのグループ間に対立が存在したり、差別があったりしてはならないということです。

⊸身分制度
生まれつき属すべき職業的・社会的・文化的な身分が固定されている制度。それぞれの身分には固有の生活基盤や経済的基礎があり、固有の生活の仕方や価値観、社会関係などが付随していた。

⊸華　族
戦前に存在した特権的身分。1884年の華族令によって定められた。旧公家・大名家のほか勲功者が取り立てられ、公爵・侯爵・伯爵・子爵・男爵の５等爵から成る。貴族院議員に任ぜられ、皇室の藩屏（はんぺい）（垣根）としての役割を果たすものとされた。

しかし、歴史的には、支配するものとされるものとが存在していました。王と臣民のように身分によっても分かれていたのです。このような社会は身分制社会と呼ばれます。士農工商という厳格な**身分制度**があった江戸時代には、民主主義は成り立ちませんでした。身分制度が崩れていった後の社会で、民主主義は成立することになります。

そうは言っても、現実には、完全に平等な社会はありません。第二次世界大戦前にも、**華族**などが存在しました。富めるものと貧しいものとの違いや、これを元にした対立や差別が存在していました。このような対立や差別の元になる問題を克服し、可能な限り平等で公平な世の中にしていくことは、民主主義にとってとても大切なことなのです。

第２に、基本的に平等で分け隔てなく扱われる人々が、自分たちに関わる問題を自分たちで決定し、処理するということを意味しています。人々がこのような力ないし権利を持っていなければ、自分たちの問題について決定したり処理したりすることはできません。

しかし、歴史的には、人々に関わる問題を、独断で決定したり処理したりする個人や集団がありました。一人で決定し処理する力を持っていたのが王様や将軍です。その王様や将軍を助けて、人々に関わる問題を日常的に決定し処理する集団が貴族だったり家臣団だったりしました。江戸時代の**士農工商**という身分制度で言えば、「**武士**」がこれに当たります。このような社会では、民主主義は機能しません。

民主主義とは、ひとことで言えば人々自身が権力を持つことであり、自分たち自身で自分たちの社会を支配することです。それは、難しい言葉で言えば自己統治ということであり、そこに暮らす人々すべての主体的な決定への参加、自主的な秩序やルールの作成ということになります。ある社会において、その社会を構成するすべての人々が、その社会に関わるルール作りに参加するのが民主主義です。

➾士農工商
士を最上位とし、商を最下位とする近世の身分制で、武士・農民・職人・商人のこと。基本的には支配階級であった士と被支配階級であった農・工・商を区別しただけで、農・工・商の間には上下関係はなかった。

➾武　士
武力をもって人々を支配し公権力に仕える者。平安時代中期から江戸時代末期まで存在した。もともと、合戦をもって業（なりわい）とする者（兵〔つわもの〕）、貴族などに仕えて家政や警固をあずかる者（侍〔さぶらい〕）、武力をもって公に奉仕する者（武者〔もののふ〕）とに分かれていたが、平安時代末期から鎌倉時代初期にかけて融合した。

3　民主主義に関するいくつかの問題

しかし直ちに、ここでいくつかの問題が出てきます。1つは、社会の大きさ＝規模の問題があります。社会の規模が大きく、決定に参加する人々が多くなればなるほど、皆が決定に関与することは難しくなっていきます。決めるための広い場所が必要になってきますし、決めるまでに時間もかかるようになります。

それに、専門的な知識を持った少人数で相談した方が、効率的に決めることができるということもあるでしょう。決めるべき問題について良く知らない人が話し合っても、紛糾するばかりで時間がかかり、時には間違った結論が出てしまうこともあります。

資料 17-1　選挙権の変遷

1792年	フランスで、世界初の男子普通選挙実施（有権者は25歳以上）1795年に廃止
1848年	フランスで、男子普通選挙が再導入
1889年	日本で、満25歳以上の男性で直接国税15円以上を納めている者に選挙権付与
1900年	日本で、納税条件が10円以上に引下げ
1918年	イギリスで、男子普通選挙実施
1919年	ドイツ共和政で、世界初の完全普通選挙が実施
1919年	日本で、納税条件が3円以上に引下げ
1925年	日本で、満25歳以上の全男性（総人口の20.12％）に選挙権付与（男子普通選挙）
1928年	イギリスで、女子（21歳以上）に選挙権付与
1945年	日本で、満20歳以上の男女に選挙権付与（完全普通選挙）
1945年	フランスで、女子（21歳以上）の選挙権付与
1946年	日本で、総選挙に大選挙区制限連記制が採用（この1回だけ）
1947年	日本国憲法の施行、中選挙区制に復帰
1950年	公職選挙法公布
1982年	参議院選挙に拘束名簿式比例代表制導入
1994年	衆議院選挙に小選挙区比例代表制導入
2000年	国政選挙に在外選挙を導入
2001年	参議院選挙を非拘束名簿式比例代表制に変更
2003年	選挙期間中のマニフェストの配布を緩和
2013年	インターネットによる選挙運動を解禁

出典：著者作成。

資料 17-2　選挙権の制限

選挙権は満20歳以上のすべての日本国民に与えられるが、公職選挙法11条1項・252条、政治資金規正法28条は選挙権を認めない条件を以下のように定めている。

①成年被後見人
②禁錮以上の刑に処せられ、その執行を終わるまでの者
③禁錮以上の刑に処せられ、その執行を受けることがなくなるまでの者（刑の執行猶予中の者を除く）
④公職にある間に犯した収賄罪または斡旋利得罪により刑に処せられ、実刑期間経過後5年間を経過しない者。または刑の執行猶予中の者
⑤選挙に関する犯罪で禁錮以上の刑に処せられ、その刑の執行猶予中の者
⑥公職選挙法等に定める選挙に関する犯罪により、選挙権、被選挙権が停止されている者
⑦政治資金規正法に定める犯罪により選挙権、被選挙権が停止されている者

出典：著者作成。

ということで、参加者の規模から生まれる制約、決定の信頼性や効率性などから、少数の代表を選んだ方が良いという意見が出てきました。こうして、選挙によって代表を選んで発言権を付託する間接民主制が生まれます。

もう1つは、すべての関係者に同じような選挙権を認めるかどうかという問題です。社会は、年齢、性別、資産や能力などが異なる様々な人々によって構成されています。これらの人々の社会に対する貢献度や責任のあり方には、違いがあるという理由で、**制限選挙**が実施されました。

➡制限選挙
一定の資格や条件によって選挙権を制限する制度。所得や性別、教育・信仰・人種などによって制限された。日本でも1925年までは納税額によって選挙権が制限され、第二次世界大戦後の1945年12月まで女性に選挙権はなかった。

しかし、現在では、このような制限はなくなっています。19世紀以降、すべての人間は生まれながらにして平等であるという考え方が強まったからです。いわゆる、**自然権思想**を背景にした考え方です。このために、所得や性別を問わず、全ての人に選挙権・被選挙権が与えられるようになりました。

➡自然権思想
人は生まれながらにして絶対かつ不可侵とされる権利を持っているという考え方。基本的人権をはじめ、自己保存の権利や抵抗権、平等権、私的所有権や財産権などは誰でも平等に所有しており、何者も奪うことはできないとされる。

とはいえ、今でも残っている制限があります。それは年齢や国籍によるものです。子どもには社会全体のことをまともに判断する能力がないと考えられており、また国籍が違えば政治に参加する権利はないという考え方も強いからです。これについては議論の分かれるところでしょう。

とりわけ、年齢に関する議論が分かれるのは、このような判断力がいつから備わると考えるのかという点です。先進国の多くは18歳を1つの目安にしており、世界全体でも18歳までに選挙権を与えているのは170ヵ国・地域にものぼっています。アメリカでは、16歳選挙権という州まであります。

しかし、日本では選挙権が与えられるのは20歳からでした。他の先進国と比べて、日本の青年は社会的成熟が遅いのでしょうか。このような選挙権を行使できる年齢の差異に異議を唱え、18歳選挙権を要求する声があったのは当然のことで、2016年夏からは18歳選挙権が導入されています。

4　民主主義と多数決

間接民主主義の下では、選挙によって選ばれた代表は、選んだ人々（主権者）に代わって決定を下します。この決定を下すときの決め方も、民主主義と密接な関わりがあります。「民主主義とは多数決のことだ」と言う人さえいるほどです。実際には、多数決は民主主義的な決定のあり方のことであって、民主主義そのものではありません。

ここで注意しなければならないのは、多数であることと正しいこととは、基本的に関係がないということです。多数の意見によって決まったとしても、少数の意見の方が正しいことだってあるからです。しかし、それは往々にして決まった時点では分からず、後になってから正しいことが確かめられ、やがて多数の意見になっていく場合があります。こうして、決定の誤りが正されることもあります。

したがって、少数意見の尊重とは、正しいかもしれない選択肢の1つを尊重するということであり、多数意見の誤りが是正される可能性を残しておくことを意味しています。少数意見の尊重は、正しいかもしれない少数者のためだけでなく、誤っているかもしれない多数者のためにも必要なことなのだという点が重要でしょう。

では、多数決によって多数者の意見に従うのはなぜでしょうか。それは、少数者の意見に従うよりも参加者の納得が得られやすいからです。支持者の多い意見を採用する方が支持者の少ない意見を採用するよりも多くの人々の納得が得られるのは当然です。

それならば、満場一致は民主的なのでしょうか。多数決の結果として全員が賛成し、満場一致になるのであれば問題ありません。問題が生ずるのは、満場一致が決定の条件とされたときです。そうなれば、1人の反対でもあれば決まらなくなり、たった1人の意見で決定を左右することもできるようになります。したがって、満場一致をものごとを決めるための条件にするのは、**閣議**のような特別な場合を除いて、決して民主的ではありません。

➡閣　議
内閣が意思決定を行うために開く国務大臣の会議。内閣総理大臣が主宰する。内閣法第4条で規定されているが、会議の手続きについては定めがなく慣行によっている。閣僚は閣議書に花押をもって署名し、非公開が原則である。

5　民主主義の条件と課題

このように、民主主義とは、できるだけ平等な立場にある人々が、できるだけ幅広く決定に参加することを理想としています。つまり、民主主義の条件とは、決定に参加する人々が可能な限り分け隔てのないこと、できるだけ多くの人々が決定に参加することです。

そのためには、社会が平等で公平なものとならなければなりません。貧富の差の広がりや社会の不平等化を防ぐことは、民主主義のための重要な課題の1つです。また、その社会に暮らす人々のできるだけ幅広い層が決定に参加できるように、情報の開示を進め判断材料を共有することも民主主義の課題であると言って良いでしょう。そのために、選挙制度や選挙運動のあり方を工夫し、有権者を増やしたり投票率を高めたりすることも必要になります。

なるべく制約のない形で、自由な選択によって、多くの人々が参加してなされた決定は、決定そのものの権威を高め、正統性が増すことになります。ルールがどのように作られるかによって、ルールの「力」もまた左右されるのです。皆で決め、皆で守るルールこそ、強い「力」を持ったルールであり、そのようなルールに制御された社会であればあるほど、安定した穏やかな暮らしやすい社会になることでしょう。

資料17-3　各国の男女の主な参画状況と制度の充実度

	日本	韓国	フィリピン	アメリカ	スウェーデン	ドイツ	イギリス
GEM順位（2009年）	57位	61位	59位	18位	1位	9位	15位
女性労働力率（2001年）（%）	49.2	48.8	52.8	60.1	76.2	48.8	55.0
育児期にある夫婦の	夫　妻			夫　妻	夫　妻	夫　妻	夫　妻
仕事時間（時間）	7.7　3.7	──	──	6.2　4.9	6.4　3.9	6.1　4.1	6.3　3.5
家事時間（時間）	0.4　3.8			2.0　3.3	2.5　3.9	2.5　4.2	1.7　5.4
クォーター制（政治）	導入していない	導入している	導入している	導入していない	導入している	導入している	導入している
育児休業制度	やや充実している	やや充実している	制度なし	充実していない	充実している	充実している	充実していない
男女の平等意識	不平等感が非常に強い	不平等感が非常に強い	平等感が強い	不平等感が強い	不平等感が強い	不平等感が強い	不平等感が強い
役割分担意識	強い	やや薄れている	強い	薄れている	ほとんどない	薄れている	薄れている

出典：著者作成。

選挙に行って、政治が変わるの?

選挙と政治行動・政治参加

1　選挙とは?

民主主義とは、前述のように、「ある社会に暮らす人々全員が主体的に決定に参加し、自主的にルールを作成すること」です。このような行為を自分たち自身で実行することを「直接民主主義」と言います。

自分たち自身ではなく、誰か代表を選んで間接的に実行することを「間接民主主義」と言います。この場合には、誰かを選ばなければなりません。これが選挙です。

選挙とは、誰かを選ぶことです。その誰かとは「決める人」のことであり、通常、それは行政の長や議会の構成員を意味しています。政治とは「決めること」ですから、決める人を選ぶという行為は、政治にとって重要な意味があります。

選挙には、選ぶ人と選ばれる人がいます。選ぶ人は、選ぶ権利がありますから、「有権者」と呼ばれます。選ばれる人は、行政の長や議員になる候補ですから、「候補者」と呼ばれます。つまり選挙は、一方での有権者と、他方での候補者によって成り立ちます。このどちらが欠けても選挙にはなりません。

選挙が実施されるのは、選ぶ必要があるからです。これを、選挙の必要条件といって良いでしょう。誰がものごとを決めるかがあらかじめ決まっていれば、選ぶ必要はありません。候補者がはじめから確定していれば、選挙は成り立たなくなります。したがって、はじめから決める人が決まっていないということ、つまり、代々の君主や王、**世襲**によって議席が与えられる議員などが存在していないということが、選挙の前提です。

⇒世　襲
一般的には、身分・財産・家業などを、嫡系の家長とその後継者が代々受け継ぐこと。政治の世界では親族が政治家を継承することである。日本では親が国会議員である国会議員を指すことが多い。イギリスの貴族院には世襲によって議席を確保し続ける世襲貴族がいるが、ブレア政権の下で改革され、互選などで選ばれた92人に限定された。

選挙が実施されるのは、選ぶことができるからです。これを、選挙の十分条件と言って良いでしょう。選ぶ権利を持つ人々が存在しているから、選挙が成り立ちます。誰に選ぶ権利が与えられるのか、どの範囲の人々なのかが確定していることは、選挙の十分条件であると言えるでしょう。

2　選挙の原則

選挙のための手続きや方法、選挙運動についての規則などによって選挙制度が形作られます。この場合、最も大切なことは、各人が平等の投票権を持ち、他からの干渉を受けずに、自分の意思に基づいて、自由に投票することです。

つまり、第1に、身分や所得、学歴や信仰、性や人種などによって制限された「制限選挙」ではなく、一定年齢以上の国民全部が選挙に参加できる「普通選挙」でなければなりません。日本でのはじめての選挙は1890年の衆議院選挙ですが、このとき投票できる人は直接国税を15円（現在の60万～70万円）以上納めている満25歳以上の男性に限られていました。そのため、全人口の1％の人しか投票できませんでした。

第2に、経済的・社会的地位や特殊な資格によって票数や選出される代表の数が異なる「差別選挙（等級選挙）」ではなく、投票の価値がすべて平等に扱われる「平等選挙」でなければなりません。1888年に公布された市制・町村制による市町村会議員選挙では、直接町村税の納入額の多い者が多くの議員定数を割り振られるという不平等な選挙でした。これは1921年に廃止されました。

第3に、選挙人を選挙する「間接選挙」ではなく、有権者が直接代表を選出する「直接選挙」でなければなりません。間接選挙の例としては、一般有権者が選挙人を選出する**アメリカの大統領選挙**が良く知られています。間接選挙では、たとえ得票数で勝っても実際の勝敗を決める選挙人の数が少なければ当選できません。過去4回の大統領選挙で、このような**逆転現象**が生じました。

このほかにも、重要な原則があります。誰に投票したかがわかってしまう「公開選挙」ではなく、投票内容が外部からわからない「秘密選挙」でなければならないこと、投票しない者を処罰することによって投票を強制する「強制選挙」ではなく、棄権の自由を認める「自由選挙（任意選挙）」でなければならないことなどです。これらの原則がすべて満たされることによって、公平で公正な選挙が実現することになります。

3　選挙区制、定数、投票方法

「選挙区」というのは、代表を選ぶ場合の基礎単位となる区域のことです。全体の選挙人が地域別に区分された場合には**地域**選挙区、**職域**別に区分され

➡アメリカの大統領選挙
大統領を選ぶ選挙権は、18歳以上のアメリカ国籍を持つ者で、選挙人登録を行っている者。被選挙権は、35歳以上のアメリカ市民で、14年以上国内に住んでいることが要件。有権者は各州ごとに上下両院議員と同数の大統領選挙人を選び、その過半数の獲得によって大統領が決まる。

➡逆転現象
一般投票では少数だったのに選挙人獲得数で多数となり大統領に当選すること。過去4回、ラザフォード・ヘイズ（共和党）が当選した1876年、ベンジャミン・ハリソン（共和党）が当選した1888年、ジョージ・W・ブッシュ（共和党）が当選した2000年、ドナルド・トランプ（共和党）が当選した2016年の大統領選挙で生じた。

➡地域と職域
区画された地表上の区域で示される一定の範囲の土地が地域。職域とは、職業や職務の範囲によって示される受け持つ仕事の領域を指す。

資料18-1　衆議院議員選挙制度の変遷

選挙実施年	選挙制度	選挙権		
		性別	年齢	納税額
1890年	小選挙区制	男	25歳以上	15円以上
1900年	大選挙区制	男	25歳以上	10円以上
1919年	小選挙区制	男	25歳以上	3円以上
1925年	中選挙区制	男	25歳以上	—
1945年	大選挙区制	男女	20歳以上	—
1947年	中選挙区制	男女	20歳以上	—
1996年	小選挙区比例代表並立制	男女	20歳以上	—

出典：『現代日本政治』104ページ。

資料18-2　参議院議員選挙制度の変遷

選挙実施年	選挙制度	選挙権	
		性別	年齢
1947年	地方区＋全国区 （どちらも候補者に投票）	男女	20歳以上
1982年	選挙区＋比例区 （選挙区は、地方区が単に名称変更されたもの。比例区は、全国を1ブロックとして政党に投票する比例代表制）	男女	20歳以上
2001年	選挙区＋比例区 （比例区が「拘束名簿式」から「非拘束名簿式」に変更）	男女	20歳以上

出典：『現代日本政治』108ページ。

➾小選挙区制
1選挙区から1人を選出する選挙区制。イギリスの下院議員選挙、アメリカの連邦議会選挙、日本の衆議院選挙の一部に導入されている。死票が多く出て、大政党に有利で、多数を得票した候補しか当選しないため、多数代表制とも言われる。

➾大選挙区制
1選挙区から2人以上の議員を選出する選挙区制。この制度では死票が少なく、少数の得票の候補も選出されるため、少数代表制とも言われる。

➾中選挙区制
各都道府県を数区に分け、1選挙区の議員定数を3～5人程度とする選挙区制。かつて採用されていた日本独特の選挙制度で、大選挙区制の一種だが、特に中選挙区制と称された。

➾比例代表制
政党の得票数に比例して議席配分を決定する選挙制度。死票が少なく、少数政党も議席を得やすい。有権者の民意を正確に議会に反映させることができ、一票の格差による定数是正の必要もない。

➾拘束名簿式と非拘束名簿式
比例代表制で、あらかじめ名簿の順位が決まっているのが拘束名簿式。決まっておらず、各党の候補者内で得票数の多い順に当選するのが非拘束名簿式。後者は参院選で採用され、有権者は候補者の個人名か政党名のどちらかを記入し、その合計を基に政党別の当選者数が決まる。

➾死　票
落選候補に投じられ当選者の決定に結びつかなかった票。選挙での候補者の当落に影響を及ぼさないので、死んだ票と見なされる。小選挙区では当選者が1人しか出ないので、理論的には49％の票が死票になる可能性がある。

➾国政選挙
国政に関連する選挙で国会議員を選出する選挙。日本では、衆議院議院総選挙と参議院議院通常選挙の2つ。

➾地方選挙
地方自治体の首長や地方議会議員を選出する選挙。具体的には、都道府県知事や市区町村長、ならびに、それぞれの議会の議員を選ぶ選挙を指す。

た場合には職域選挙区と言います。しかし、今日では地域代表制が原則とされていますので、一般に有権者の地域的区画が選挙区になります。

選挙で選ばれる代表の数を「定数」と言います。この定数が1人である場合が**小選挙区制**、2人以上である場合が**大選挙区制**です。日本では、1947年から1994年までの衆議院での選挙区定数が基本的に3～5人でしたので「**中選挙区制**」と呼ばれましたが、理論的には大選挙区制に含まれます。

比例代表制というのは、政党の得票率に比例して代表の数を決める選挙制度です。この場合、政党はあらかじめ候補者の名簿を提出します。この名簿で当選順位が決められている場合が**拘束名簿式**、候補者名への投票で順位が決まる場合が**非拘束名簿式**です。後者の場合、投票は政党名や候補者名で行われ、両者の合算で政党の獲得票数が決まります。

各選挙区の決め方、定数の配分、投票のやり方、当選者の決め方などは、首長や議会への国民の意思の反映に大きな影響を及ぼします。したがって、選挙制度はできるだけこのような影響の小さなものでなければなりません。

制度のあり方によって有権者の選び方が左右されるような選挙制度は、できるだけ避ける必要があるでしょう。この点で、1人しか当選できないために多くの「**死票**（しひょう）」を生み、大政党に有利に、小政党に不利になる小選挙区制は大きな問題を持っています。

4　日本の選挙制度

それでは、日本の選挙はどのような仕組みになっているのでしょうか。日本の政治は国民主権と議会制民主主義を原則としていますから、主権者である国民が政治的な代表を選ぶ選挙はきわめて重要な意味を持っています。それは、私たちの代表を選ぶという行為ですが、同時に、それを通じて私たちが政治に参加するということでもあります。

日本の選挙には、大きく分けて、国会での代表を選ぶ「**国政選挙**」と、地方議会での代表や地方自治体の首長を選ぶ「**地方選挙**」という2つの種類があります。国政選挙では議員を選ぶだけですが、地方選挙では、議員だけでなく自治体の首長も選ぶことになります。

日本の国会は衆議院と参議院の両院で構成されています。それぞれの代表を選ぶのが衆議院議員選挙（衆議院選）と参議院議員選挙（参議院選）で、特に衆議院選を「総選挙」と呼ぶのは、衆議院議員全員を一斉に総入れ替えするからです。これに対して、参議院議員の場合は3年に1度、定数の半分を選ぶことになりますので、通常選挙と呼ばれます。

衆議院と参議院の選挙制度は、基本的に異なっていますが、比例代表区と選挙区との組み合わせという点では似通っている面もあります。また、地方選挙では、都道府県議会、区議会や市長村議会の議員を選ぶ仕組みは別々になっています。

道府県議会議員選挙や都議会議員選挙の場合、小選挙区制と中選挙区制、大選挙区制の混合で、地域の実情に応じて選挙区の定数は様々です。東京の区議会議員選挙や市町村議会議員選挙の場合には、全体が1つの選挙区である大選挙区制になっています。

5　衆議院選挙と参議院選挙の仕組み

現在の衆議院選挙制度は、**小選挙区比例代表並立制**と呼ばれています。**資料 18-3** のように、小選挙区制と比例代表制という 2 つの制度が組み合わされているからです。当初、この比率は小選挙区 300、比例代表 200 でしたが、その後、比例代表が 24 議席削られて 176 になりました。さらに、小選挙区も 11 削減され、289 となっています。比例代表制は、**資料 18-4** のように全国を 11 のブロックに分けていますから、各ブロックの少数票が無駄になり、全国一区の場合よりも当選につながらない「死票」が多く出ます。

この制度の下で、1996年、2000年、2003年、2005年、2009年、2012年、2014年、2017年と 8 回の選挙が行われ、2009年の総選挙では民主党が、2012年の総選挙では自民党が大勝して政権交代が実現しました。有権者がどのような選択を行うかによって、国会での議席が変わり、政権を交代させることができるのです。

参議院の選挙制度の変遷は**資料 18-2** のようになっています。現行の選挙制度は、全国を 1 選挙区とする比例代表制によって 100 議席が選出され、47 都道府県の選挙区から 148 議席が選出されます（どちらも 6 年ごとに半数改選）。半数改選となる実際の選挙では、1 人区が 32、2 人区が 4、3 人区が 4、4 人区が 4、6 人区が 1 に分かれています。選挙区での定数配分をめぐっては、衆参両院ともに、**一票の格差問題**を抱えています。

参議院選挙は、衆議院選挙とは異なって、直接政権のあり方を左右するものではありません。しかし、国政についての民意を問うという点では衆議院選挙と同様の意味を持っています。参議院選挙の結果、与党敗北の責任を取って**首相が辞任**するということもありました。選挙によって国政のあり方に大きな影響を与えることができるという点では、参議院選挙も衆議院選挙も、ともに重要な意味を持っています。

➾小選挙区比例代表並立制
小選挙区制と比例代表制の 2 つを組み合わせて行う選挙制度。1996 年以降、衆議院議員を選出する選挙で採用されている。有権者は 2 票を行使し、小選挙区では個人候補に、比例代表では政党に投票する。定数 289 の小選挙区では単純多数で当選が決定する。定数 176 の比例代表は全国 11 ブロックに分けられ、政党の得票数に応じてあらかじめ提出された名簿から選出される。

➾一票の格差問題
有権者による投票の持つ価値の差で、一票の重みの不平等。議員 1 人当たりの有権者数が異なるため、有権者数が少ない選挙区ほど 1 票の価値は大きくなる。最高裁の判例では、衆議院の場合で約 3 倍以上、参議院の場合で約 6 倍以上の差が違憲ないしは違憲状態とされている。

➾首相の辞任
参院選での与党の敗北に対する責任の取り方。1989 年の参院選後に宇野宗佑首相が辞任し、1998 年の参院選敗北後に橋本龍太郎首相が辞任した。2007 年の参院選後、安倍晋三首相は選挙敗北の責任を取ることを拒んだが、結局、2ヵ月後に辞任した。

資料 18-3　小選挙区比例代表並立制のしくみ

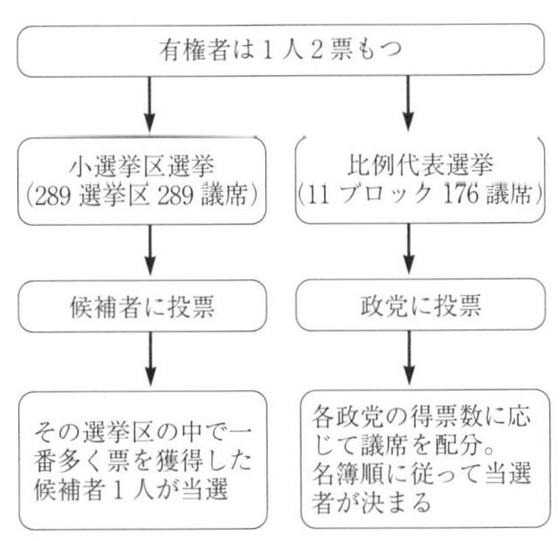

＊ただし、重複立候補により、小選挙区で落選した候補者が、比例区で復活当選するケースもある。

出典：著者作成。

資料 18-4　衆院比例代表のブロックと議員定数

出典：『現代日本政治』107ページ。

国家がなかったら、政治はどうなるの？

国家と政府

1　国家とは？――狭い意味と広い意味

皆さんは、「くに」という言葉を聞いて、どう思われるでしょうか。「国」という文字を思い浮かべる人もいるでしょう。「故郷」という意味で使う人もいるでしょう。外国で「おくには、どちらですか？」と聞かれれば、「日本です」と答え、東京で聞かれれば、「北海道です」と答えるかもしれません。前者の場合は「国」を答え、後者の場合には「故郷」を答えたわけです。

このように、ひと言で「くに」と言っても、そこには大きな違いがあります。同じように、「国家」という場合にも、大きく2つの意味に分かれます。日本国全体を指す場合と、その政治・行政の中核部分を指す場合です。前者は広い意味（広義）での国家であり、後者は狭い意味（狭義）での国家になります。

広義の国家は、一定の領土、そこに住む国民、政治権力という3つの要素によって構成されます。これを「国家の三要素」と言う人もいます。このどれが欠けても、広い意味での国家は成立しないからです。

狭義の国家は、このうちの政治権力を担い、行使する人々を指します。「**国家権力機構**」と言われるものが、これに当たります。具体的には、内閣や省庁などの行政機関、国会などの立法機関、裁判所などの司法機関によって構成されています。

⊷国家権力機構
国家が持つ権力の行使を担っている仕組み。このような仕組みを通じて、立法・行政・司法などの諸部分が互いに関連して働き、国家権力の発動と行使を可能にしている。

2　政府とは？――機能と機構

政治権力とは、政治において用いられる力を言います。命令を実行させたり言うことを聞かせたり、反対や抵抗を抑えたりするために用いられる力です。

国を治めるための仕組みや組織のことを、統治するための機構＝統治機構と言います。統治機構は政治権力を用いて秩序を維持し国を治めます。権力を用いて国を治めるということでは、国家権力機構も同じです。したがって、統治機構と国家権力機構とは、ほとんど同じものを指しています。

それはまた、「**政府**」とも呼ばれます。広い意味での政府とは統治機構のことを意味しています。しかし、狭い意味での政府とは、この一部分である行政機関＝行政府のことを言います。

⊷政　府
政治を行う所という意味で、立法・司法・行政のすべてを含む統治機関・政治機構の総称。日本では、内閣および内閣の統轄する行政機構を指すが、地方公共団体などを指す場合もある。狭義には行政府のことだが、広義には、立法や司法なども含む。

さらに、地方の行政機関＝地方自治体を指して「地方政府」という言い方もします。この場合、地方の行政機関は国家の行政機関と上下関係にあるのではなく、「政府」としては同等の立場にあることを強調する意味合いが強まります。

したがって、国家と政府とは、必ずしも同じものではありません。国家が狭義に用いられた場合（国家権力機構）と政府が広義に用いられた場合（統治機構）にだけ、両者は似通った意味を持ちますが、それ以外の場合、政府は国家の一部分にすぎないのです。

3　三権の分立と均衡

権力とは、他者の行動を左右することができる力です。それが政治において用いられる場合、政治権力となります。このような力は、本来、分割できないものです。

しかし、あまりにも強い力は、ときには過ちを犯し、濫用されたり、暴走したりする場合があります。その結果、国民の自由が阻害されたり、不利益を被ったりするかもしれません。そのような可能性を最小限に食い止めるために考え出された方策が、三権分立です。

この考えを最初に示したのは、フランスの政治哲学者である**モンテスキュー**でした。国家が用いる権力を、**立法**・**司法**・**行政**の三権に分け、それぞれを独立した機関に委ねようというのです。今日における各国の国家機構は、基本的にこのような考え方に基づいて構成されています。

日本も例外ではありません。日本には、法律を制定したり予算を決めたり条約を批准したりする国会、国政全般を運営する内閣、法律の適用の是非について判断する裁判所の３つがあります。それぞれ、立法・行政・司法という形での権力行使を行う組織です。日本国憲法は三権分立を規定していますが、この三者の関係を示したものが**資料 19-1** です。

このようにして分割された国家権力は、他の機関が暴走しないように、互いに抑制と均衡（**チェック・アンド・バランス**）を働かせるよう工夫されています。権力は分割され、独立しているだけでなく、お互いを抑制できるような権限を与えられているわけです。

➡シャルル・ド・モンテスキュー
（1689年～1755年）
フランスの啓蒙思想家・法哲学者。著書『法の精神』（1748 年）によって法の原理を実証的に考察し、そこで唱えられた三権分立論はフランス革命やアメリカ憲法などに大きな影響を与えた。

➡立　法
国家の統治行為のうち、法律を制定する作用。狭義には、国会における法律の制定作用を言い、広義には、内閣の発する政令、大臣の命令、最高裁判所による裁判所規則、地方公共団体による条例の制定なども含む。

➡司　法
国家の統治行為のうち、法を適用して争訟を解決する作用。端的に言えば裁判のことで、法に基づいて行われる民事・刑事および行政事件の裁判を含む。

➡行　政
国家の統治行為のうち、公共的仕事・事務の処理ないし管理。国の機関または公共団体が、法律・政令その他の法規に従い、公的費用の負担によって遂行する。

➡チェック・アンド・バランス
国家権力を分割して複数の統治機関に配分し、権力機構相互間における抑制と均衡を図る統治方式。国家権力が特定の統治機関や個人に集中して専制化するのを防ぐことを目的としている。

資料 19-1　日本の三権分立制

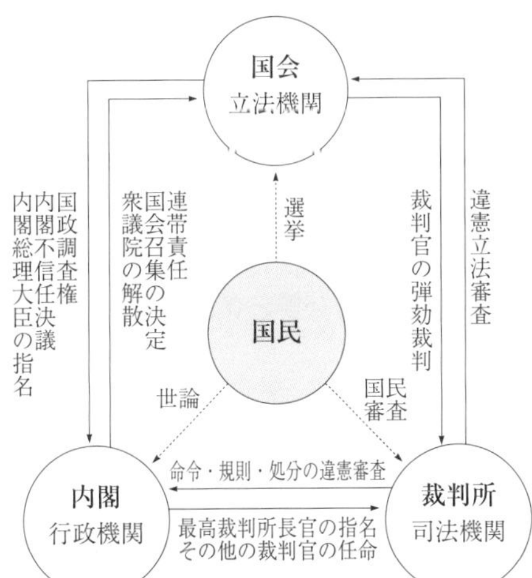

出典：『現代日本政治』81ページ。

＊　権力は集中せず、なるべく分散している方が望ましいというのが、権力分立論の趣旨である。かつて、国王が絶対的な権力をふるい、政治のあり方が恣意的になって歪んだり、人びとの権利が犯されたりしたことへの反省が、その背景になっている。

日本での三権は基本的に対等の関係とされているが、憲法で「国会は国権の最高機関」と定められている。したがって、完全に対等・平等というわけではなく、国会の位置づけが高い。

また、国会には衆参両院があり、内閣の下には各省庁が存在し、裁判所も最高裁判所、高等裁判所、地方裁判所の三審制がとられている。このように、三権の各々においても、権力の分散がはかられている点に注意する必要があろう。

4 議院内閣制と大統領制

このように、基本的に三権は分立させられていますが、全く切り離されているというわけではありません。とりわけ、日本の場合は議院内閣制をとっていますから、三権の間には一定の連携関係があります。

内閣の存立は議会の信任に基づいており、議会に対して責任を負う代わりに解散権を持つというのが、「議院内閣制」の特徴です。内閣は議会の意思によって形成され、閣僚の半数以上は議会に議席を持ち、議会には内閣を不信任する権利があります。したがって、議会と内閣は対等ではなく、議会の方が大きな力を持たされています。

もう１つの民主的な政治制度としては、アメリカなどが採用している大統領制もあります。大統領制では、大統領（内閣）と議会は原則的に対等で、閣僚は議員ではなく、求められたとき以外は議会に出席することも発言することもできず、大統領に対してだけ責任を持ちます。日本の議院内閣制とアメリカの大統領制との違いについては、**資料 19-2** をご覧下さい。

フランス、ロシア、韓国などでは、一方で直接選挙によって大統領を選び、他方で議会によって首相を選出していますが、内閣が議会の信任に基づいているという点では、議院内閣制の一種です。

5 行政国家化の進行

日本国憲法は第 41 条で、「国会は、国権の最高機関であって、国の唯一の立法機関である」と規定しています。しかし、実際には、国会や裁判所に対して、行政を司る内閣は強い影響力を行使し、「**行政国家**」と言われるほどになっています。その背景にはいくつかの事情がありますが、特に重要なのは次の２点です。

➾行政国家
行政機能の拡大などによって、政府が国民の生活や経済活動に積極的に介入しようとする国家。立法国家・消極国家・夜警国家などと対比される。社会保障制度を設け、公共事業や各種の経済政策を実施するなど、その役割が増大し複雑で専門的なものとなっている現代国家の姿でもある。

第１に、制度上の背景です。議院内閣制は通常、政党内閣の形を取り、与党の幹部議員が閣僚となって入閣し、内閣のトップである首相が、同時に与党の最高指導者である場合がほとんどです。このため、主要政策で与党と内閣が根本的に対立することは避けられますが、与党を通じて国会に対する指導力を行使でき、国会との緊張関係も弱まります。

第２に、社会的な背景です。行政は、各種の財政・金融政策、産業政策などを通じて企業の経済活動の基盤整備や支援活動を行い、他面では、公的扶助や社会福祉、医療、公衆衛生などを通じて個々人の生活に深く関わるようになるからです。こうして、行政の関与する分野と領域は拡大し、その細分化と専門化も進行します。

議会はこのような複雑化・専門化する行政需要に対応できず、原案の作成や細部についての立法を委任する形（**委任立法**）で、立法機能の一部を行政府に委ねます。そうなれば、現実の政治運営において行政府の発言権が強まるのは当然でしょう。

➾委任立法
法律の委任に基づいて立法府以外の行政機関が法規を制定すること。典型的な例は内閣による政令だが、下級裁判所が最高裁判所から委任されて発する規則、会計検査院や人事院、公安委員会などが発する規則、省令や条例なども委任立法である。

6 自民党の国家政党化と官僚との癒着

もう１つ、日本独特の歴史的な背景がありました。それは、自民党の長期政権化とそれによる国家政党化でした。戦後の日本においては、自民党という特定の政党が長い間与党の位置を占め続けてきました。一時期を除いて半世紀以上も自民党が政権党であり続けたという世界にも例をみないこの現象は、日本の政治に様々な歪みを生み出してきました。

その最大の問題は、自民党という政党が、「私党」でありながら国家機関の一部である「公党」のような機能や役割を果たすようになったという点にあります。長い間自民党という政党が国家の政策決定と政治運営に関与し、議員の**リクルート**源や政策形成などで官僚機構への依存を強めた結果、自民党はあたかも国家の一部のようになってしまったのです。自民党内で、高級官僚出身の議員も増えました。

これが自民党の「国家政党化」であり、自民党と官僚機構との一体化です。自民党は官僚機構との関係や政策形成過程、予算などの執行過程において特別の位置を占め、強い発言権と影響力を行使しました。官僚から機密情報の提供を受け、政策形成で助けられ、予算執行面での便宜を受けます。

これがやがて、癒着と腐敗の温床になっていきました。いつまでも根絶されない**政治腐敗**の根の深さは、官僚組織と国家政党たる自民党との半世紀以上にわたる協力・協働という歴史を背景としていたのです。

➾リクルート
兵士や社員などの新人を募集すること。転じて、議員候補者の選定や学生などの就職活動についても用いられるようになった。

➾政治腐敗
違法または不正な手段によって公権力を濫用し、特定の個人や集団の利益を図ろうとすること。利権をめぐる金品の贈収賄または饗応（きょうおう）、ポストや栄誉に関連してのスキャンダル、特定法案の成立または阻止を狙った働きかけ、不正な手段による選挙などがある。

7　政治主導の回復に向けて

このような日本政治の歪みは、政権交代などによって是正されなければなりません。自民党と官僚との癒着や官僚主導の体制にメスを入れる必要があります。

政権交代後の鳩山新政権が「脱官僚支配」や「**政治主導**」を打ち出したのは、このような歪みを正し、行政国家化の進行に待ったをかけるためでした。その後を引き継いだ菅直人政権も、基本的にはこのような方向をめざすとしていました。しかしそれは、官僚を敵視し排除するような形になり、民主党政権が挫折する一因となってしまいました。

➾政治主導
政策の立案や調整において官僚に依存することなく政治のリーダーシップを発揮すること。具体的には、内閣が国家の政策を調整、統括することであり、「国家戦略局」を設置するための政治主導確保法案を提出しようとしたが、参院選敗北によって断念された。

資料 19-2　議院内閣制と大統領制の比較

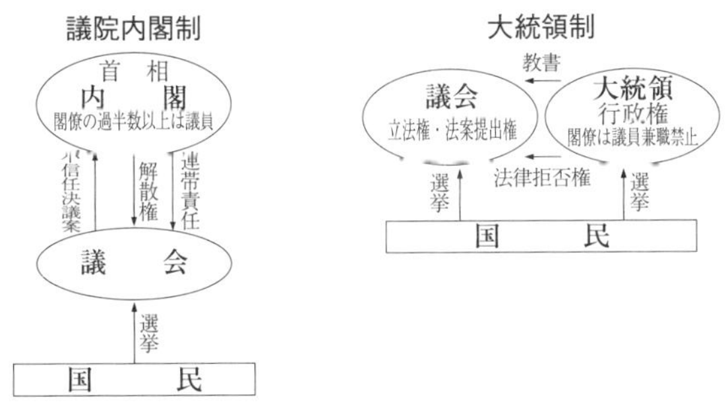

出典：『現代日本政治』80ページ。

＊　議院内閣制と大統領制の基本的な違いは、行政権の担い手にある。議院内閣制の国では議会が選出した首相が組閣し、内閣が行政権を担う。内閣が責任を負うのは議会に対してであり、国民に対する責任は間接的である。これに対して、大統領制の国では国民が直接選出した大統領が行政権を担い、大統領は国民に直接、責任を負う。

議院内閣制を採る国には、イギリス・ドイツ・スペイン・日本などがある。議院内閣制の国では、君主に象徴的な役割しか与えない立憲君主制か大統領に象徴的な役割のみをあたえる大統領制のどちらかを採っている。

大統領制の国として、アメリカ・フランス・ドイツ・韓国などがある。大統領制を採る国でも、大統領が名目上の国家元首として大きな政治権力を持たない国と、大統領が国家元首として大きな権力を持つ国とがある。ドイツは前者、アメリカは後者にあたる。

政策って、どのようにして法律になるの？

法律と予算

1　政策とは？

政策とは、政治において実施される「策」のことです。政治や社会が直面する問題に対して策定される対応策や解決策のことであり、一定の課題や目的を達成するための行動計画、案や方針と言っても良いでしょう。そこにはいくつかの要素（ファクター）と過程（プロセス）があります。

まず、問題が認識され、解決されるべき課題であるということが了解されなければなりません。これが**課題設定（アジェンダ・セッティング）**と言われるものです。

⇒課題設定（アジェンダ・セッティング）
政治が解決すべき課題の設定ないしは論点の提示。これによって、さまざまな社会問題の中で何を政策の課題として取り上げるかというテーマの取捨選択や優先順位の決定がなされる。

第２に、問題が発生してきた原因や背景が究明される必要があります。何故、そのような問題が生まれたのか、原因が分からなければ、解決策を立てることができません。政治的な要因、社会的な背景、歴史的な経過も重要です。これらの解明は、解決策を打ち立てるうえで大いに役立つでしょう。

第３に、解決策です。これが政策の核心であり、ただ単に政策という場合には、これを指すことが多くあります。最近では、どう解決するかだけではなく、**マニフェスト**のように、いつまでに、どの程度解決するのか、期限や数値目標まで明示するようになってきています。

⇒マニフェスト
選挙に当たって明らかにされる政権公約。一般的な選挙スローガンや公約よりも、政策の数値目標、実施期限、財源などを明示している。もともとはイギリスの総選挙で主要政党が目標数値や達成期限を明らかにして公表されたものである。

第４に、評価が必要です。解決策が約束されたとして、それがどの程度実現したのか、問題はどれほど解決されたのか、事後評価を加える必要があります。もし、問題が未解決であったり、十分に解決されていなかったりした場合、もう一度、解決されるべき課題として設定されなければなりません。

こうして、政策プロセスは一巡し、最初の段階に戻ることになります。

2　政策はどのようにして法案になるのか？

国会で審議の対象となる政策は「**公共政策**」です。ここでいう「公共」とは、国家に関係する公的なもの、公共の福祉などすべての人々に関係する共通のものという意味です。しかし、「国家」とは何を指すのか、「すべての人々」とは誰を指すのか、という問題があります。

⇒公共政策
政府または公共部門が行う公共的な政策全般を指す。民間部門では解決できない課題に対して政府や地方公共団体などが主体となって、公共の福祉を増進させるために立案される施策や計画のことで、具体的には、公共事業や公共投資、社会福祉などを言う。

近隣の住民を犠牲にして、官僚の思いつきや事業主体の利益のために実施される事業が本当に「公共」事業なのかが問われなければなりません。公共政策が、どのような意味で「公共」のための政策なのか、絶えず問い直される必要があるでしょう。

政策が作られるためには解決されるべき問題が特定されなければなりません。前述の「課題設定」です。基地撤去や公害反対運動など政治・社会運動による問題提起、汚職事件や薬害、航空機事故の発生、社会問題化などがその契機となりますが、何を政策の対象とすべきかを判断するのは、一般に官僚と政治家です。

解決するべき問題が発生した場合、各省庁の担当者は関連する審議会などに諮問し、その答申を受けて法案の元になる要綱案の作成にとりかかります。その立案は、一般には各課が単位となり、課長または課長補佐クラスの中堅官僚によって行われます。作成された要綱案は関係省庁の事務・政策**稟議**にかけられ、関係する他の省庁との折衝・調整や必要な与野党議員への**根回し**の後、**官房文書課**や**内閣法制局**の審査などを経て法案としての体裁を整えられます。省議で決定された法案は政府原案として閣議決定されるという手続きがとられます。ここまでのプロセスを図示したものが、**資料 20-1** です。

ここまでが、国会に提出される以前の政策プロセスですから、野党はほとんど関与できません。与党と官僚の独壇場であり、実質的な審議や駆け引きは、重要な内容の法案でなければ、この段階で終了します。後は、ひたすら法案の国会通過を目指すということになります。

3　法案はどのようにして法律になるのか？

国会に提出された法案は、本会議での趣旨説明や代表質問などの後、関連する各委員会に付託され、趣旨説明と質疑が行われます。日本の国会では、アメリカ的な**委員会中心主義**が採られ、本会議での審議よりも委員会での審議の方が重視されています。

委員会には常設の常任委員会と会期ごとに設置される特別委員会の２種類があります。**資料 21-2** のように、常任委員会は衆議院に 17、参議院に 17 あり、議員は少なくとも１つの常任委員会に所属することになっています。

重要法案の委員会審議では、**公聴会**の開催や参考人招致による意見聴取、質疑、修正・討議、採決という手順を踏みます。予算案や重要な歳入法案では必ず公聴会などを開く必要があります。この公聴会を、いつ、どのように

➡稟　議
官庁や会社などで下位の職員が案を作成して関係者に回し、最後に決裁者の承認を得る意思決定の方式。通常、末端の職員によって作成された文書（稟議書）を順次回覧して判を押し、上位者に回して最後に決裁者が判を押す。「積み上げ方式」と呼ばれ、「ハンコ行政」と批判されることもある。

➡根回し
決定の前にあらかじめ関係者と打ち合わせて了承を得ておくこと。本来は、樹木を移植するに先立って準備する一連の作業のことだが、転じて、交渉や会議などで、事をうまく運ぶための下打ち合わせや事前交渉を指すようになった。

➡官房文書課
行政組織の内部管理と事務の総合調整を掌る官房の１つ。法令案その他の公文書類の審査、接受、発送、編集および保存に関する事務を受け持つ。官房は府と省には必ず置かれ、最も枢要な人事、文書（総合調整）、会計（予算と会計）の「官房三課」は中心的な課となっている。

➡内閣法制局
内閣の下で法制についての事務を行う機関。法令案の立案・審査、国内法および国際法に関する調査、政府の法的統一見解の作成などを行う。新規法案を現行法の見地から問題がないかを審査するため、「法の番人」とも言われる。

資料 20-1　法案提出までのプロセス

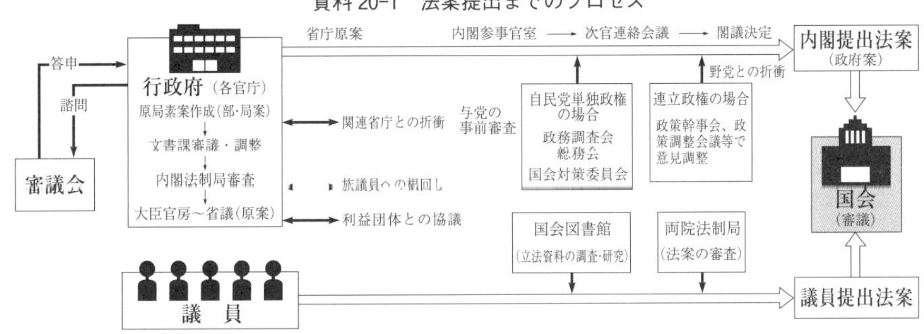

出典：著者作成。

資料 20-2　予算成立のプロセス

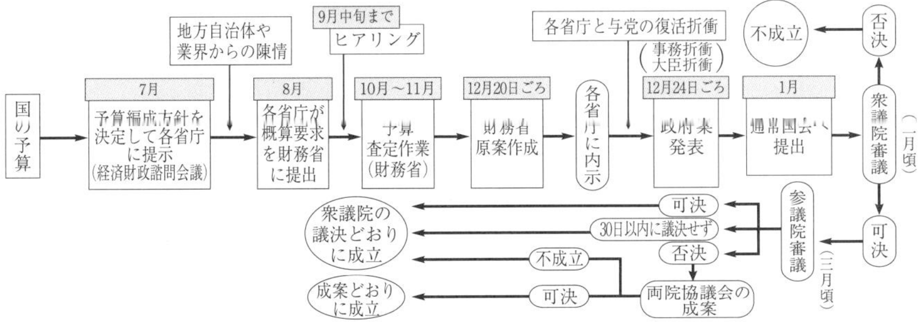

出典：著者作成。

して開くのかということが与野党の対決点になる場合がありますが、それはこれをやらないと採決に持ち込めないからです。

委員会で可決された法案は本会議に上程され、審議した委員会の委員長報告、質疑、討論、採決という手順になります。ただし、委員会で採決されていない場合でも、本会議での委員会中間報告がなされていれば、質疑、討論、採決が可能です。

このようにして本会議を通過した法案は、**衆議院先議**の場合には参議院に、**参議院先議**の場合には衆議院に送られます。審議のプロセスはどちらの場合も同様で、法案は両議院で可決されて初めて法律になります。

もし、両院の議決が異なった場合、**両院協議会**が開かれます。ここで決着が付くか、再度、衆議院の3分の2で**再議決**すれば、それが法律になります。衆議院で与党が多数であっても、参議院で与党が少数であれば、法律は成立しません。しかし、3分の2の多数による再議決というプロセスさえ経れば、法律を成立させることができます。衆参の多数が異なる「**ねじれ国会**」で、この規定は大きな威力を発揮しました。

4　内閣提出法案以外の場合

以上は、内閣提出法案の場合です。これ以外にも、国会議員が法案を作成して国会に提出する「議員立法」があります。これは国会法第56条に規定されており、議員の法案発議のためには、衆議院では20人以上（予算を伴う場合には50人以上）、参議院では10人以上（同20人以上）の賛成が必要になります。

成立した法律に占める議員立法の数は、長い間1割以下でした。しかし、93年以降、2党以上の連立政権が普通になってから、この数は少しずつ増え、2割前後になりました。それは、官僚主導政治への批判が強まり政治主導への意欲が高まったことや、各党間の政策上の違いが小さくなって成立する可能性が強まったことなどを背景にしているように思われます。

なお、政府が結んだ条約の審議は、後に見る予算審議とよく似た経過をたどります。条約の締結は内閣の権限ですが、事前または事後に国会の承認が義務づけられています。相手国との合意事項をまとめて全権代表が署名・調印した条約は、国会で承認され批准書を交換しなければ効力を持ちません。

条約の審議はほとんど衆議院先議で、参議院と一致しなかった場合に両院協議会が開かれるのは、法案審議と同様です。ただし、両院協議会でも一致しなかったり、衆議院の可決後30日以内に参議院が議決しなかった場合には、衆議院の議決が国会の議決となって条約は承認されたことになります。1960年に批准書が交換された日米安全保障条約（新安保条約）は、このようにして承認されました。

5　予算はどのようにして作られるのか？

公共政策や法律の多くは、国家財政の支出によって実施されます。したがって、その国の歳出構造は、その国の公共政策の特徴を反映することになります。

日本の予算は、どのようにして編成され、決定されるのでしょうか。予算の執行年度は、毎年4月から始まります。したがって、3月中に成立していなければ予算執行はできず、暫定予算を組まなければなりません。それを避

➾委員会中心主義
実質的な議案の審議を、本会議ではなく主に委員会で行う方法。アメリカ連邦議会が代表例で、占領軍の指示によって、日本の国会も旧帝国議会の本会議中心主義から転換した。一般的には、法案の数が増えて内容が専門化すれば、委員会審議の比重が高くなる。

➾公聴会
重要事項の決定に際して広く利害関係者や学識経験者等の意見を聴く制度。衆参両院の委員会や地方議会の常任委員会・特別委員会が行うものと行政機関が行うものがある。衆参両院の委員会は、予算と歳入法案については必ず、その他重要法案については任意に、公聴会を開かなければならない（国会法第51条）。

➾衆議院先議と参議院先議
先議とは、二院制の議会で一院が他の院に先立って法案を審議すること。衆議院が先に審議する場合は衆議院先議で、逆の場合は参議院先議である。

➾両院協議会
衆参両院の意見が一致しないとき、意見調整をするために設けられる委員会。各議院から選挙された各10人の委員で構成される（国会法第89条）。予算、条約、首相の指名が異なった場合には必ず開かれなければならず、協議の結果意見が一致しないとき、参議院が30日以内に議決しないときは衆議院の議決が国会の議決となる（憲法第60条2項）。

➾再議決
衆議院で可決した法案を参議院で否決したとき、衆議院で再び可決すること。法律案は衆議院と参議院で可決したときに法律となる（憲法第59条1項）が、参議院が否決した場合でも、衆議院で出席議員の3分の2以上の多数で再び可決すれば法律となる（同条2項）。

➾ねじれ国会
与党と野党の多数が衆議院と参議院で逆転し、ねじれた状態になった国会。通常、参議院で野党が過半数を獲得すればこのようになる。与党自民党が大敗した2007年7月の参院選後、マスコミなどでよく使われるようになった表現。

けるために、与党は3月までに予算を成立させようとします。そこに至る予算成立のプロセスを図示したものが、**資料20-2**になります。

次年度の予算編成は、5月頃から始まります。各省庁は、地方自治体や関係団体、業界団体などの要望を聞き、与党との調整を経て、概算要求を作成します。7月頃には、財務省が予算編成方針を決定して各省庁に提示し、これにしたがって各省庁の作成した概算要求書が8月末に財務省に提出され、ヒアリングなどを行いつつ予算編成の中心的な作業が財務省で行われます。

各省庁との折衝を経て、財務省原案が閣議に提出されるのは12月20日頃です。この段階で、各省庁への内示もなされ、復活折衝を経て内閣案が決定され、翌年1月から始まる通常国会に提出されます。

予算案の審議を行うのは予算委員会で、衆議院が優先されることが憲法第60条1項で決められています。衆議院で審議・可決された予算案は参議院に回されますが、衆参両院が異なった議決を行い両院協議会を開いて協議しても一致しなかった場合、または参議院が30日以内に議決しない場合、衆議院の議決が国会の議決となります。

政権交代後、民主党政権の下で予算編成のあり方にも一定の変化が生じました。新政権の目標の1つであった「政治主導」を、予算編成においても貫こうとしたからです。

それは、財務省などの官僚任せにせず、政策の優先順位を内閣が決め、それに従って予算配分をおこなうということでした。こうして、予算編成の仕組みを根っこから変えようとしたのです。しかし、菅政権になってからは、内閣官房の「国家戦略室」を格下げし、財務省中心の予算編成に戻りました。予算編成においても政治主導を具体化することに成功せず、自民党の政権復帰によって昔の姿に戻ってしまいました。

資料20-3　法律成立までのプロセス

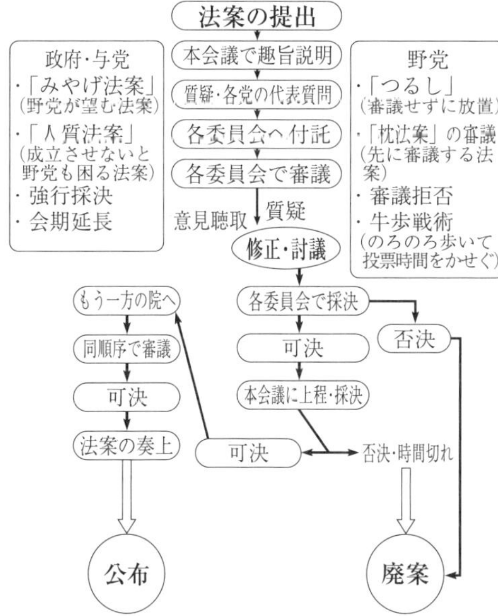

出典：著者作成。

資料20-4　法律案の提出・成立件数

国会	内閣提出法案	成立	議員提出法案	成立	成立合計（%）
第201通常国会（20年1月）	59	55	57	8	63（13）
第200臨時国会（19年10月）	15	14	26	8	22（36）
第198通常国会（19年1月）	57	54	70	14	68（21）
第197臨時国会（18年10月）	13	13	88	9	22（41）
第196通常国会（18年1月）	65	60	71	20	80（25）
第195臨時国会（17年11月）	9	8	28	2	10（20）
第193通常国会（17年1月）	66	63	136	10	73（14）
第192臨時国会（16年9月）	19	18	126	13	31（42）
第190通常国会（16年1月）	56	50	72	18	68（26）
第189通常国会（15年1月）	75	66	72	12	78（15）

＊成立合計内の（%）は、議員立法によって成立した法の割合。
出典：筆者作成。

国会って、何をしているの？

代議制、議会の役割

1　議会と国会

「衆議一決」という言葉があります。「衆議」とは多くの人の議論や相談のことで、「一決」とは1つにまとまってものごとが決まることです。したがって、この言葉は、多くの人の議論や相談によって意見がまとまり、ものごとが決まることを意味しています。議会とは、このような「衆議一決」のための場所です。

決まったことは法律になり、法律は人々を拘束します。つまり、議会は強制力のある法律を制定するための場所なのです。議会が立法府とも呼ばれるのは、このためです。

このような議会を中心とした民主主義的な政治運営のやり方を「議会制民主主義」と言います。ヨーロッパ諸国などの多数の国々とともに日本も議会制民主主義を採用していますが、日本では国政について相談し議決する議会は「国会」と呼ばれています。

このような議会は、中世ヨーロッパ諸国の**等族会議（身分制議会）**から出発し、市民革命期の革命議会を経て共和制議会（近代議会）へ、そして今日のような現代議会へという歴史をたどりました。この歴史は、同時に王権に対する議会主権確立の過程であり、上院に対する庶民院（下院）の優越、議会内部での貴族や僧侶に対する**ブルジョアジー**（資本家）を主体とする**平民**（市民）の支配権確立の過程でもありました。

2　議会の役割

最初の議会である身分制議会の主な役割は、租税の賦課と国王の命令について審議し、それに対する態度を表明することでした。このような議会の役割は基本的に引き継がれ、予算や決算の審議・決定と法律の作成は、今日においても議会の主要な課題となっています。

その後、**革命議会**を経て**共和制議会**（近代議会）が成立します。市民革命の推進母体であった革命議会が発展・成長した近代議会は、選挙で選ばれた国民の代表で構成される議会が国家権力の最高の地位を占め、政治的リーダーシップを担うという方式を確立しました。これが議会主義であり、この議会主義に基づく政治が議会政治です。

この近代議会政治は、2つの特徴を持っていました。その1つは、**主権者の制限**です。代表は選挙で選ばれましたが、その権利は財産と教養を持つ市民に限られていたからです。もう1つは、**主権者の同質性**です。これは国民的同質性と社会的同質性という2つの意味を持っています。

これらはいずれも、主権者が市民に限定されていたために生じた特徴です。

➾等族会議（身分制議会）
封建君主の下の家臣会議から発達したもので、中世後期のヨーロッパ諸国に成立した議会。フランスの三部会が有名。ドイツ諸邦にも三部会制をとる議会があり、北欧諸国のように上院は高級聖職者と大貴族、下院は下級貴族（騎士身分）と市民から成る二院型の身分制議会もあった。

➾ブルジョアジー
フランス語のbourgeoisieを語源とし、本来は市民階級や有産階級のこと。現在では資本家階級と同義で、産業資本家としての産業ブルジョアジー、金融資本家としての金融ブルジョアジーなどと分けることもある。反対語はプロレタリアート（労働者階級）。

➾平　民
官位のない普通の人々。明治時代に始まる俗称の1つで、皇族・華族・士族を除いた農・工・商に対する呼称。日本国憲法の施行とともに消滅した。

➾革命議会
市民革命によって成立した移行期の議会。フランス革命期に出現した立法議会（1791～1792年）や国民公会（1792～1795年）が典型。革命前の立憲議会の議員は再選を許されず、ジロンド派やジャコバン派などが力を持った。

➾共和制議会
革命の混乱が収まった19世紀以降の市民社会を基盤とする議会。基本的には君主が存在しない政体の下で、国民の意志に基づく議会政治が行われる。

➾主権者の制限
選挙権の資格要件を設定して制限を設けること。一定額の租税を納めていること、男性であること、キリスト教徒であること、住居を持っていること、文字が読めることなどの制限を設けていた例がある。19世紀以降の普通選挙運動によって多くは廃止された。

それは、議会での話し合いや妥協による問題解決を可能にしましたが、同時に、市民以外の膨大な労働者や農民を議会から排除することによって可能とされました。根本的な利害の対立がなかったのではなく、それは議会の外で争われていたのです。

⇒主権者の同質性
選挙権・被選挙権を持つ人々が同じ性質を有していること。この同質性には、共通の言語や文化、歴史的伝統を持つ同じ国民であるという国民的同質性と、貧富の差が少なく、根本的な利害が対立しないという社会的同質性の２つがある。

3 近代議会政治の原理

議会政治の原理は、近代議会において基本的に確立され、今日の**現代議会**に受け継がれています。

第１は「国民代表の原理」です。議員は全体としての国民意思の代表であるということとともに、自主的な行動が許される**代表**であって単なる**代理**ではないという意味があります。

第２は「討論と公開性の原理」です。理性的で自由な討論とその公開を通じて、統一的意思の形成がはかられなければならないという考え方で、そのためには、意見を表明できる機会の平等、表明された意見によって責任を問われない免責の保障、本会議での討論だけでなく委員会やその背後の政党間の交渉をも公開するガラス張りの議会運営等が不可欠です。

第３は「行政統制の原理」です。議会は国民の統一的意思を形成する（立法）だけでなく、その意思の発動（行政）をも監督・統制する機能を持たなければならないという考え方です。このような監督・統制は、①人事への関与、②財政の監督、③国政調査などを通じて実行されます。これらの手段によって、議会の優位性を制度的に保障し、議会主権の実質を確保しようとしたのです。

⇒現代議会
20世紀以降の大衆社会を基盤とする議会。実際の現代社会は市民社会と大衆社会の混合であり、現代議会を支えているのは市民と大衆である。

⇒代表と代理
代表とは選出母体に代わってその意思を表明すること。代理とは選出母体に代わって物事を処理すること。代理は委託者に拘束され、委託の範囲を逸脱すれば解任される。他方、代表は、独立性と行動の自由を持つ。

4 現代議会と議会政治の変容

しかし、近代議会政治の特徴は、制限選挙の緩和や労働者（農民）政党の

資料 21-1　国会の構造

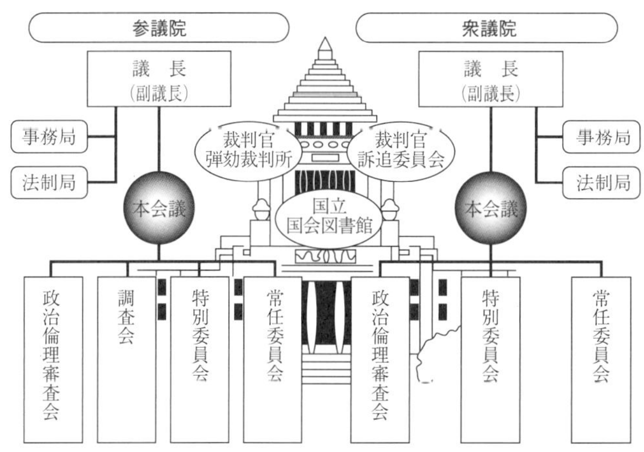

出典：『現代日本政治』62ページ。

資料 21-2　国会の常任委員会と委員数

（2014年4月現在）

衆　院	参　院
内閣（40）	内閣（20）
総務（40）	総務（25）
法務（35）	法務（20）
外務（30）	外交防衛（21）
財務金融（40）	財政金融（25）
文部科学（40）	文教科学（20）
厚生労働（45）	厚生労働（25）
農林水産（40）	農林水産（20）
経済産業（40）	経済産業（21）
国土交通（45）	国土交通（25）
環境（30）	環境（20）
安全保障（30）	国家基本政策（20）
国家基本政策（30）	予算（45）
予算（50）	決算（30）
決算行政監視（40）	行政監視（30）
議院運営（25）	議院運営（25）
懲罰（20）	懲罰（10）

（　）内は委員数

出典：著者作成。

議会への進出、労使間や民族間の対立など、和解が困難な問題の増大と議会内への反映などによって消滅してしまいます。**市民社会**から**大衆社会**への移行に対応した近代国家から現代国家への転換とほぼ同時に、近代議会政治は現代議会政治へと変わります。

それとともに、近代議会政治の三原理も変化します。たとえば、政党の役割の増大と個々の議員に対する統制力の強化によって国民代表の原理は修正され、議会内の公的な討論や交渉が政党間の私的な密談や折衝に取って代わられ、討論と公開性の原理も脅かされます。また、行政国家化の進展によって、行政に対する議会の統制力は低下し、**国政調査**も難しくなっていきます。

しかし、あまりに個々の議員に対する政党規律が強まってしまうと、議会での討論や投票の意味が低下してしまいます。これを避けるために、一部の問題では政党の拘束を緩めて**クロス・ボーティング**を可能にするなどの措置が検討されています。

また、議会での討論の内容と各政党の態度は、表決だけでなく国民の政治意識や政党支持態度に大きな影響を及ぼし、選挙での判断材料を提供します。議論の輪を議会内から主権者である国民全体にまで拡大し、マスコミ報道などによって議会と国民世論のフィードバックが日常的にはかられていくことが望ましいでしょう。

さらに、議会による行政統制の強化は、国民主権の実質化をはかり、官僚主導を抑制し、政治の腐敗や堕落を防止する点で重要です。行政に対する監視や統制という役割は、実際上は野党によって担われますが、与野党が入れ替わる政権交代によって相互監視の機会を作り出すことや、与党の独走をチェックし得る野党の育成などが課題となるでしょう。

➾市民社会
財産と教養のある一部の都市居住者によって構成される近代社会。市民階級が市民革命によって封建的身分制度や土地制度を打倒して実現した。法律の前での万人の自由と平等の保障を基礎としている。

➾大衆社会
市民社会に労働者・農民などの無産者が参入した現代社会。大衆社会への変貌によって、同質性から異質性へ、有名性から匿名性へ、共同社会関係の残存から利益社会関係の優位へ、地域共同体から広域社会へ、自主的・自律的結合から操作・統制可能性へ、意見の相互交通から一方交通へというさまざまな変化が生まれる。

➾国政調査
国会が自ら国政に関して調査を行う権能。立法権および行政監督の権限を有効に行使するため、衆参両院は行政機関や民間企業に対して報告または記録の提出、証人の出頭・証言などを要求することができる。議院証言法に基づく証人喚問や、議院規則に基づく参考人招致も国政調査権の一種で、証人喚問で偽証すれば罪に問われる。

➾クロス・ボーティング
議案を採決するとき、議員が自己の属する政党の決定に拘束されずに投票すること。交差投票とも言う。自党が提出した法案に反対したり、反対党が提出した法案に賛成したりすることも許容される。

5　日本の議会――衆議院と参議院

日本国憲法の下での国会は、**資料21-1**のような構造になっています。

日本は二院制を採用していますが、新興国や人口の少ない国では一院制を採用する国も増えています。二院制の利点としては、多様な意見の反映、慎重な審議、二院間のチェック・アンド・バランス（抑制と均衡）、一方が機能停止した場合でも他方で審議することができるなどの点があげられます。参議院の場合、解散がなく任期も長くされ、長期的な視野から「良識の府」と言われるような審議を行うことが期待されています。

衆議院と参議院には一定の違いがあり、それぞれの院には一定の特徴があります。衆議院だけが予算の先議権と内閣信任・不信任決議権を持ち、予算と条約の承認、総理大臣の指名、会期の決定と延長、会計検査官の任命などの問題で参議院に優越した権限を認められています。法案は両院で可決されれば法律になりますが、衆議院は３分の２以上で再可決すれば参議院が反対しても成立させることができます。

このように、衆議院と参議院は平等ではありません。それは、内閣によって解散される可能性があり、参議院より任期が短いから、より忠実に民意を反映できるため、衆議院の方が優越的な地位を認められているからです。逆に言えば、衆議院に求められていることは民意を忠実に反映することであり、その趣旨に添った代表選出の方法（選挙制度）が採用されなければならないということになります。

6　国会の種類にはどのようなものがあるか？

国会には、大きく分けて３つの種類があります。通常国会と臨時国会、特別国会です。これに参議院の**緊急集会**を含めた国会の種類と内容は、資料21-4に示したとおりです。

このうち、通常国会は毎年１月に開かれ、会期は150日と決められています。前半の重点は予算審議にあてられ、予算案が通過した後は通常の法案審議に重点が移ります。会期は１回だけ延長することができます。会期は土俵のようなものですから、勝負の山場になってから土俵が大きくなれば、与党に有利になります。したがって、通常、会期の延長について与党は長く、野党は短くしようとします。

臨時国会は、内閣が必要と認めた場合、あるいは衆参どちらかの議員の４分の１以上の要求があった場合に開かれます。「臨時」という名称ですが、ほとんど毎年秋に開催されています。法律案を審議しますが、時には補正予算案が審議されることもあります。会期は２回まで延長することができます。

特別国会は、衆議院の総選挙が実施されてから30日以内に召集されるものです。新しく成立した衆議院の構成や人事などについて決定します。これは、総選挙があったときにしか開かれません。短期間で終わるのが普通ですが、法案審議などをやれば長期化することもあり、２回まで会期を延長することができます。

参議院の緊急集会は、衆議院の解散中、国政上緊急の必要性が生じたとき、内閣によって召集されます。参議院が自ら緊急集会を開くことはできず、国会の会期ではないため、天皇による国事行為としての国会召集は行われません。これまでに1952年８月と53年３月の２回開かれました。案件はすべて可決され、次の国会で衆議院の同意が得られています。

⇨緊急集会
衆議院の解散中に緊急の事態が発生したとき、内閣の求めによって開かれる参議院の集会（憲法第54条）。ここでとられた措置は次の国会開会後10日以内に衆議院の同意を得なければ効力を失う（憲法第54条３項）。緊急集会は２回開かれているが、いずれも緊急事態ではなく、法律・予算の施行・執行上の必要から開かれた。

資料21-3　衆議院と参議院の比較

	衆議院	参議院
議員数	465人	248人
任　期	４年（解散すれば任期中に解任）	６年（3年ごとに半数ずつ選挙）
解　散	あり	なし
被選挙権	25歳以上	30歳以上
選挙制度	小選挙区289、比例代表176 拘束名簿式	選挙区148、比例代表100 非拘束名簿式

出典：著者作成。

資料21-4　国会の種類と内容

種類	回数	召集	会期	主な議題	延長
通常国会（常会）	毎年１回	１月中に召集	150日間	次年度予算と関連法案の審議	１回まで
臨時国会（臨時会）	不定	①必要に応じて ②いずれかの院の総議員の４分の１以上の要求 ③衆院の任期満了選挙後30日以内 ④参院の通常選挙後30日以内	両議院一致の議決。不一致の場合衆院が優先	補正予算、外交その他緊急に必要な議事	２回まで
特別国会（特別会）	不定	衆院の総選挙から30日以内	両議院一致の議決。不一致の場合衆院が優先	内閣総理大臣の指名など	２回まで
緊急集会（参議院）	不定	衆院解散中に緊急事態が生じたとき、内閣が要請	なし。案件を処理し終われば閉会	緊急の案件。次の国会開会後10日以内に衆院の同意が必要	なし

出典：『現代日本政治』67ページ。

官僚って、何をしているの？

官僚制、官僚機構の役割

1　官僚と官僚制

「官僚」という言葉は、日常生活ではあまり使われません。良く似た言葉に「官吏」もあります。どちらにも付いている「官」という語は、民間を意味する「民」に対応しており、公的な仕事に携わる人々を指します。「僚」は同じ仕事や役目を持つ仲間のことで、いわゆる同僚です。「吏」は役人のことです。

つまり、官僚や官吏は公的な仕事を担う人々であり、役人＝公務員を指しています。このうち、一般に、官僚とは国の政策決定と遂行に大きな力を行使でき、一定の地位以上にある上級の国家公務員を指すことが多く、官吏は公務員一般を指しますが、今ではあまり使われません。

官僚には、文官と武官の２種類があります。武官とは軍事を担当する官職であり、文官とはそれ以外の行政官のことです。後者の行政官にも、技官と事務官の２種類があります。技官とは特別の技能や技術を必要とする公務員であり、事務官はそれ以外の一般の行政事務を担当する公務員です。

これらの官僚は権限と責任を分担し、明確な指揮系統を持ったピラミッド型に整理された階層構造の事務組織を作り出します。これが官僚組織＝官僚機構、あるいは**官僚制**と言われるもので、国家統治機構の重要な一部を担っています。官僚組織がなければ、国を統治することはできません。このピラミッド型の官僚組織の頂点に立っているのが内閣です。

2　日本の内閣制度

日本では、第二次世界大戦前に内閣制度が成立しています。「**王政復古**」の大号令を出した明治政府は、当初、律令制時代にならった**太政官制**という古くさい制度を採用しました。しかし、これは実情にあわず、1885年に西欧化を目指して内閣制度を導入します。これが、日本における近代的な行政制度の始まりです。

しかしこの内閣も、その地位はきわめて弱体でした。総理大臣は「同輩中の主席」、すなわち同じ地位の者のうち最も偉い人にすぎず、各国務大臣は個別に天皇を助けて責任を負う（輔弼（ほひつ））ものとされ、陸海軍大臣は武官（軍人）とすることが定められていました。このため、内閣としてのまとまりに欠け、常に軍部からの介入や分裂・崩壊の危険性をはらむものでした。また、法的制度的に**枢密院**や軍部などが内閣に関与でき、総理大臣の指名も実質的には**元老**と呼ばれる重臣たちの手に委ねられていました。

このような状況は、第二次世界大戦後になって一変します。日本国憲法が国民主権原理を打ち出し、明確な議院内閣制を採用したからです。天皇は国

➾官僚制
大きな組織の運営にたずさわる専門的集団による管理・運営のシステム。厳格な権限の委任と専門化された職務の体系を持ち、合理的な規則や秩序に従って組織の目標を効率的に達成しようとする。形式の重視や硬直した組織運営を批判的に言う場合にも用いられる。

➾王政復古
武家政治・共和制などが廃され昔の君主政体に復すること。日本では1868年1月3日、討幕派の計画により「天皇親政」が宣言され、王政復古の大号令によって政権が朝廷に戻ったことを言う。

➾太政官制
王政復古の後に採用された律令（りつりょう）的太政官制に基づく古くさい制度。内閣制度成立以前の明治政府の役職で、太政官はその最高官庁。しかし、中央官庁を太政官と総称しただけで特別の官庁があったわけではない。三権分立の実はなく、間もなく廃止された。

➾枢密院
枢密顧問（顧問官）によって組織される天皇の諮問機関。1888年に大日本帝国憲法草案審議のために創設され、「憲法の番人」とも呼ばれた。議長・副議長・顧問官によって組織され、内閣から独立した機関として藩閥官僚の本拠となった。1947年に廃止。

➾元　老
戦前期において国政に大きな影響力を行使した特定の政治家。憲法規定外の存在だったが、後継首相の選任や内外の重要課題について天皇の諮問を受けた。黒田清隆、伊藤博文、山県有朋、井上馨、西郷従道、大山巌、桂太郎、西園寺公望らの老臣を言う。

政への実質的な権限を失い、内閣に介入した枢密院や軍部、元老などの宮中グループは消滅しました。内閣は国会に連帯して責任を負い、内閣総理大臣は国会議員の中から指名（憲法第67条）され、天皇によって任命（憲法第6条）されます。衆参両院の指名が一致しないときは衆議院の議決が優先されます。

なお、首相の選出については、公選制にするべきだという議論があります。このような「**首相公選制**」論はかつては中曽根康弘元首相、その後小泉純一郎元首相などによって唱えられました。2001年には「首相公選制を考える懇談会」が設置され、翌2002年8月に報告書が提出されています。

➾首相公選制
首相を国民の直接選挙で選ぶ制度。現行の憲法では議院内閣制を採用しているため、首相は国会議員による指名投票で決めることになっている。これを国民の投票による選出に変えるためには、憲法の改正が必要になる。

そこでも指摘されているように、首相公選制の導入は前掲の憲法第6条や第67条の改正を必要とし、議院内閣制の根幹を変更することになります。また、その目的も、一方では首相のリーダーシップを強めるため、他方では国民の発言力を強めるためとされるなど、ほとんど逆の主張がなされています。さし当たり、実現の可能性はないでしょう。

3　内閣の主な役割と権限

通常、内閣は政府と呼ばれますが、これは最も狭く定義した捉え方（狭義）です。大統領制の場合、これに大統領を加えて政府とします。政府を広く捉えれば（広義）、これに中央行政機構や地方自治体を加えたものになります。さらに、最も広く捉えれば（最広義）、これに立法府や司法を加えて政府とすることもあります。日本を含めて、狭義あるいは広義の捉え方が一般的ですが、アメリカやイギリスの場合、最広義で使用される傾向があります。

内閣とは、内閣総理大臣（首相）とその他の国務大臣によって組織される合議体のことで、行政の最高意思決定機関です。憲法で規定されている内閣の主な役割と権限は、**資料22-1**で示されるとおりです。

内閣には、法律に基づいて行政を行うこと、行政機関の全体を掌握するこ

資料22-1　内閣の権限

権　　限	該当する憲法の条文
行政権と一般行政事務	第65条、第73条
法律の執行と国務の総理	第73条1項
外交関係の処理と条約の締結	第73条2項、3項
官吏に関する事務の掌理	第73条4項
予算の作成と国会への提出	第73条5項
政令の制定	第73条6項
恩赦の決定	第73条7項
天皇の国事行為への助言と承認	第3条、第7条
臨時国会の召集	第53条
最高裁長官の指名 その他の裁判官の任命	第6条 第79条、第80条

出典：『現代日本政治』74ページ。

資料22-2　再編後の省庁の新体制

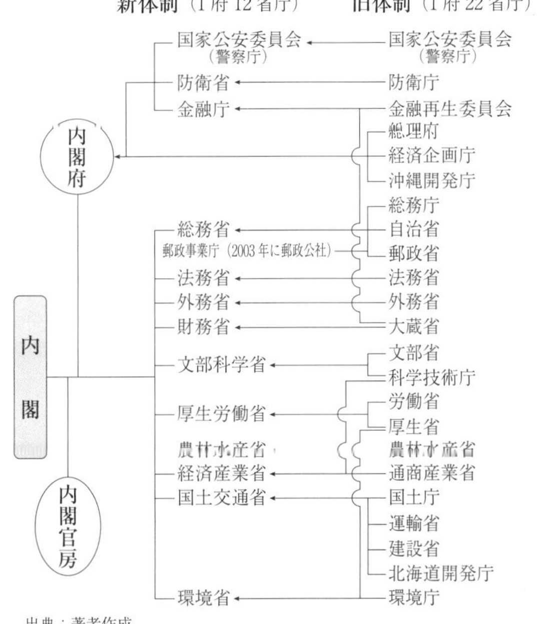

出典：著者作成。

と、外交を処理し条約を結ぶこと、予算案や法律案を作成して国会に提出することなどの仕事があります。このうち、閣議で決定して国会に提出される法律案は内閣提出法案と呼ばれます。国会で審議される法案の約8割が内閣提出法案で、議員によって提出される法案（議員提出法案）が少ないのが、日本における法律制定の特徴になっています。

内閣の会議は**閣議**と呼ばれます。閣議には、毎週火曜日と金曜日に開かれる「定例閣議」と、必要に応じて開かれる「臨時閣議」、役人が書類を持って閣僚の署名を集めに回る「持ち回り閣議」があります。閣議での決定は多数決ではなく全会一致とされており、反対する大臣がいれば辞任するか罷免されることになります。閣議は非公開ですので反対があったかどうかは分かりません。辞任や罷免などがなければ、全会一致であったと考えられるということです。

2009年9月の政権交代の前には、この閣議に先立って事務次官会議が開かれていました。これは、各省庁の事務方の最高責任者が集まって開く会議です。実質的な議論はここで行われていました。そのために閣議は形式的なものになっているとの批判があり、民主党は政治主導を明確にするために、事務次官会議を廃止しました。

そうなると、省庁間で利害や意見の異なる問題をどこで調整するのかという問題が生じます。閣議がそのような利害調整の場になり得るとしても、事務次官会議以上に実質的で効率的な議論ができるのかという問題が残り、結局、2012年12月に「次官連絡会議」と名称を変えて復活しました。

4　省庁の編成

国の行政事務を分割し、それぞれの専門分野に応じて役所が設置されます。外務省などのように名称に「省」のつく役所と、国務大臣を長とするか担当特命大臣が置かれる金融庁のような「庁」のつく役所を総称して「省庁」と呼びます。

これらの省庁は内閣を構成する大臣を先頭に、内閣の手足となって動きます。戦後日本の省庁は、1949年の**国家行政組織法**の施行によって出発しました。

1960年7月に自治省が設置されて以降、総理府と22省庁を中心とする体制が続きました。この間、社会の変化や行政需要の拡大に対応して、**防衛庁**（1954年）、経済企画庁（1955年）、科学技術庁（1956年）、**環境庁**（1971年）、沖縄開発庁（1972年）、国土庁（1974年）、**総務庁**（1984年）、金融庁（2000年）などが誕生します。いずれも大臣がおかれました。

このような形での機構拡大は行政の肥大化・硬直化を招き、その後の社会の変化にも対応できず、機能不全に陥りました。官僚主導型政治や縦割り行政の弊害が指摘され、国家財政の悪化を背景とした行政のスリム化への要求も強まっていきます。

こうして「行政改革」が叫ばれ、2001年1月から中央省庁は1府22省庁が1府12省庁へと大幅に再編されました。再編後の省庁の新体制は**資料22-2**で示すとおりです。その後、2009年に**消費者庁**、2012年に復興庁、2015年にスポーツ庁が発足しています。

この再編は、首相への補佐体制を強めて内閣機能の強化を図り、行政組織

➾閣　議
閣議は内閣法第4条で規定されているが、会議の手続きについては定めがなく慣行による。直径5.2メートルの円形テーブルを閣僚が取り囲むように着席する。新聞・テレビなどで閣僚がソファーに座っている様子が報じられるが、これは閣議室の隣の閣僚応接室の模様で、閣議自体は非公開。閣議案件には、次のような区分がある。
①一般案件（国政に関する基本的事項で、内閣としての意思決定が必要であるもの）
②国会提出案件（法律に基づき内閣が国会に提出・報告するもの）質問主意書に対する答弁書なども含む
③法律・条約の公布
④法律案の決定
⑤政令の決定
⑥報告（国政に関する調査、審議会答申などを閣議に報告する）
⑦配布（閣議の席上に資料を配付する）

➾国家行政組織法
国の行政機関の設置・組織・権限を定める法律。全文25ヵ条から成り、1949年に施行された。このほか、内閣法、会計検査院法、国家公務員法（人事院）および各府省設置法などが制定されている。

➾防衛庁
自衛隊の管理・運営および在日米軍への駐留支援を行うための行政機関。1954年に総理府の外局として設置された。2001年に内閣府の外局となり、2007年には省に昇格して防衛省となった。

➾環境庁
公害防止・自然環境の保護および整備ほか環境の保全を担当する行政機関。1971年に総理府の外局として設置され、2001年に環境省となった。

➾総務庁
各行政機関の組織・人事・運営や特定の施策・事務の総合的調整を担当する行政機関。1984年に総理府本府と行政管理庁の組織・機能を統合し、総理府の外局として設置された。2001年に、自治省・郵政省と共に総務省に統合された。

➾消費者庁
消費者行政を一元的に扱うために新設された役所。2009年9月、内閣府・経済産業省・農林水産省・公正取引委員会などの職員を集めて発足し、特定商取引法・日本農林規格（JAS）法・景品表示法など29の法律を所管。行政処分・指導や他省庁への勧告を実施する。

の再編と統合によって縦割り行政の弊害を除去し、政治主導の行政運営を行って行政を効率化することを目的としていました。また、政務次官に代わって大臣を補佐する副大臣と政務官が新設され、政治の主導性確立や政策的な調整能力の強化が目指されました。

しかし、このような目的がどこまで実現したかについて、その評価は分かれています。情報公開の推進、行政評価・政策評価システムの導入、公会計の見直しと改善など、行政サービスの低下を防ぎつつ、さらなる行政の改革を進めることが必要でしょう。

また、国や地方における行政当局の政策立案・実施を補佐するため、各種の合議体が設置されます。これらは審議会・委員会・協議会・調査会などの名前で呼ばれ、行政機関からの諮問に答えて、報告・意見・勧告などの答申を出します。審議会は内閣法や国家行政組織法によって定められています。

これらの諮問機関からの答申は、新たな政策を打ち出したり実施したりするための手段として利用されてきました。しかし、「官僚の隠れみの」との批判もあり、2001年の省庁再編に伴って半分以下に削減されました。

政権が交代した結果、高木剛前連合会長の国家公安委員への任命、草野忠義元連合事務局長の行政刷新会議の民間議員就任、湯浅誠元「年越し派遣村」村長の内閣府参与への起用など、新たな動きも生まれました。また、税制調査会の専門家委員会に神野直彦東京大学名誉教授や大澤眞理東京大学教授が就任しました。しかし、全体としては、大きな変化はありません。

これとは別に、各省庁が非公式の懇談会や研究会・有識者会議などを設置して新しい政策の方向付けを行う場合もあります。これが私的諮問機関と呼ばれるもので、国家行政組織法に基づくものではなく、委員個々人の意見を聴取します。大平内閣や中曽根内閣、小泉内閣などで多用され、首相のブレーンとなる学者や経営者などの民間人が起用されました。

資料22-3　政府の主な審議会等

所轄官庁	審議会
首相官邸	教育再生実行会議、経済財政諮問会議、経済の好循環実現に向けた政労使会議、産業競争力会議、日本経済再生本部
内閣府	税制調査会、食品安全委員会、原子力委員会、沖縄振興審議会、東日本大震災における災害応急対策に関する検討会
金融庁	金融審議会、金融税制調査会
総務省	地方財政審議会、電波監理審議会、情報通信審議会、情報通信行政・郵政行政審議会
法務省	法制審議会
外務省	外務人事審議会、海外交流審議会
財務省	財政制度等審議会、関税・外国為替等審議会
文部科学省	中央教育審議会、大学設置・学校法人審議会
厚生労働省	社会保障審議会、厚生科学審議会、労働政策審議会、医療審議会、薬事・食品衛生審議会、中央最低賃金審議会
農林水産省	食料・農業・農村政策審議会、林政審議会、水産政策審議会、獣医事審議会、農業資材審議会
経済産業省	産業構造審議会、消費経済審議会、計量行政審議会、総合資源エネルギー調査会、中小企業政策審議会
国土交通省	国土審議会、社会資本整備審議会、交通政策審議会、運輸審議会、中央建設業審議会
環境省	中央環境審議会、公害健康被害補償不服審査会
防衛省	防衛施設中央審議会、自衛隊員倫理審査会、防衛人事審議会、防衛調達審議会

出典：著者作成。

政党って、信用できるの？
政党政治と政党の役割

1　政党とは？

政治とはものごとを決めることで、そのための場が議会です。有権者は代表を選んで議会に送り込みます。この代表が議員ということになります。

議員になるためには、仲間の支持を集めなければなりません。そのためのグループができます。議会の中で決定に影響を与えるためには、1人よりも仲間がいた方が好都合です。そのためのグループもできます。

こうして、選挙での当選のために、あるいは議会内での活動を効率的にするために、一定の仲間を集めて集団を作ろうとする動きが生じます。こうしてできたのが政党です。

仲間を集めるとき、皆さんならどうするでしょうか。顔見知りの人や親しい人、同じ趣味や考えを持った人々に「一緒にやりませんか」と声をかけるでしょう。

政党も同じです。友人や知人、同郷の人や選挙区が近い人などが、まずグループを作ります。しかし、政党の場合、政治のためのグループですから、一般の仲良し団体とは大きく異なる点があります。それは、政治によって達成しようとする目的があり、その目的のために公共政策を左右しようと考えている人々の集団だということです。

ここで重要な点は、政治において実現しようとする目標と考え方の一致です。目標が異なり、考え方が違えば、仲間としての行動は不可能になります。このため、同一の目標と考え方にしたがってグループは再編され、やがて、初めから目標やその達成の道筋、考え方や決まりなどを定めて仲間を集めるようになりました。これが政治のためのグループ（党）です。こうして、政党が誕生しました。

2　政党の性格

政治において、ある目的を実現しようとすれば、そのための力を持たなければなりません。政治における権力は政治権力であり、国における最高の力は国家権力です。したがって、政党は、自己の目的を実現するために、国家権力を手に入れようとします。

つまり、政党とは、政治権力の獲得をめざして結成される自発的結社のことを言います。その目的を**綱領**と**規約**、政策によって示し、それを達成するために持続的な活動を続ける政治的集団のことです。

綱領と規約
政党の基本的立場や目標、実現の方法、政治プログラムなどを定めた基本文書が綱領。組織の構成原則や規則を定めたものが規約。

政党は、政治権力の獲得をめざしている点で他の政治的社会的な集団と区別されます。また、自主的自発的に結成される点で官僚組織などとも異なります。さらに、長期的な目的の実現をめざして持続的に活動する点で一時的な選挙団体などとも違っています。

政党は、誰でも自由に結成でき、解散できる「私的な集団」ですが、同時に、法律の作成に関わり、権力を握れば政府を構成する「公的な集団」でもあります。私的であるとともに公的な性格を持ち、私的な社会と公的な国家を結びつけるという独特の役割を担っている点に、政党の特徴があります。

政党には色々なものがありますが、その本質を判断する場合、政党の名前や構成員だけではなく、政策や公約、過去の行動や実績などを基準にしなければなりません。その政党が何をやってきたのかという過去の実績は、政党の本質を理解するうえで最も良い手がかりとなります。

3 政党の歴史

歴史的に見た場合、政党は、身分制議会における**貴族主義的政党**から、革命議会において形成された**革命党派**、近代議会での**名望家政党**、現代議会での**大衆政党**という、4つの段階を経て発展してきました。このように、政党のあり方は、議会のあり方とそれなりに対応しています。

身分制議会でのグループやサークルから出発した政治的な党派は、当初、人格的結合による徒党としての性格が強く、今日の政党とは大きく異なりました。その後、近代市民革命のもとでの王党派対議会派、穏健派対急進派などの鋭い政治的対立を経てしだいに政治性を強め、政党へと成長しました。

革命期における政治党派は、市民革命後成立した近代議会のもとでしだいに穏健化し、名望家政党としての発展をとげていきます。名望家政党は、その活動がほぼ議会内に限られ、過去・現在・未来の議員たちが、政治的な地位と**官職叙任権**の獲得による利権をめざして結集した幹部政党でした。

19世紀後半以降、名望家政党は大衆政党へと変わっていきます。その契機となったのは、労働者（農民）政党結成の動きと選挙権拡大による有権者

➾貴族主義的政党
主として貴族や地主出身の議員たちによる議会内の仲良しグループ。政党というほどの政策も結束力もなかった。1832年の第一次選挙法改正までのイギリスの政党が典型例。

➾革命党派
市民革命を推進する主体となった政治グループ。フランス革命での、ジロンド県出身者の上流ブルジョワ階級が多数を占めたジロンド派、ジャコバン修道院に本部を置いた急進的政治結社のジャコバン派、小商店主や労働者などの下層市民層で革命の原動力となったサン・キュロット派(貴族やブルジョアジーの着用したキュロットをはかない人々という意)などが有名。

➾名望家政党
地位も名誉も資金力もある地方の有力者（名望家）によって構成される政党。1867年第二次選挙法改正までのイギリスの政党が典型とされ、戦前日本の政友会や民政党もこれに含まれる。政党の幹部である議員しかいないため「幹部政党」とも言われる。

➾大衆政党
議員や幹部だけでなく多くの一般党員（大衆）によって構成される政党。1867年の第二次選挙法改正以降のイギリス労働党やドイツ社会民主党などが典型例。政党は院外に党組織を持ち、地方支部など全国的な組織を張りめぐらし、

資料23-1　個人献金と企業・団体献金のしくみ

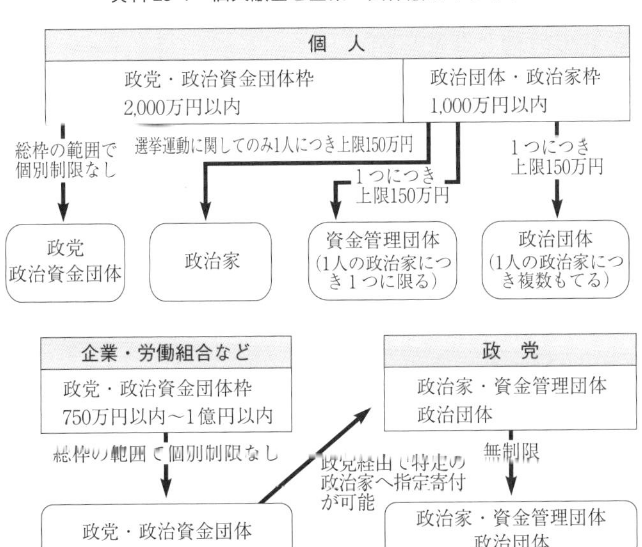

出典：『現代日本政治』139ページ。

＊　政党の資金源は大きく分けて二つある。一つは税金から支出される政党交付金で、もう一つは政治家個人への献金である。個人献金を自民党は主として企業から、立憲民主党などは主として労働組合から受けている。共産党は政党交付金の受け取りを拒み、労働組合などではなく個人からの献金と機関紙誌の販売収入などから資金を得ている。

議員ではなくても指導力を持つ者が指導者となった。

➡官職叙任権
国家の役職である官と職に任ずる権限。官は職務の一般的種類、職は担当すべき職務の具体的範囲を示す。

の増大でした。増大した有権者の支持を獲得するため、従来の政党も党組織を整備し、非議員の党員を増やして議会外での日常的な活動に従事するようになりました。

現代議会政治における政党は、基本的に大衆政党の性格を持つようになっています。大衆政党は大量の議員ではない党員がいて、それを支える党組織、独自の執行部とスタッフの編成、幹部登用制度と内部規律の徹底、機関紙誌の発行、大衆的な資金収集システムなどを確立し、その活動は選挙時だけではなく日常化されます。このように、大衆政党化されることによって、政党の機能と役割は全面的に開花しました。

4　政党の機能と役割

現代議会政治のもとで、政党はさまざまな機能や役割をになっています。その主なものは、①要求の集約・整理機能、②国家政策への媒介機能、③国民に対する教育機能、④政治指導者養成機能などです。

第1の機能は、多様な形で存在する国民の要求や不満を政策や公約という形で集約・整理し、政治課題として提起することです。この点で政党は政策能力が問われます。

第2の機能は、世論形成や選挙、議会活動などを通じて、この政策や公約を実現したり（与党の場合）、国の施策に反映させたり反対したり（野党の場合）することです。この点で政党は実行力が問われます。

第3の機能は、選挙運動や議会審議、機関紙誌やパンフレット、演説会などの日常的な情報宣伝活動などを通じて国民に政治の実情を知らせ、政治への関心を高め、その問題点や解決の道筋を明らかにすることです。この点で政党は世論形成能力が問われます。

第4の機能は、政治的指導者になれる人物を社会の各方面から発掘して訓練し、政治の舞台に送り出していくことです。この点で政党は人材発掘・育成能力を問われます。

5　野党の役割と存在意義

政党には与党と野党という区別があります。与党は、政権を担っている政党で、野党は政権を担当していない政党です。政権の構成は与党の専権事項であり、野党はこのプロセスから排除されています。

しかし、野党にも、次の政権の選択肢を提供するという重要な役割があります。政権の受け皿を準備でき、いつでも与党に代われる強力な野党の存在は、現政権にとっては大きな脅威となり、与党を監視し、自己点検を必要とさせ、政治運営に緊張感をもたらします。

野党の存在は、政権の受け皿を準備するだけではなく、政策の選択肢を提供するという意味もあります。国民が与党の提起する政策を吟味したり賛否を判断したりする基準を提供するという点でも、実現を阻止したり他の代案を提起したりするという点でも、野党の役割は重要です。

また、行政府に対する議会のチェック機能は、実質的には野党によって担われることになります。議会（立法）と政府（行政）との抑制・均衡の関係を実質的に機能させるという点で、野党の役割には大きなものがあります。

なお、社会の多様化・複雑化に対応した多様な選択肢を提起するという点では、野党が１つであるよりも複数存在する方が望ましいように思われます。強力な与党と野党が対峙する二大政党制は、**イデオロギー**的な二極化を反映した限定的な政党制にすぎません。すでにそのような時代は去りました。今日では、イギリスでも第３党の自由民主党が台頭しており、与野党が対峙する二大政党制は時代遅れになっていると言うべきでしょう。

⇒イデオロギー
特定の階級や党派の立場から主張される理論や物の考え方、政治・社会思想。社会の見方や解釈を理論化したり体系的に説明したりして自らの行動や主張を裏付けて正当化する。このような考え方を説き、人々の思考や行動に大きな影響を与える指導者がイデオローグである。

6　政党制

ある国にいくつかの政党（単数を含む）が存在している場合、これらの政党による組み合わせを「政党制」と言います。つまり、政党制とは一つの国の中の政党の数と相互関係に着目した類型化のことです。

このような問題を本格的に取り上げたのは**デュベルジェ**という政治学者でした。デュベルジェは政党制を、一党制、二党制、多党制に分類しました。その後、**サルトーリ**は、大きく非競合的システムと競合的システムに分けたうえで、**資料23-2**のような類型化を行っています。

このなかで特に重要なのは、1955年以降、1993年までの日本が好例とされている一党優位政党制です。これは、複数政党が存在し、自由な政治的競争があることになっていても、実際にはその中の一党だけが常に優勢で政権を独占するという政党制です。

本来は競合的システムであるはずの一党優位政党制が、その長期化によって非競合的システムと類似の実質的機能を発揮するとすれば、それは議会制民主主義に対する大きな脅威となります。現に、政権交代のない一党支配の長期化は自民党の国家政党化をもたらし、政・官・財の癒着による政治腐敗など、さまざまな病理現象を生み出しました。その結果、自民党単独政権は崩れ、一党優位政党制ではなく新たな政党制を模策する再編・移行期がはじまったのです。

⇒モーリス・デュベルジェ（1917年〜）
フランスの政治学者。1951年刊行の『政党論』で、政党制および政党構造の社会学的研究を行い、政党制を一党制、二党制、多党制に三分し、小選挙区制が二党制を生み、比例代表制が多党制を生むと主張した。

⇒ジョヴァンニ・サルトーリ（1924年〜）
イタリアの政治学者。1976年刊行の『現代政党学』で、政党の数とイデオロギー的距離の２つを基準にした政党制類型を提唱し、うまく機能する民主主義として二大政党制と穏健な多党制を示した。

資料23-2　サルトーリによる政党制の類型

政党制	政党数	政権交代	国の例
《非競合的システム》			
①一党制	1	無	中国、旧ソ連
②ヘゲモニー政党制	多	無	旧東欧
《競合的システム》			
③一党優位政党制	多	無	日本、インド
④二党制	2	有	イギリス アメリカ
⑤限定的（穏健な）多党制	3～5	有	中欧、北欧
⑥分極的（極端な）多党制	多	有	イタリア ワイマール共和国
⑦原子化政党制	多	有	マレーシア

出典：五十嵐仁『概説　現代政治〔第３版〕』（法律文化社、1999年）352ページ。

資料23-3　2020年政党交付金支給額（端数切捨て）

自民党	172億6100万円
国民民主党	46億4800万円
立憲民主党	42億9000万円
公明党	30億2900万円
日本維新の会	18億5300万円
社民党	3億6200万円
NHKから国民を守る党	1億6700万円
れいわ新撰組	1億6100万円

出典：著者作成。

＊　政党交付金は1994年に導入され、95年から実施されている。2014年までの19年間に総額5996億円が支給された。総額の半分は国会議員数に応じて、残り半分は前回総選挙と前回・前々回参院選の得票率に応じて配分され、年４回に分けて支給される。日本共産党は助成金の受け取りを拒否しており、その分は他の政党に振り分けられる。

18歳から考える日本の政治

24

市民や団体の役割は何？

圧力団体の活動と役割

1　市民と市民団体

「市民」とは、ある市で生活する住民のこと、ではありません。確かに、八王子市の住民を八王子市民と呼びますが、政治学では別の意味で、この言葉を使います。

歴史的には、市民は都市の自由民のことを指していました。都市の民(たみ)だから市民です。しかし、政治学的な用法としては、財産と教養を持ち、自主性と独立心に富み、自律的な政治行動を行なって**市民革命**を推進し、その後の近代国家の建設をになった人々のことを言います。具体的には、新興産業ブルジョアジーを指しています。

⇒市民革命
封建的・絶対主義的国家体制を倒した市民による革命。新興の産業資本家を中心とする市民階級が主導して近代資本主義社会への道を開いた。17世紀のイギリス革命（清教徒革命・名誉革命）、18世紀のアメリカ独立革命、フランス革命などが典型例。

現代では、操作されやすく非合理的・受動的に行動する「大衆」との対比で、自主的・主体的な政治参加を行なう人々の理想型として「市民」という言葉が用いられます。現代社会は大衆と市民が混ざり合っているのです。

皆さんは、ぜひ、大衆としてではなく市民として、現代社会をよりよく変えるために、積極的に政治や社会に働きかけていただきたいと思います。そこにこそ、政治家ではない普通の人々が政治学を学ぶ意味があるのではないでしょうか。

市民となった人々は、政治や社会に働きかけるために、仲間を集めて**団体**を作ったり、目的に共感する団体に入ったりします。これが市民団体です。このような市民団体は、一般に、不特定多数の人々の利益を増進することを目的として非営利で活動しています。

⇒団　体
個人の集合体。ある目的のために、人々が集まって1つのまとまりとなったもの。共通の目的や目標を持ち、その達成のためにお互いに協力し、助け合う。

このほか、利益団体と呼ばれるものもあります。これは、所属するメンバーの利益を達成することを目的としている点で、一般の市民団体とは異なります。ただし、両者の境界は曖昧で、主義・主張や理念などの実現をめざす場合には、不特定多数の人々の利益の増進をめざしていることになります。

2　圧力団体政治とは？

このように、現代社会では様々な市民団体や利益団体が活動しています。自主的に活動する多くの集団の形成が、現代社会の特徴の1つでもあると言えるでしょう。このような団体が、その要求を実現するために働きかける方向を政府や政党などに向けた場合、それらは圧力団体となります。

圧力団体とは、政治家や政党、行政に圧力をかけて何らかの目的を達成しようとする団体のことです。圧力をかけることによって、決定を左右しようとするからです。

圧力団体の活動は、20世紀に入って以降、各国で活発になります。それには、2つの背景があります。

1つは、団体の数が増えたことです。社会が複雑化して利害関係が多様化したため、さまざまな集団が結成されました。くわえて、通信・交通手段などにおける技術的な発展が､集団の組織化と巨大化を促進します。今日では、Eメールやインターネットの普及が、このような集団の形成と活動を容易にしていると言えるでしょう。

もう1つは、政治にかかわらざるをえなくなってきていることです。政治の役割が増大して政治や行政抜きに様々な団体が掲げている要求を実現できなくなりました。しかも、本来、社会の多様な利益を政治へと**媒介**するはずの政党は十分に機能せず、団体の利益を実現したり、貧困や格差問題の解決を政府に訴えたりするために、団体自身が政治に直接働きかけることが必要になったのです。

媒　介
あるものとあるものの間に立って、仲立ちをすること。この場合には、社会と国家の間で仲立ちをする役割を指している。

3　圧力団体の性格と特徴

圧力団体には、いくつかの特徴があります。その第1は、政権の獲得を直接めざすことはなく、政治や行政に働きかけることによって間接的に目的を達成しようとすることです。第2に､団体が実現しようとする利益や目的は、基本的にはその団体固有のものであって、必ずしも一般的なものではないということです（ただし、後に述べる価値志向型圧力団体の場合は異なります）。第3に、政治理念やイデオロギーにこだわらず、要求の実現だけを目的としていることです。第4に、政治や行政に関わるのは一時的・部分的であって、要求が実現されれば政治にかかわらなくなります。

これらの点で、圧力団体は政党とは異なっています。ひと言で言えば、政党は私的であるとともに公的な性格を持っていますが、圧力団体は私的な性格が強いということになります。しかし、これはかなり相対的なもので、両者の境は必ずしもはっきりしません。利益団体が政党を設立することもあれ

資料 24-1　NPO をさがす

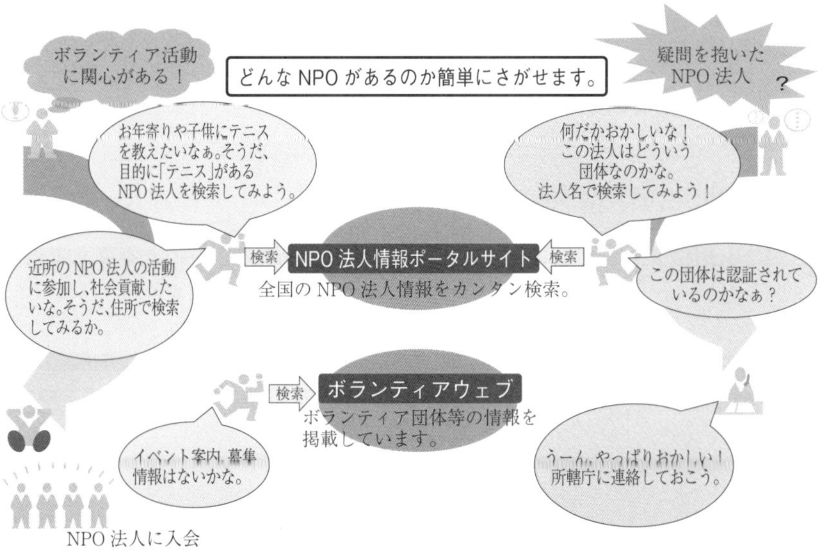

ボランティア活動に関心がある！
どんな NPO があるのか簡単にさがせます。
疑問を抱いた NPO 法人
お年寄りや子供にテニスを教えたいなぁ。そうだ、目的に「テニス」がある NPO 法人を検索してみよう。
何だかおかしいな！この法人はどういう団体なのかな。法人名で検索してみよう！
近所の NPO 法人の活動に参加し、社会貢献したいな。そうだ､住所で検索してみるか。
検索　NPO 法人情報ポータルサイト　検索
全国の NPO 法人情報をカンタン検索。
この団体は認証されているのかなぁ？
検索　ボランティアウェブ
ボランティア団体等の情報を掲載しています。
イベント案内､募集情報はないかな。
うーん､やっぱりおかしい！所轄庁に連絡しておこう。
NPO 法人に入会

出典：http//www.npo-homepage.go.jp/search/index.html

資料 24-2　派遣村実行委員会が出したパンフ

切るな！ 切らせるな！
春の派遣村アクション・第一弾企画
あたたかな春を迎えるためのマニュアル

出典：http://www.k5.dion.ne.jp/˜hinky/hakenmura/hyoushi1-4.pdf

➾**単一争点**(シングルイシュー)**政党**
税金や福祉など1つの問題だけを掲げた政党。新自由クラブに所属していた野末陳平が1983年に離党して結成した税金党、同じく1983年に参議院全国区選出の無所属議員であった八代英太が結成した福祉党などの例がある。

➾**経団連**(日本経営者団体連合会)
経団連と日経連が2002年5月に統合して発足した経済団体。財界の意見を集約し、政界や労組、行政などに実現を働きかけている。会員数は1600社・団体等(2020年4月1日現在)。

➾**同友会**(経済同友会)
経済問題や社会制度などに関する提言を行う財界人の個人加入の団体。1946年に当時の新進気鋭の中堅企業人有志83人が結集して結成された。経営者相互の意見交換や親睦をめざす経営者クラブ的な側面もある。

➾**日商**(日本商工会議所)
全国の主要都市にある商工会議所を会員とする中央機関。1878年設立の商法会議所を源流とし、戦後は1954年に商工会議所法に基づいて特別認可法人として改編された。全国514の商工会議所を会員とする。

➾**財　界**
大企業の経営者や実業家などによって構成される集まり。必要な場合には声明や決議の形で総資本としての意思を表明し、行政などへの申し入れ活動、審議会や首相の私的諮問機関などに委員を派遣して政策形成に直接関与している。

➾**連合**(日本労働組合総連合会)
わが国最大の労働組合の全国的な中央組織(ナショナル・センター)。総評や同盟の流れを汲み、1987年に結成された全日本民間労働組合連合会に官公労組が合流して1989年11月に結成された。47都道府県に地方連合を置く。

➾**全労連**(全国労働組合総連合)
もう1つの労働組合の全国的中央組織。1989年、連合の発足に対抗し、労使協調路線に反対する左派の労働組合によって結成された。「働く者の権利を守る唯一のたたかう階級的ナショナルセンター」であることを掲げている。

➾**全労協**(全国労働組合連絡協議会)
総評左派の流れを汲む労働組合の連絡・共闘組織。1989年12月、連合にも全労連にも加盟しない労働組合によって結成された。連合や全労連との二重加盟も認めてい

ば、**単一争点**（**シングルイシュー**）**政党**のように、福祉や減税などの要求だけを掲げる政党もあります。

それでは、日本医師会などの圧力団体は何に対して圧力をかけるのでしょうか。それは、法律などが決まる過程で、どこが主な力を持ち、どこに圧力をかけるのが効果的だと判断されるか、に応じて変わります。基本的には、政府と官僚、議会と政党のどちらかに分かれます。

イギリスの場合は官僚、アメリカの場合は政党であるとされています。日本の場合は、イギリスに近かったのですが、政権交代によってアメリカのように政党への働きかけも強まりました。

4　圧力団体の類型と活動

圧力団体には、構成員の利益の実現をめざす利益志向型圧力団体と、社会全体のための価値の実現をめざす価値志向型圧力団体の2種類があります。前者には、経営者団体、労働組合、農業団体、専門家団体などがあり、後者には、平和問題、公害・環境問題、女性問題、消費者問題、人種問題や南北問題などにとりくむ団体が含まれます。後者は市民団体とも呼ばれ、最近では国連など国際舞台での活動も盛んになっています。

圧力団体の活動は､ロビーイングあるいはロビー活動と呼ばれます。主に、役所や議会のロビーで役人や議員に働きかけるからです。

これには、陳情、情報の提供、利益誘導や供与、人材の提供などを通じて、官僚や議員などと直接接触する直接的なロビーイング、宣伝活動、集団的な示威運動、手紙などによる要請や抗議、マスコミへの働きかけなどによる間接的なロビーイング、圧力団体が相互に支援したり協力しあったりする相互的なロビーイングなどがあります。

圧力団体の圧力の大きさは、団体自体の力だけではなく、それがどれだけの影響を与えることができるか、その効果によっても左右されます。一般的にいえば、団体自体の力は、その成員の規模や資金力、団結力や動員力、情報収集能力、他団体とのネットワークなどによって、また、影響を与えることのできる力は、政治エリートとのさまざまなネットワークの存在、政党や政治家、官僚などとの距離の近さ、日常的接触の度合いなどによって左右されます。

5　日本の圧力団体

圧力団体の中では､特に､経営者団体と労働組合が大きな力と影響力を持っています。主な経営者の団体としては、**経団連**、**同友会**、**日商**などがあります。これらは**財界**と呼ばれ、個々の業界や企業の利害関係にとらわれず、基本的には総資本の立場から経営者全体の利益を考えて行動します。

他方、主な労働組合の団体としては、**連合**、**全労連**、**全労協**などがあります。労働組合の圧力活動は数の力によるもので、通常、ストライキや集会、デモなどによって世論に訴えるという間接的な方法が採られます。

もちろん、声明や決議をあげて議会や行政への要請活動を行ったり、支持政党や議員に政治献金したりという直接的な手段をとることもあります。最近では、政策・制度要求運動を重視し、財界団体と共に審議会や諮問機関に委員を派遣して政策形成にも関与するようになってきています。

なお、労働組合は、憲法の下で、**団結権・団体行動権・団体交渉権**が法的に保障されているという点で、他の圧力団体とは異なっています。また、ストライキによる生産の停止という強力かつ効果的な闘争手段を持っているという点でも、他の圧力団体とは異なる特徴を持っていると言えるでしょう。

このほか、**NPO** や **NGO** もあります。広い意味では、前述の労働組合もNPO などに含まれると考えることもできますが、狭い意味では、NPO やNGO は比較的新しい社会団体を指しています。

6　圧力団体の功罪

圧力団体のプラスの面は、社会の中の様々な利害関係や解決されるべき問題を機敏に国政の場に持ち込むこと、独自の専門的立場から技術的知識や情報を収集し、政策に反映させること、公共政策や行政を監視すること、政治に取り残された少数者の利害を代弁することです。これらの活動によって、圧力団体は、政党によっては十分に発揮しきれない代表機能を補い、政党政治の不十分さを是正し、政治を活性化することができます。

圧力団体のマイナス面は、社会の中のすべての問題を圧力団体によって代表することは不可能であり、代表される利害と代表されない利害の差が生じてしまうこと、「声の大きいものが得をする」ような不平等を生むことです。また、圧力団体を作って政治に働きかけることができるのは、比較的生活の余裕のある高学歴の層で、低所得で低学歴の人々や少数者集団ほど組織されにくく、組織のなかでリーダシップを取るのが難しいという問題もあります。

もっと大きな問題は、政治の公平性や公正、統一性が阻害され、個々の圧力団体と政治家や官僚との癒着や汚職などの病理現象が生まれがちだという点です。圧力団体の活動は、政治の歪みや政治腐敗を生みだす可能性もあるということに注意しなければなりません。

る。

⊸団結権・団体行動権・団体交渉権
いわゆる労働三権で、労働基本権と言うこともある。団結権は労働組合を結成する権利。団体行動権は一般的に日常的な労働組合の活動をする権利だが、とりわけ争議をする権利あるいはスト権。団体交渉権とは労働者が団結して使用者と団体交渉をする権利。

⊸NPO
非営利組織（Non-Profit Organization）の略。利益を上げることを目的とせず、政府や企業などではできない社会的な問題に取り組む民間団体。

⊸NGO
非政府組織（Non-Governmental Organization）の略。平和・人権問題などで国際的な活動を行っている政府とは直接関係を持たない市民レベルの国際協力団体。

資料 24-3　主要国における公務員の労働基本権

	団結権	団体交渉権	争議権
アメリカ	○ （軍人、FBI の職員等を除く）	○ 給与等についてはなし （軍人、FBI の職員等を除く）	×
イギリス	○ （警察・軍人を除く）	○ （警察・軍人を除く）	○ （警察・軍人を除く）
ドイツ	○	○ （官吏の協約締結権を除く）	○ （官吏を除く）
フランス	○ （軍人等を除く）	○ （軍人等を除く）	○ 法が規定する範囲内で行使 （警察・軍人等を除く）
日　本	○	△ 協約締結権はなし	×

注：日本は一般行政職員。
出典：国公労連作成。

＊　日本国憲法によって労働組合は団結権・団体交渉権・争議権が保障されている。しかし、公務員の場合には一定の制限があり、日本では自衛隊員や警察官、消防署職員の組合結成は認められない。一般公務員でも争議権はなく、非現業の職員には団体交渉権のうちの協約締結権はない。

地方から政治は変えられる？

地方自治体、地方政治

1　地方自治とは？

自　治
本来は、人々や団体が自らのことを自らの手で処理すること。住民が国の機関によらず住民の意思に基づいて自らの手で行政を行うことを言う場合が多い。地域団体による地方自治が典型的。

地方にある**自治**のための団体。これが地方自治体です。地方公共団体とも言います。

では、地方とは何でしょうか。これには２種類の用法があります。１つは、国をいくつかに分割して一定の区域を指す場合で、たとえば関東地方とか東北地方というときです。もう１つは、国の中心部に対して周辺部を指す場合です。中央対地方という場合や、国と地方と言うときには、このような使い方がされています。これには、都会に対して田舎という意味もあります。

第１の用法では、価値観や上下関係は含まれていません。関東地方も東北地方も同等で、東京も地方です。しかし、第２の用法では、一定の差別意識や上下関係を含むことになります。国の諸機関が存在する東京は、中央であって地方ではありません。

それでは、自治とは何でしょうか。単純にいえば、自らを治めることですが、そこに住む住民が自ら決定し施策を行うことです。つまり、地方自治とは、国の中における一定区域の住民が、国の指示や関与を受けずに、その区域の運営について自ら決定し施策を行うことを言います。そのために作られる団体が地方自治体であり、それは公共的な性格を持っていますので、地方公共団体とも呼ばれるのです。

ナショナル・ミニマム
国家がすべての国民に対して保障する最低限度の生活水準。今日では、所得保障だけでなく、住宅・教育・保育・医療・介護など基本的な生活維持機能や、環境・文化・税制・公共施設等、生活に関連する全体の水準を含むものとされている。

行政訴訟
行政官庁の業務や権限行使の適法性を争い、その取り消しや変更などを求める訴訟。司法裁判所で行われる行政事件に関する訴訟をさしており、その手続きは行政事件訴訟法によって定められている。

情報公開
自ら保有している情報を関係者が自由に知ることができるよう公開すること。広義には、企業や団体などが消費者や利用者に情報を開示することだが、狭義には、国や地方自治体などの行政機関が業務上の記録などを明らかにし、裁量行政を排してガラス張りの行政をめざす意味で使われる。

2　団体自治と住民自治

地方自治は、一方では中央政府に対する地方自治体の関係、他方では地方自治体と住民との関係という、２つの内容によって構成されています。

第１の内容で重要なことは、団体自治という考え方です。団体自治とは、政府に対する地方自治体の自律性ということで、国家と地方自治体とは単純な上下関係にあるのでも、地方自治体は国家の単なる出先機関でもないということです。その地方や地域にかかわる問題については、そこで生活する住民や自治体が最も良く判断し解決することができますから、それを処理する固有の権限や財政を持つべきだという考え方です。

もちろん、最低基準（**ナショナル・ミニマム**）を設けて自治体間で極端な不平等が生じないようにしなければなりません。その上で生ずる違いは、各自治体の実情に応じた行政サービスの特色として理解されます。

第２の内容で重要なことは、住民自治という考え方です。住民自治とは、地方自治体に対する住民意思の反映ということです。直接請求、陳情、住民投票、監査請求、**行政訴訟**、**情報公開**要求などを通じて住民が自治体の意思決定や行政のプロセスに加わることは、地方自治のもう１つの重要な側面です。

たとえ、自治体が中央政府から自律していても、その決定や処理に住民の意思が十分反映されていなければ、地方自治が確立しているとはいえません。また同様に、住民の意思が自治体に十分反映されていても、その自治体が政府の単なる出先機関であれば、住民の要求を実現することはできません。

このように、住民自治は団体自治によって保障され、団体自治は住民自治によって支えられるという相互関係を持っています。どちらか一方が欠けていても、地方自治としては不十分なものになってしまいます。

3　地方自治の意義

地方自治は、住民にとって最も身近な単位である自治体への住民参加ですから、国政への間接的な関与とは違う意味で重要な意義を持っています。それには、全体を治めるための地域的な構成単位という面と、行きすぎた国家権力の集中を抑制する対抗的な部分権力という面の両面があります。

すなわち、一面では政府による施策を地域において具体化し実践するという役割をになっています。他面では、実情を無視した政府の施策があれば、地域住民の要求に応じてそれを修正するという役割もあります。

地方自治は、第１に、生活に密着したきめ細かなサービスを提供することができます。第２に、国全体では実行できない新しい施策を試したり、実験したりすることができます。第３に、行政への住民の参加を促し、分権化を進めていく機会を拡大していくことができます。第４に、身近な問題への関与や参加、情報提供などを通じて住民の政治教育を進める機会にもなります。第５に、国政に加われない野党に対しても、自治体行政への関与や参加という形で政治的チャンスを提供することができます。これらが、地方自治の意義だと言えるでしょう。

資料 25-1　市民参加の構図

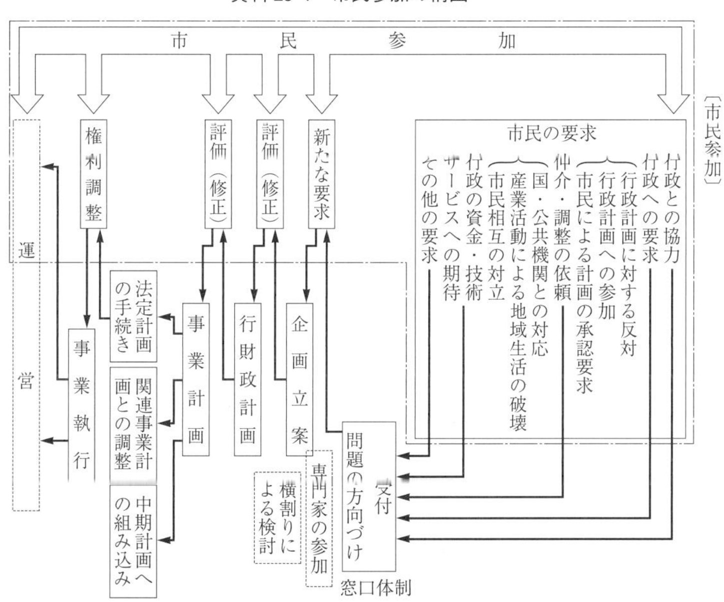

出典：岩波講座『現代都市政策Ⅱ　市民参加』（岩波書店、1973年）27ページ。

➾地方分権と地域主権
地方分権とは統治権力を地方に分散させること。地域主権とは地域のことは地域に住む住民が決めること。「地方分権」とは言わずに、「地域主権」と言うようになってきているが、これは中央が地方に権力を分け与えるという印象を避けるためだと思われる。

➾オンブズマン
行政の不正行為や税金のムダ遣いなどを正し改善させるためにさまざまな活動をする個人や団体。語源はombudsmanで、この制度は1809年にスウェーデンで生まれた。本来は、国民の行政機関に対する苦情処理や行政活動の監視・告発などを行うことを職務とする者を言う。

➾市・町村制
地方公共団体としての市・町・村の組織・権限・運営を定めた制度。1872年からの大区小区制、1878年の郡区町村編制法を経て、1888年に市制町村制が制定された。

➾府県制・郡制
地方自治制度の一環として制定された制度。国会開設に先だつ1890年5月に実施された。これにより、府県と郡ははじめて自治体としての組織と機能を持った。

➾機関委任事務
法律または政令により、国または地方公共団体などから都道府県知事・市町村長などに委任される事務。561項目もあって、都道府県では事務の7割から8割が、市町村では3割から4割が機関委任事務だったと言われる。しかし、2000年の地方分権改革で廃止された。

➾補助金・地方交付金
国から地方自治体に対して交付される資金。特定の事業・産業や研究の育成・助長など行政上の目的・効果を達成するため、または地方自治体間の財政不均衡を是正し必要な財源を保障するために支出され、補給金・助成金・奨励金・交付金などの名称がある。

➾自治体警察
市および人口5000人以上の町村が、国家の指揮監督を受けることなく、自己の経費で維持した警察組織。1947年に旧警察法によって設置され、1954年の警察法改正によって廃止された。

➾地方分権一括法
地方分権推進計画に基づいて地方自治法など関連する法律475本を一括して改正した法律。国と地

4　地方自治を困難にする要因と対策

現代においては、地方自治を困難にする要因もたくさんあります。第1に、行政国家化や中央政府の肥大化によって地方自治体の権限は縮小する傾向にあります。第2に、「千葉都民」という言葉があるように、働き生活する場所と住んでいる自治体とが異なっている場合が多くあります。第3に、とりわけ大都市部では、住民の入れ替えが激しく、住民は流動化しています。第4に、自治体に対する要求は増大し、これに応えるべき自治体の業務は増える一方ですが、自治体の財政や行政能力は十分ではありません。

このような困難を解決するためには、団体自治と住民自治の両面での対策が必要です。団体自治という面では、第1に、行政・財政の両面で自治体権限を拡充していくことです。**地方分権**や**地域主権**は、本来、このような方向をめざすべきものです。

第2に、自治体行政を民主化し効率化することです。ただし、住民の要求やサービスの内容を無視して効率化を優先することは誤りです。

第3に、自治体議会を強化することです。そのためには、議員の側の自覚や政党の努力も重要でしょう。コスト面からだけ発想した安易な議員定数の削減は避けるべきです。

住民自治という面では、第1に、市民運動などによる自治体と住民との日常的な連携や協力関係の強化が重要でしょう。住民の悩みや要望が、日常的に自治体に伝わっていくパイプを詰まらせないということです。

第2に、自治体における政策決定過程への参加です。本来、これは地方議員を通じてなされるべきことですが、それを補う形で、政策が形成されていくプロセスで住民の知恵を借りることが必要です。

第3に、自治体行政への多様な住民参加を実現することです。**オンブズマン**などの制度も活用して行政を監視し、行政の効率性を高めてコストを減らすことや自治意識を喚起することができれば、地域や自治体への愛着を強めることができるでしょう。

5　日本の地方自治

日本の地方自治は、1872年の廃藩置県、88年の**市・町村制**、90年の**府県制・郡制**の施行によって始まりました。しかし、これらの地方団体は、知事が官選であったり市長が指名されたり、日常業務も国の事務の代行で、とても「自治」などとは言えないようなものでした。

戦後、日本国憲法第92条によって地方自治は憲法の基本原則の1つに位置づけられました。これに従って地方自治法が制定され、知事・市町村長の公選、地方議会の権限の拡大、住民の直接請求権などが実現したのです。

こうして、基本的に地方自治が実現しましたが、**機関委任事務**の存続、貧困な固有財源による国からの**補助金・地方交付金**への依存、中央官僚の天下り人事など、中央による統制的な側面が完全になくなったわけではありません。一度は実現した教育委員の公選制や**自治体警察**などが廃止されてしまうなどの「逆コース」も生じました。

その後、70年代の市民運動・住民運動の高揚や革新自治体の登場などによって自治意識が高まり、地方自治は一定の定着をみました。この点では、

戦前型の垂直的な中央・地方関係ではなくなってきています。

しかし、地方や地域の主権が十分に確立した地方政府になりきったとは言えません。主体性や自律性を備えた真の地方自治を確立する課題は、団体自治の強化と住民自治の増大によって、今後とも追求されるべきでしょう。

6　本当の自治の確立に向けて

日本における地方自治体の状況は、1999 年の**地方分権一括法**の制定と機関委任事務の撤廃によって大きく変わりました。**三位一体の改革**構想も、基本的に地方政府としての実質を強化する方向をめざすとされていました。しかし問題は、それが自治体の主体性の強化に十分結びつかず、住民サービスの低下を招いてしまったという点にあります。

第 1 に、「**平成の大合併**」と言われる自治体の合併が、中央政府の国策としてうち出されたという問題がありました。自治体の主体的な選択としてではなく、補助金などに誘導され半強制的に行われたという点に、この合併の大きな矛盾があったと言えるでしょう。

第 2 に、地域の政治的リーダーも、本来は地域の中から発掘されるべきです。「天下り」のような形で、地域とはあまり繋がりのない中央官僚などが首長となるのは好ましくありません。

第 3 に、地域の活性化を目指した「**地域おこし**」も、「外から」ではなく、「内から」の力を重視し、内発的なものでなければなりません。地域住民の生活の充実と地方の活性化などが取り組まれてきましたが、持続性という点では限界がありました。

地域の個性を大切にし、内から沸き上がってくる力を強めるような方策を工夫すべきでしょう。派手さはなくとも、そこに住む人々が幸せで充実した生活を送れれば、それで良しとする発想の転換が必要ではないでしょうか。

方公共団体の関係を対等・協力関係に改めるため、機関委任事務の廃止と事務区分の再構成、国の関与等の見直し、事務権限の委譲などを導入した。

⇒三位一体の改革
国と地方の行財政改革によって、①国から地方への補助金、②地方交付税、③国から地方への税源移譲という三種類の改革を同時に進めること。自主財源比率を高め、地方自治を強化するとされたが、実際には国からの歳出総額を減らして財政基盤を弱めた。

⇒平成の大合併
1995 年の合併特例法改正を契機に始まった自治体の大合併。財政上の優遇措置として合併特例債の発行などを認めたために過熱した。自治体の大合併の最初は、1889 年の市制町村制施行で、2 回目は 1953 年であった。3 回目となる平成の大合併によって、市町村数は 1999 年 4 月の 3229 から 2010 年 3 月末の 1727 へと半分強になった。

⇒地域おこし
市町村や市町村内の一定の地区の経済・文化を活性化させること。「町おこし」「街おこし」「まちおこし」などとも言われる。地域振興や地域活性化のことだが、地域おこしと表現することで、住民、商工会、農協、漁協など地元の団体やそこに住む人々の主体性が強調される。

資料 25-2　市町村数の推移

年	市の数	町の数	村の数	市町村数
1888年12月	—	(71,314)		71,314
1889年12月	39	(15,820)		15,859
1945年10月	205	1,784	8,511	10,520
1947年 8 月	210	1,784	8,511	10,505
1953年10月	286	1,966	7,616	9,868
1956年 4 月	495	1,870	2,303	4,668
1961年 6 月	556	1,935	981	3,472
1965年 4 月	560	2,005	827	3,392
1970年 4 月	564	2,027	689	3,280
1980年 4 月	646	1,991	618	3,255
1990年 4 月	655	2,003	587	3,245
1995年 4 月	663	1,994	577	3,234
1999年 4 月	671	1,990	568	3,229
2003年 4 月	677	1,961	552	3,190
2005年 4 月	739	1,317	339	2,395
2006年 4 月	779	844	197	1,820
2008年 4 月	783	812	193	1,788
2008年11月	783	806	193	1,782
2010年 3 月	786	757	184	1,727

出典：著者作成。

資料 25-3　平成の大合併による市町村数の推移

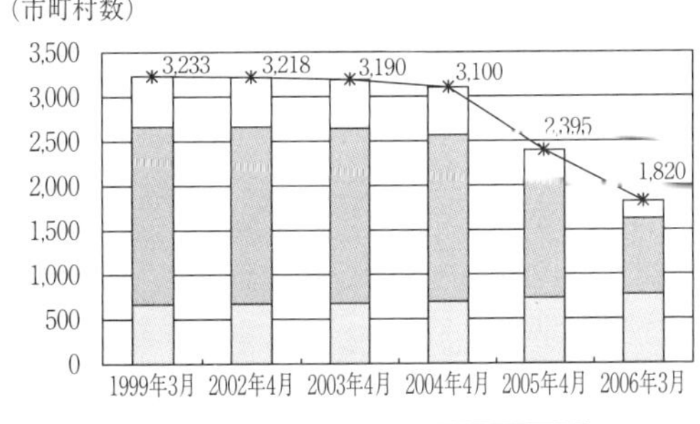

出典：著者作成。

世界の中で日本はどのような役割を果たすの？

外交と安全保障

1　国際政治、外交と戦争

外国に行くことを「海外に行く」と言うのは、日本独特の言い方でしょう。海に囲まれ、その彼方に外国がなければ、このようには言えないからです。

その外国との関係はどうなっているのか、どうあるべきなのか、どう付き合っていったら良いのか、などの問題を考えるのが、国際政治学です。また、これら**国際**社会全体が直面するグローバルな課題にどう対処するのかという問題も、国際政治学の課題です。

国と国との通常の付き合いは、外交と呼ばれます。かつて、国を代表していたのは王で、その住居（宮廷）で国家間の交渉がなされましたから、「宮廷外交」と呼ばれました。やがて、国と国との付き合いは外務官僚によってなされるようになり、「官僚外交」へと変化しました。

戦争も、お金で雇われた傭兵によるものから、国民の中から志願した志願兵や一定年齢以上の適格者を徴兵したものへと変わっていきます。このときまで戦争は、専門家（軍人）が行うもので、素人（民間人）には関わりのないものでした。しかし、戦争が大規模化し、もてる全ての力を注ぎ込まなければ勝てない「総力戦」となって民間人も巻き込まれ、前線と銃後の区別がなくなります。第一次と第二次の世界大戦は、このような戦争でした。

しかも、今日では核戦争の危機さえ生じています。もしそうなれば、多くの犠牲者が出るだけでなく、環境が破壊され、地球は大きな痛手を被り、人類が滅びる可能性さえあります。**核兵器の廃絶**によってそのような危機を防ぐことが、今日の国際政治にとって最大の課題になっています。

➾国　際
国と国との接触や相互の関係など複数の国家にまたがるつながりやできごと。国際の「際」は、「きわ」とも読み、あと少しで別のものになるところ、２つのものが接するところを意味する。英語で言えば、国際は「international」で、「national」は国や民族を指し、「inter」とは、「～間」や「相互の」という意味。

➾核兵器の廃絶
開発・保有されている核兵器をなくすこと。現在の核保有国は、アメリカ、ロシア、イギリス、フランス、中国、インド、パキスタン、北朝鮮で、イスラエルも保有していると見られている。国連総会では核兵器禁止条約が採択された。また、オバマ米大統領は核廃絶に向けた「プラハ演説」を行い、ノーベル平和賞を受賞した。

2　対米関係の改善

日本は、1956年に国際連合に加盟して以降、ほぼすべての国と国交を結んで外交をおこなってきました。日本の外交政策は、アメリカ合衆国との日米同盟を基軸とし、西側諸国や周辺のアジア諸国とも緊密な連携をとりながら、国際連合を支えていくことを基本にしています。

このように、日本外交において対米関係は決定的に重要です。サンフランシスコ講和条約によって日本は「独立」しましたが、アメリカへの従属的関係は、完全には清算されませんでした。日米安保条約や日米地位協定が結ばれ、占領が終わった後も米軍はそのまま日本にとどまったからです。

その結果、軍事や経済に偏重した歪んだ日米関係が生まれました。これを、もっと多面的で多角的な平和友好関係に変えなければなりません。当然、米軍基地は撤去するべきです。少なくとも、日本にある基地の74%が集中する**沖縄米軍基地**については、撤去・縮小がめざされなければなりません。

➾沖縄米軍基地
日米安保条約第６条により日本国内に駐留する米軍。世界の国外米軍基地のトップ５のうちの４つが日本にあり、そのうちの74%が沖縄に集中している。横田と横須賀は首都圏に近接しており、日本に駐留する米軍の兵力は総計約５万人で、在韓米軍のほぼ２倍である。

そのようにしてこそ、日米間における真の友好関係が実現できます。両国の関係は、一方的に追随したり、さげすまれたりするようなものであってはならず、対等平等で、率直に過ちを指摘しあうことのできるような関係に変える必要があります。

3　アジアの周辺諸国との関係強化

日本にとって、日米関係と同様に重要なのは、東アジアの周辺諸国との関係です。そもそも、東アジア各国における文化や宗教、芸術には、日本とルーツを共にするものが少なくありません。文化的・歴史的背景からしても、東アジア各国の協調と連帯は必然であり、最近の経済的・社会的な相互依存の強まりは、ますますその傾向を強めています。

このアジア周辺諸国との関係では、距離が近く歴史的にも結びつきの強い、日韓関係と日中関係が最も重要です。これに次いで、北朝鮮、ソ連極東部、台湾などを含めた北東アジアとしてのまとまりがあります。さらに、この周辺には**アセアン**（ASEAN）諸国があり、これらの国々との「**東アジア共同体」構想**もあります。

このような同心円的な広がりを持った協調関係を構築することが必要です。すでに**FTA**などの締結が進んでいるように、これらの域内では、人、物、金、情報が自由に行き交うことができるようにしなければなりません。**ヨーロッパ連合**（EU）の東アジア版である東アジア連合（EAU）がその目標になるでしょう。

これが、21世紀において目指されるべき東アジアの未来像です。その中で日本は、経済・金融・交通・貿易・技術・教育・情報・文化などの集積・発信基地という「東アジアにおける**ハブ（拠点）国家**」としての役割を担うべきでしょう。

➾アセアン（東南アジア諸国連合、Association of Southeast Asian Nations, ASEAN）
東南アジアの地域協力機構。タイ、インドネシア、マレーシア、フィリピン、シンガポールの5ヵ国によって1967年に設立された。1984年にブルネイ、1995年にベトナム、1997年にラオス、ミャンマー、1999年にカンボジアが加盟。本部はジャカルタにある。

➾「東アジア共同体」構想
東アジアで新しい地域共同体を作り地域統合を進めていこうという構想。ASEAN加盟国に日本、中国、韓国を加え、貿易・投資・安全保障など各分野での連携を深めようというもの。1990年のマレーシアのマハティール首相の提唱に始まる。

➾FTA（自由貿易協定、free trade agreement）
地域間または国家間で、関税や量的制限などの貿易障壁を相互に撤廃し、自由に貿易を行う取り決め。2002年に日本初の地域貿易協定（日本・シンガポール新時代経済連携協定）が発効し、米・加・メキシコとの協定も締結した。

➾ヨーロッパ連合（European Union, EU）
外交・安全保障政策の共通化と通貨統合の実現をめざすヨーロッパ規模の統合体。1993年に創設された。域内では多くの国で通貨ユーロが導入され、出入国や税関

資料26-1　沖縄の主な在日米軍基地

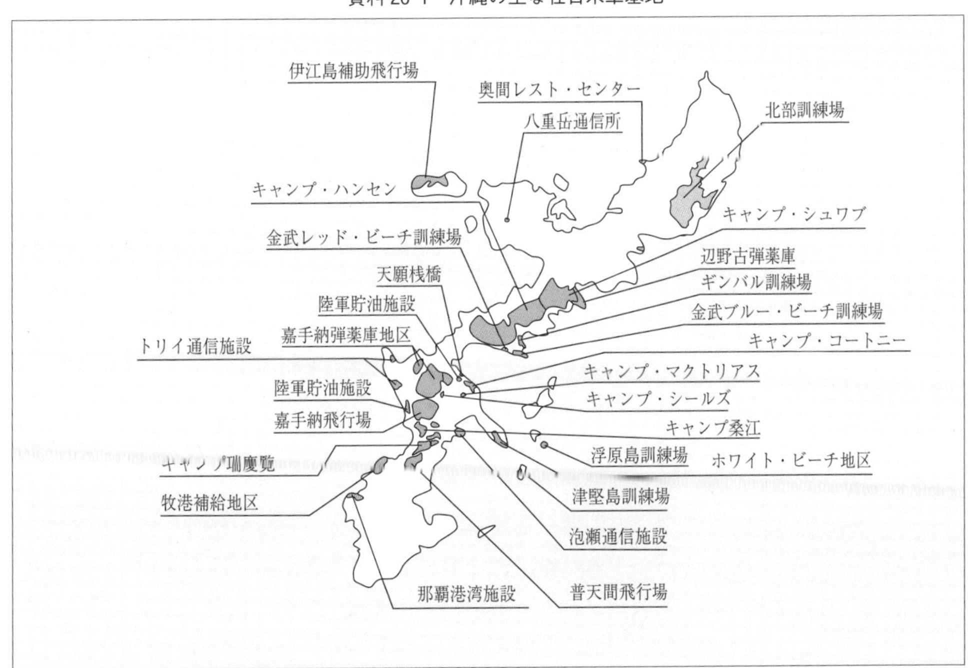

出典：沖縄県知事公室基地対策課「沖縄の米軍基地（2018年12月）」。

の審査もなく人や物が自由に移動できる。本部はベルギーのブリュッセルにある。

➡ハブ(拠点)国家
人・物・金・情報の発信と集積の要（かなめ）となるような国家。自転車の中心部をハブと言い、世界各地に延びる路線の中心となる空港のことをハブ空港と言うことからの類推。そうなるためには、どこの国とも交流できる開放性と行き来を可能とするようなインフラの整備が不可欠である。

➡活　憲
憲法の理念を日常の生活と政治に活かすこと。憲法は、基本的には政治の担当者に対する命令であるが、国民もまた、その理念や規範、目標などを実現するために、日々の努力が求められている。詳細は、拙著『活憲』（績文堂・山吹書店、2005 年）を参照。

➡日朝平壌宣言
2002 年 9 月 17 日に平壌で小泉首相と金正日総書記が署名した文書。①日本による過去の植民地支配への痛切な反省とおわび、②国交正常化後、日本が無償資金協力など経済協力を実施、③日本国民の生命と安全にかかわる懸案問題での再発防止、④核問題解決のための国際的合意の順守、⑤ミサイル発射凍結の延長などが柱。

➡6ヵ国協議
北朝鮮と日・米・韓・中・露5ヵ国による多国間交渉。北朝鮮による核開発と NPT からの脱退によって高まった北東アジアの緊張を鎮める目的で開始された。北朝鮮は当初、米国のみとの対話を求めていたが、中国やロシアの仲介で実現した。北朝鮮の核実験の実施などによって中断されている。

➡拉致問題
拉致（らち）とは、ある個人の自由を奪い、別の場所へ強制的に連れ去ること。1970 年代から 1980 年代にかけて、北朝鮮工作員などにより多数の日本人が極秘裏に拉致された。北朝鮮は事件への関与を否定してきたが、2002 年の日朝首脳会談で拉致を認め、謝罪して再発の防止を約束した。その後、5 人が日本に帰国した。

➡日朝国交正常化
日朝間の国交を回復し、両国関係を正常化すること。1990 年の自民党・社会党・朝鮮労働党の 3 党による「日朝 3 党共同宣言」に基づいて 1991 年 1 月に第 1 回交渉が行われた。その後、中断と再開を繰り返し、2002 年の日朝平壌宣言により 10 月に再開さ

4 「平和・民主国家」の理念と真の安全保障

日本国憲法は、戦争のない世界、軍隊のない国、軍事力によらない問題の解決という目標を掲げています。この目標は単なる夢や空想ではなく、実現可能な現実的目標になりつつあります。

第1に、世界的規模で対立を引き起こしていた「東西冷戦」が終結しました。このため、イデオロギー的な対立によって戦争が起きる可能性は大きく低下しています。

第2に、その結果、不十分とはいえ、日本周辺においても緊張緩和が生じました。ソ連はロシアとなり、中国と台湾、北朝鮮と韓国の間のイデオロギー的な対立も緩和され、対話の進展と市場経済の浸透によって、二国間、多国間での関係改善が進展しています。

第3に、このような日本をめぐる国際環境の変化によって、本土に直接上陸するような正規軍による日本侵攻は、現実的な脅威としては考えられなくなりました。そもそも、第二次世界大戦後、先進国に対して正規軍が侵攻するという戦争は1つもありません。

しかも、第4に、地域紛争や「イスラム国（IS）」などの国際テロの脅威は、紛争解決の手段としての軍事力の役割を低下させ、非軍事的解決の必要性を高めています。その根本原因は民族的な対立や貧困などにあり、それは軍事力では除去できず、かえって紛争の原因を作り出してしまうからです。

このような情勢変化は、憲法の平和理念を生かして「**活憲**」を実践できる現実的条件を拡大しました。緊張緩和と平和構築のための構想こそが、真の安全保障にほかなりません。

第1に、軍事費を大幅に削減することであり、第2に、着上陸阻止用の重装備を廃棄し、対テロ型軽武装国家をめざして防衛構想と自衛隊の装備を転換すること、第3に、**日朝平壌宣言**を踏まえ、**6ヵ国協議**の再開によって**拉致問題**の解決を前提とした**北朝鮮との国交正常化**を含め、多角的友好関係の構築をめざすこと、第4に、周辺諸国からの留学生を積極的に受け入れ、教育・研究面での人材育成に協力することが必要です。

5 外国人に好かれ憧れるような国でありたい

日本外交の基本は、日本の実情を良く知り好感を持つ「知日派」を多く生みだすものでなければなりません。そのためには、どうすればよいのでしょうか。

第1に、憲法9条というブランドを活かして「平和な文化国家」という日本の個性を明らかにし、強めることです。いかなる場合や状況においても、軍事的手段を拒否するという非軍事的平和国家としてのあり方を「日本イズム」として世界にアピールすることが必要です。

第2に、そのためには非軍事面で、日常的に顕著な国際貢献を行うことです。**地球温暖化**の防止、エイズやサーズ、新型コロナウイルスなどの予防薬の開発、水問題や食糧問題の打開など、人類が直面しているグローバルな問題を解決するために、日本が果たすべき役割には大きなものがあります。また、発展途上国への経済援助、文化・学術、教育、工業・農業技術、医療・衛生などの面での資金や人間による援助の体制を強化するべきです。

「**国境なき医師団**」のような組織を国家として編成し、地震や自然災害、

大規模な事故などへの国際救助隊を充実することも必要でしょう。特に、東アジア地域を対象にした緊急援助隊を編成し、国内はもとより、いつでも周辺諸国に派遣できるようにするべきです。

第3に、文化的な発信に努めることです。日本には世界に誇るべきユニークで優れた歴史や文化があり、それはアニメやマンガ、コンピュータ・グラフィックス、ポップスなどにも受け継がれています。

第4に、治安の良い、安全で平和な国、どのような人も分け隔てなく尊重され、最低限の文化的な生活が保障される清潔で美しい国であって欲しいと思います。憲法で保障された国民の権利が、在日外国人を含めて誰に対しても保障されるような公平で平等な国を実現したいものです。

6 どのような「国のかたち」を目指すのか？

最後に、どのような「国のかたち」を目指すのかという問題があります。目的とすべき国家像もまた、憲法によって示されています。それを私なりに解釈すれば、次のような国になります。

第1に、「平和・民主国家」を「日本イズム」とする、世界から尊敬され尊重される国です。第2に、あらゆる国と友好関係を確立できる国です。どの国とも敵対せず、テロリストによってさえ目の敵にされないような国を目指すべきでしょう。そして第3に、あこがれを持って語られるような国です。あの国に行ってみたいとあこがれを持たれ、経済的にだけでなく文化的・社会的な豊かさをめざして発展しつつある国の目標や手本とされるような国になりたいものです。豊かな四季と美しい景観も日本の強みです。

いつの日か、世界の誰もが、死ぬまでに一度は訪れてみたい夢の国として、この日本の名をあげるようになって欲しいと思います。日本をそのような国にするために、共に力を尽くそうではありませんか。

れたが、またも中断されている。

➾地球温暖化
温室効果ガスの増加などにより地球の気温が上昇する現象。国連の「気候変動に関する政府間パネル（IPCC）」は、21世紀末には最大で5.8度上昇するとの予測値を明らかにした。氷山の融解などによる海面上昇と島国の水没、農業生産量の減少、マラリアなど熱帯性感染症の拡大などの悪影響が予想されている。

➾国境なき医師団（Médecine sans frontières, MSF）
生命の危険をかえりみず48時間以内に駆けつけて緊急医療援助を行う世界最大の民間団体。「人種、宗教、思想などの違いを越えた、中立公正な立場に立つ」ことを基本理念に、1971年フランスで結成。日本事務所は1992年に開設された。1999年にノーベル平和賞を受賞。

コラム 「活憲」による非軍事的な人的国際貢献のビジョン

憲法9条には「陸海空軍その他の戦力は、これを保持しない」と書いてある。しかし、現実には、約25万人の自衛隊が存在している。これは世界有数の「戦力」であり、「陸海空軍」にほかならない。

憲法の条文に従えば、自衛隊を解散し、これらの戦力をゼロにしなければならない。しかし、今すぐ自衛隊を全廃することは難しい。かといって、憲法の条文を無視することもできない。それでは、どうするのか。

憲法の条文との矛盾をできる限り小さくするよう務めることである。自衛隊の規模と装備を再編・縮小し、将来的に軍備を必要としないような国際環境をめざさなければならない。

そのためには、第1に、安全とは力で確保すべきものではなく、力によっては確保できないということを、国際社会の常識としなければならない。イラク戦争に見られるように、武力によって平和と安全を確保することができないだけでなく、場合によってそれは逆効果になる。

第2に、日本周辺の安全を高めるための外交的努力を強めなければならない。国民が不安に思うような国際環境を変え、軍備に頼らずとも安全と平和を確保できると国民や国際社会が確信できるようにし、軍備縮小の説得力を高めることである。

第3に、自衛隊の再編・縮小によって、災害救助を専門とする部隊を結成すべきだ。25万人の自衛隊を3分の2にまで減らして8万人の常設救助隊を編成し、消防、医療・防疫・衛生、土木・建設、運輸、警察・警備、地雷除去や化学兵器の撤去などの専門的な教育と訓練を施し、日本はもとより、世界各地に緊急派遣できるようにすべきであろう。

これが、「活憲」による憲法9条の具体化である。このようにして「赤十字国家」ないしは「レスキュー国家」となることこそ、これからの日本がめざすべき非軍事的な人的国際貢献のビジョンではないだろうか。

政治を担い、変えるのは私たち自身

1　政権交代の実現と政治の変化

➾政・官・財(業)癒着
政党や政治家、高級官僚、財界（業界）など、本来、離れているべきものが、利権などをめぐって強く結びついていること。政治家は財界に弱く、財界は官僚に弱く、官僚は政治家に弱いという「グー・チョキ・パー」のような関係にある。政策形成と遂行の実権が官僚に握られている場合には官僚主導となる。

➾構造改革
小泉純一郎元首相が掲げた政策構想。新自由主義を背景に、「小さな政府」「官から民へ」「中央から地方へ」「自己責任」などの理念をかかげ、経済財政諮問会議によって予算にメスを入れ、郵政事業や公共サービスの民営化、規制緩和などを実行した。しかし、その結果、貧困と社会的格差が広がり、見直しの動きが生じた。

➾事業仕分け
国や地方自治体が行う個別の事業について、公開の場で必要性や効率的な実施方法を議論する手法。「仕分け人」によって、各事業は「不要」「民間に委託」「国でなく都道府県が行う」などと仕分けられるが、ここでの結論は法的拘束力をもつものではなく、最終的には行政刷新会議で決定された。

➾労働者派遣法改正
野党だった民主・社民・国民新党３党が2009年６月に提出した改正案。登録型派遣の禁止、製造業派遣・日雇い派遣の廃止、派遣先責任の強化など労働者保護の内容が盛り込まれていた。しかし、政権についた民主党が参院選で敗れたこともあり、大きな改善は見られなかった。

➾ワンストップサービス
複数の場所や担当に分散していた手続きやサービスなどを一ヵ所でまとめて提供するようにしたもの。ハローワークで職業相談だけでなく、住居・生活支援の相談や手続きができるようにした。

2009年8月30日投開票の総選挙で、自民党が惨敗して民主党が勝利し、政権が交代しました。その10ヵ月後、2010年7月11日投開票の参議院選挙で民主党は大敗しました。国民は、自民党を政権の座から引きずり下ろしましたが、民主党政権についても不信任を表明したことになります。

総選挙での自民党惨敗の背景には、第1に、**政・官・財（業）癒着**の官僚主導型政治が行き詰まったこと、第2に、**構造改革**によって貧困と格差が拡大したこと、第3に、安倍、福田、麻生と続いた世襲政治家が信頼を失ったことなどがありました。自民党は政権担当能力がないと判断されたわけです。

自民党が政権を去ったために、大きな変化が起こりました。たとえば、共産党の代表がJA全中（全国農業協同組合中央会）の大会に呼ばれてあいさつしたように、巨大な業界団体や利益団体が自民党から離れました。日本医師会や歯科医師会も自民党の候補者を推薦しないなどと対応が変わりました。

2　民主党政権の前進面

民主党が政権についた意味はどれほどあったのでしょうか。色々な見方が可能ですが、自公政権ではできなかったことを行った点は評価すべきでしょう。「**事業仕分け**」についても、国家財政支出構造の洗い直しと組み換えを国民の目の前で行ったことは前進でした。

国民生活への直接支援に取り組んだ点も、不十分さはありますが、その方向性は正しいと言えるでしょう。例えば、ダム建設の中止、中小企業金融円滑化法による中小企業への支援、小泉構造改革の象徴と言われた郵政民営化の見直し（郵政株売却凍結法）、家計への直接的支援としての母子加算の復活、子ども手当、高校授業料の実質無償化などは基本的に評価できる面です。

また、自公政権が積み残した課題の解決にも、一定の前進がありました。温室効果ガスの25％削減方針、**労働者派遣法改正**への動きや**ワンストップサービス**の開始、**公設派遣村**の実施など労働者への支援、**JR不採用問題**での和解、被爆者・肝炎患者・水俣病患者の認定や補償に関する訴訟での和解など、いずれも不十分さは残っていますが、自公政府が放置してきた問題を解決しようと努力したことはうかがえます。

3　鳩山内閣の限界と迷走

しかし同時に、鳩山内閣には大きな弱点と限界がありました。

第1に、「政治とカネ」の問題があります。鳩山首相への母親から5年間で約9億円という巨額の献金が明るみに出ました。小沢民主党幹事長の政治資金収支報告書への虚偽記載、西松建設などゼネコンからの不正献金や土地購入についての疑惑なども問題になりました。鳩山首相については元秘書2人が起訴され、小沢幹事長の元秘書3人も逮捕・起訴されました。

第2に、**沖縄普天間基地撤去問題**をめぐる鳩山首相の発言のブレと迷走があります。鳩山首相は「最低でも県外」と約束していたにもかかわらず、結局は、辺野古沖への移設案で「日米合意」を発表し、社会民主党の連立政権離脱を招きました。

第3に、自民党型の利益誘導政治や規制緩和路線の残り滓もありました。国民的な関心を集めた「事業仕分け」ですが、民間仕分け人には構造改革を主導した人物も含まれていたのです。こうして、自民党政治からの転換は、次第に曖昧になっていきます。

4　菅内閣の登場と参議院選挙での惨敗

その結果、鳩山内閣に対しても、国民は厳しい目を向けるようになり、内閣支持率は低下を続けました。このままでは参議院選挙で勝利できないと考えた鳩山首相と小沢幹事長は、ともに辞任を表明して民主党の危機を救おうとしました。後任に選ばれたのは、市民運動出身で世襲政治家ではない菅直人財務大臣です。

菅内閣は「小沢ばなれ」を演出し、内閣支持率の「V字回復」に成功します。これに気をよくした菅首相は、自民党の「消費税率10％案を参考にしたい」と口走りました。「政治とカネ」や普天間基地問題から争点をずらし、自民党と同じ土俵に乗ろうとしたのです。

しかし、自民党への「抱きつき戦術」は、国民の反発を買いました。与党の民主党、それも首相が発言したために、消費税率の引き上げがにわかに現

⇒公設派遣村
解雇されて職と住居を失った派遣労働者が年を越せるように開設された一種の避難所。リーマン・ショック後の2008年末に、NPOや労働組合が日比谷公園に開設した。2009年末には政府の緊急雇用対策の一環として実施され、都の事業としても派遣村が公設された。

⇒JR不採用問題
1987年に国鉄が分割・民営化された際の採用拒否事件。JRに採用されなかった国鉄労働組合（国労）などに所属する1047人が救済を求めて提訴。民主党政権下の10年に政治決着で和解し、1人平均約2200万円の解決金が支払われた。

⇒沖縄普天間基地撤去問題
沖縄県宜野湾市に設置されているアメリカ海兵隊の普天間飛行場の廃止をめぐる日米交渉。1995年の米兵少女暴行事件への抗議運動を契機に名護市辺野古沖を埋め立てて移設する案が1996年に日米で合意されたが反対が強く、事態は膠着状態に陥った。鳩山首相の「県外移設」発言で期待が高まったものの、結局、当初案で「日米合意」がなされた。

カーネギーは言った、「金持ちのまま死ぬのは恥である」と。

日本が直面している大きな問題の1つは、格差の拡大だ。貧しい者はより貧しく、豊かな者はより豊かになった。いわゆる中間層は減少を続けている。

それでは、世に「金持ち」と言われる人は、どれほどの収入を得ているのだろうか。他人の懐を覗くのは気が引けるが、いくつかの例を紹介しよう。

給与生活者で収入の多いのはマスコミ人である。夕刊紙『日刊ゲンダイ』の報道によれば、堀尾正明アナウンサーはNHK時代には2000万円の年間所得だったが、フリーになって以降は4億円弱の年収があると推定されている。

当然、大企業経営者の収入はこれより多い。2014年3月期に1億円以上の報酬を受け取った役員は359人で、最高額はキョウデンの橋本浩最高顧問の12億9200万円だった。歴代ランキングでも、カシオ計算機の樫尾俊雄氏の13億3300万円に次ぐ第2位である。

株式配当も大きな収入となる。ゲーム機などで知られる任天堂の創業家出身で3代目社長を勤めた山内相談役の2007年の株式配当は98億円だったという。1974年当時の税制なら91億円が引かれたはずだが、2007年の税金は9億8000万円にすぎなかった。

このように、「金持ち」の収入は億を超えている。まさに「億万長者」というにふさわしい豊かさだ。

世界最大の「金持ち」とされている投資家のバフェットは、死ぬまでに資産の半分以上を慈善事業などに寄付することを呼びかけている。「カーネギー・ホール」を作ったアメリカの鉄鋼王・カーネギーは、「金持ちのまま死ぬのは恥である」と言って、資産の多くを社会事業に注ぎ込んだ。

これらは「金持ち」のあるべき姿だとは思うが、本来、それは資産課税や贈与税などの形で、公的な制度によって徴収されるべきものではないだろうか。富の偏りと格差の拡大を再分配政策によって是正するのも、政治の大切な役割だからである。

実味を帯びてきたからです。この直後から、内閣支持率は急落を始めました。

あわてた菅首相は発言を二転三転させ、国民の信頼を失います。その結果が、参議院選挙での大敗でした。最大の要因は、地方の1人区で大負けしたことです。生活を直撃する消費税率アップへの反発は、地方でとりわけ大きかったということでしょう。

5　ふたたび生じた「ねじれ国会」

こうして、再び、衆議院では与党が多数、参議院では野党が多数という「ねじれ国会」が生まれることになりました。福田・麻生政権の時代に戻ったように見えますが 、与党は衆議院での3分の2議席に満たず、再議決によって法律を成立させることができませんから、事態はもっと深刻です。

2010年9月の民主党代表選で野田佳彦財務相が選出され、新内閣を発足させました。しかし、社会保障と税の一体改革を名目に消費税率の二段階での引き上げを決めるなど、マニフェスト違反との批判を浴びます。野田首相は消費税率引き上げについての自民・公明両党との合意と引き替えに、「近いうち」の解散・総選挙を約束しました。

6　2012年総選挙での政権交代

2012年12月に実施された総選挙で、民主党は壊滅的な惨敗を喫します。このような結果になったのは、政権交代の期待を裏切った民主党が有権者の怒りを買ったからです。それが自民党の勝利に結びついたのは、小選挙区制のカラクリによるものでした。総選挙の結果、自民党は294議席で連立相手の公明党は31議席となり、あわせて325議席を獲得して衆議院の三分の二である320議席を超えました。参議院で否決された法案を再可決して成立させることも可能な巨大与党の登場です。

しかし、この結果は、自民党への期待が高まり、公約や政策への支持が増えたからではありません。自民党は前回より小選挙区で173議席増加させましたが166万票を減らし、比例区では219万票も減らしてわずか2議席増えただけです。有権者全体に対する得票率（絶対得票率）では、小選挙区で25%、比例代表で16%にすぎません。

これには、投票率が59.32%と戦後最低となったことや、政党が乱立した影響もあります。自民党の圧勝は政策が支持されたためではなく、相対多数で議席を獲得できる小選挙区制によるもので、歪んだ選挙制度にアシストされた虚構の勝利でした。

参院選でも1人区は小選挙区制と同様の効果を発揮し、少ない得票率で多くの議席を得ることができます。自民党は2013年7月の参院選で過半数を上回る議席を獲得しましたが、この時でさえ選挙区での絶対得票率は22%で、総選挙と比べて3ポイント減らしました。比例代表では絶対得票率を増やしましたが、それでも18%で2ポイント増にすぎません。

7　第2次安倍内閣による新たな「富国強兵」政策の提起

総選挙での自民党勝利によって政権に復帰した安倍首相は、デフレ不況からの脱却を目標に掲げ、異次元の金融緩和、積極的な財政出動、日本経済再建のための成長戦略を掲げました。これが「アベノミクス」と呼ばれる政策であり、その「3本の矢」とされるものです。それは「強兵」(強い日本を取り戻す) のための「富国」(デフレ脱却による景気回復) であり、現代版の「富国強兵」政策であると言えます。

また、環太平洋経済連携協定 (**TPP**) への参加を打ち出し、そのための多国間協議に正式に参加しました。しかし、これは貿易面での「例外なき関税の撤廃」をめざすとともに、農業、金融、医療、保険、建設、労働など多分野においてアメリカ資本に日本の市場を開放し、日本人の健康や食の安全を脅かすものです。日本政府は重要5品目 (コメ、麦、牛肉・豚肉、乳製品、サトウキビなど甘味資源作物) の例外措置を要求しますが、米政府は完全な自由化を求めたため、交渉は難航しました。

さらに、成長戦略の一環として新自由主義的規制緩和の復活をめざして**戦略的な政策形成機関**を設置し、医薬品のネット販売の解禁などとともに労働者派遣法の改定や労働時間規制の緩和、労働移動や人材ビジネスの参入促進などにも取り組みました。こうして「世界で一番企業が活躍しやすい国」をつくろうとしたわけです。

そのために、労働者派遣法を改正し「一時的・臨時的」な雇用という原則を外して常に派遣労働者を雇用できる「生涯派遣」を可能にしようとしました。また、労働時間の規制を外して残業代を支払わなくても良いような制度を打ち出しました。使用者からすれば「使い捨て」しやすくコストを削減できる政策ですが、働く側からすれば「**サービス残業**」を合法化し、賃金が安く労働時間の長い劣悪な労働条件を強いられることになります。

8 「平和国家」から「戦争国家」への転換

2013年7月の参院選で勝利し、衆参両院の多数が異なる「ねじれ現象」を解消した安倍首相は「富国」から「強兵」へと政策の重点を移し、右翼・

➾ TPP
環太平洋経済連携協定の略称。米国、オーストラリア、シンガポール、ニュージーランド、ベトナム、チリなど9カ国で交渉しており、日本も参加している。モノやサービス、政府調達、貿易などの幅広い分野を対象とし、関税は例外なく撤廃するのが原則。2019年にアメリカを除くTPP11として発効。

➾ 戦略的な政策形成機関
経済財政諮問会議、日本経済再生本部、産業競争力会議、規制改革会議を指す。安倍首相は日本経済再生本部と産業競争力会議を新設し、経済財政諮問会議と規制改革会議を再開させた。これらの機関は規制緩和策の具体化を図り、国会などに強い圧力をかけた。

➾ サービス残業
残業してもその分の割り増し賃金を支払われない不払い残業のこと。会社に残業申請をしなかったり、残業として認められなかったりする時間外労働で、残業手当がつかない労働基準法違反の違法行為。前近代的な経営手法で、過労死や家庭崩壊の原因の1つになっている。

資料27-1　2017年総選挙の結果

党派	小選挙区制			比例代表制			合　計 議席数
	得票数	得票率	議席	得票数	得票率	議席	
自由民主党	18,555,717	33.28%	66	26,500,722.64	47.82%	218	284
公明党	6,977,712	12.51%	21	832,453.00	1.50%	8	29
日本のこころ	85,552	0.15%	0	—			0
希望の党	9,677,524	17.36%	32	11,437,601.62	20.64%	18	50
日本共産党	4,404,081	7.90%	11	4,998,932.31	9.02%	1	12
日本維新の会	3,387,097	6.07%	8	1,765,053.40	3.18%	3	11
立憲民主党	11,084,890	19.88%	37	4,726,326.08	8.53%	18	55
社会民主党	941,324	1.69%	1	634,719.00	1.15%	1	2
新党大地	226,552	0.41%	0	—	—	—	0
幸福実現党	292,084	0.52%	0	159,171.00	0.29%	0	0
支持政党なし	125,019	0.22%	0	—	—	—	0
世界経済共同体党	—	—	—	1,307.00	0.00%	0	0
犬丸勝子と共和党	—	—	—	1,570.00	0.00%	0	0
都政を革新する会	—	—	—	2,931.00	0.01%	0	0
議員報酬ゼロを実現する会	—	—	—	21,892.00	0.04%	0	0
新党憲法9条	—	—	—	6,655.00	0.01%	0	0
フェア党	—	—	—	5,518.00	0.01%	0	0
労働の解放をめざす労働者党	—	—	—	3,133.00	0.01%	0	0
長野県を日本一好景気にする会	—	—	—	3,784.00	0.01%	0	0
日本新党	—	—	—	5,291.00	0.01%	0	0
無所属	—	—	—	4,315,027.92	7.79%	22	22
合計	55,757,552	100.00%	176	55,422,087.95	100.00%	289	465

出典：著者作成。

資料27-2　2019年参院選の結果

	当選者	選挙区	比例区	非改選	新勢力
自民	57	38	19	56	113
立民	17	9	8	15	32
公明	14	7	7	14	28
日維	10	5	5	6	16
共産	7	3	4	6	13
国民	6	3	3	15	21
れ新	2	0	2	0	2
社民	1	0	1	1	2
N国	1	0	1	0	1
無所属	9	9	–	8	17
総計	124	74	50	121	245

出典：著者作成。

➡国民投票法
改憲のための国民投票の手続きを定めた法律。憲法96条は各議院の3分の2以上の賛成で発議し、国民投票で過半数が賛成することを求めている。2007年に成立し、2014年の改正で公務員の組織的な勧誘活動を認め、国民投票年齢を施行4年後に「18歳以上」に引き下げることになった。

➡新防衛計画の大綱・新中期防衛力整備計画
防衛力のあり方や具体的な整備目標などについての基本方針が防衛計画の大綱（防衛大綱）で、それに基づく国防計画が中期防衛力整備計画（中期防）。後者は5年間で24兆6700億円程度とされ、水陸両用車52両、無人偵察機3機、オスプレイ17機の導入などが盛り込まれた。

➡武器輸出三原則の見直し
国連や海上交通路沿岸国などへの武器輸出を可能にするための見直し。「防衛装備移転三原則」と名称を変え、①国際的な平和と安全の維持を妨げる場合は輸出しない、②輸出を認める場合を限定して厳格に審査する、③目的外使用と第三国移転は適正管理が確保される場合に限るとしている。

➡靖国神社
戊辰戦争で戦死した軍人を祀るために1869年に創建された「東京招魂社」が前身。1979年に「靖国神社」に改称。特別の社格を与えられた国家神道の中心的神社で戦没者240万人余を祀っているが、いずれも「天皇のため」に戦った軍人・軍属だけで西郷隆盛は祀られていない。

➡シリア紛争への軍事介入
シリアのアサド政権が化学兵器を使用したとして準備された欧米諸国による軍事攻撃。イギリスが議会で軍事介入を否決され、米国の世論調査でも過半数が反対した。結局、介入は断念され、ロシアの仲介で国連による解決が図られることになった。

タカ派的な軍国主義政策の具体化を図ります。その中心的な目標は改憲と集団的自衛権の行使容認にありました。

改憲は自民党の党是ですから歴代の総裁もこの目標を掲げましたが、それはあくまでも「将来のこと」とされていました。しかし、第1次安倍内閣で**国民投票法**を制定した安倍首相は、実際に取り組むべき現実的目標として改憲を掲げた点で、歴代の自民党総裁とは根本的に異なっています。

安倍首相は、96条先行改憲論を掲げての明文改憲、国家安全保障会議設置法や特定秘密保護法などの制定による実質（立法）改憲、それに集団的自衛権の行使容認をめざした解釈改憲という3つのやり方を組み合わせながら、憲法の内実を掘り崩して日本を「戦争できる国」にし、「平和国家」から「戦争国家」への転換を図ろうとしました。

そのために、軍事力などによって紛争解決を図ろうとする「積極的平和主義」に基づいて国家安全保障会議と下部機関の国家安全保障局を設置し、初めての国家安全保障戦略、**新防衛計画の大綱**と**新中期防衛力整備計画**を閣議決定し、**武器輸出三原則の見直し**を進めました。同時に、従軍慰安婦など過去の歴史認識について曖昧な態度を取り、**靖国神社**への参拝を強行しました。

安倍首相にとって在職中の靖国参拝は悲願でしたが、首相による公式参拝は特定の宗教施設を特別扱いする点で憲法の政教分離原則に違反しています。また、A級戦犯が合祀されており、それが公になった1979年4月以降、昭和天皇は参拝していません。さらに、付設されている遊就館の展示は戦争責任を認めず美化する内容で、周辺諸国の反発を招いています。

たとえて言えば、ヒトラーを祀り、ナチスの侵略行為を弁護する施設のようなものです。ここを首相が参拝するなど、欧米では考えられません。だからこそ、オバマ米大統領も異例の「失望」表明を行ったのです。

9　転換する必要があるのか？

2015年9月19日に安保法が成立しました。その理由とされたのは、「安全保障環境の激変」です。確かに、北朝鮮は核開発を続け、ロケットの発射実験などを繰り返し、中国も尖閣諸島周辺海域への進出を強めました。ということは、自衛隊と在日米軍による「抑止力」は効かなかったということになります。

それを力によって押さえつけようとすれば、さらなる軍拡競争を引き起こすだけでしょう。軍事力に頼ることなく、交渉と対話による問題の解決が必要ですが、この対話を阻害したのは安倍首相自身でした。首相の誤った歴史認識に基づく言動や靖国神社への参拝に対して中国や韓国が厳しい姿勢を取ったからです。

この間、国際情勢が変化してきたのは確かですが、対立緊張の激化だけではなく対話と協調を求める変化もあります。他国への軍事介入を行ってきたアメリカは戦略を転換させ、イラクやアフガニスタンから米軍やNATO軍は撤退を進め、**シリア紛争への軍事介入**も断念されました。イラン情勢も、核開発疑惑の払しょくによって経済制裁が解除されています（後にアメリカは離脱）。アメリカとキューバとの関係では54年ぶりに国交が回復され、オバマ大統領が米大統領としては88年ぶりにキューバを訪問しました。

安全保障政策は不都合があれば変え、不都合がなければ変えてはなりません。戦後日本における「戦死者なし」のどこが不都合なのでしょうか。約70年もの長きにわたって、戦争によって殺さず、殺されず、平和を保ってきたのが戦後の日本でした。それをなぜ、転換しなければならないのでしょうか。

10　亀裂の拡大と孤立化の深まり

安倍首相による安全保障政策の転換に対しては、戦後の日本の歩みを否定し、周辺諸国との関係を悪化させ、極東での緊張を激化させるのではないかとの懸念が多方面から示されました。その背景には、以上に述べたような転換の必要性に対する疑念がありました。

とりわけ、憲法9条に対する解釈を変更して集団的自衛権を認めることについては、その内容だけでなく、私的な諮問機関の報告書を根拠に閣議決定で強行しようというやり方についても、「立憲主義の否定ではないか」との反対が沸き起こりました。

安倍政権の与党である公明党は勉強会をスタートさせ、慎重さを求める姿勢を示しました。また、自民党内でも、懸念が示され、内閣法制局長官経験者や柳沢協二元内閣官房副長官補（防衛庁長官官房長）などからも鋭い批判が寄せられました。

集団的自衛権の行使が可能になれば、日本はアメリカと共に戦争できる国になります。そうならなくても、戦争できる国をめざした政策転換によって国内での政治的エネルギーは空費され、「平和国家」としての日本のイメージは大きく損なわれます。国際社会からの批判と日本の孤立化は避けられず、イスラム社会から敵視されテロリストから狙われる可能性も増え、かえって安全性は低下するでしょう。

集団的自衛権は他国で紛争や武力衝突が起きなければ行使されることはあ

資料 27-3　国会包囲官邸前行動

出典：『しんぶん赤旗』（2012年6月30日付）。

資料 27-4　さようなら原発10万人集会

出典：さようなら原発実行委員会ホームページ（http://sayonara-nukes.org/2012/07/120716photo/）

＊　福島第1原子力発電所の過酷事故以降、原発ゼロを求める脱原発、反原発運動が高まった。特に首相官邸前では毎週金曜日に抗議行動を行うのが恒例となり、携帯電話やスマホなどのソーシャルネットワークサービス（SNS）を通じて呼びかけられ、若者や子供連れの母親など市民が集まった。とりわけ、関西電力大飯原発での再稼働を7月1日に控えた2012年6月29日の官邸前行動には20万人もの人が集まって国会周辺を埋め尽くした。また、7月16日にはノーベル賞作家の大江健三郎、作家の落合恵子、ルポライターの鎌田慧らが呼びかけた「さようなら原発10万人集会」が東京・代々木公園で開かれ、全国から約17万人が集まった。

りませんが、ひとたび中東や朝鮮半島などで紛争がぼっ発すれば日本は自衛隊の派遣を求められるでしょう。日本はこの要請を断ることができないというだけでなく、そのような時に米軍を助けて共に戦えるようにするための解釈変更なのです。

戦争が起きなくても、自衛隊の海外派兵には相応の準備や装備が必要になります。**集団的自衛権の行使容認**となれば、今後、軍事費は増えこそすれ減ることはなく、財政負担の増大は国民生活を圧迫するにちがいありません。

11 試される日本の民主主義

第2次安倍政権の下で憲法9条をめぐる情勢が緊迫しました。また、原子力発電の維持・推進や原子力発電所の再稼働の方針も明らかになりました。さらに、在日の人々を攻撃する「**在日特権を許さない市民の会**（**在特会**）」による民族差別や憎悪を高めるような言動（ヘイトスピーチ）やヘイトデモが東京の新大久保や大阪の鶴橋などで繰り返されてきました。

他方、これに対抗するような形で多様な運動が始まりました。特定秘密保護法の成立に際しては幅広い反対運動が展開され、96条先行改憲の動きに対しては「96条の会」が結成されました。また、解釈改憲による集団的自衛権の行使容認の動きに対しては「立憲デモクラシーの会」や「戦争をさせない1000人委員会」などが発足し、**安保法制懇**に対抗して「**国民安保法制懇**」なども設立されました。安保法案に対しては、SEALDs（自由と民主主義のための学生緊急行動）や学者の会、ママさんの会などの反対運動が高揚し、安保法案反対が世論調査で多数になるなど、国民の意識も変化してきました。

安倍内閣は2014年4月の「エネルギー基本計画」で、原発を「エネルギー需給構造の安定性に寄与する重要なベースロード電源」と位置づけ、安全性が確認されたものは再稼働を進めるとの方針を打ち出しました。これに対して、5月には原発の運転再開の差し止めを命じた**福井地裁の画期的な判決**が出されています。

「朝鮮人は出てゆけ」などと連呼するヘイトデモに対しても対抗グループが抗議行動を行い、「ヘイトスピーチ規制法（対策法）」が制定されています。

日本社会は内向きになり、外国人を差別し排除するような雰囲気が強まってきました。軍事的な価値を重視するきな臭いにおいも漂ってきました。このような日本社会の危機に際して、それを打開するための市民の力が発揮されるかどうか。試されているのは、日本の民主主義にほかなりません。

12 日本政治の変革に向けて

日本の政治と社会は、貧困化や格差の拡大をはじめとして大きな問題に直面しています。高校や大学の学費は高く、大学を出ても良い職に就くための「**就活**」が欠かせません。就職してもワーキングプアになってしまう危険性があります。収めた年金がもらえるかどうか分からないという不安もあります。若者をめぐる現実は、極めて厳しいと言わざるを得ません。

このような現実の姿は、多くの人の知るところとなりました。日本の政治と社会が陥っている苛酷な現実が見えるようになってきたということでしょう。このような「可視化」によって、現実の姿を突きつけられた若者の一部は、その現実を変えるために立ち上がろうとしています。

➡集団的自衛権の行使容認
安倍政権は2014年7月1日、集団的自衛権行使容認の「閣議決定」を行った。「我が国と密接な関係にある他国に対する武力攻撃」によって「我が国の存立が脅かされ、国民の生命、自由及び幸福追求の権利が根底から覆される明白な危険がある場合」には、自国への攻撃がなくても反撃できるなどの「新3要件」を示し、「海外で戦争できる国」への道を開いたのである。改憲に等しい大転換を「閣議決定」で強行したことも、立憲主義を否定するものだとの批判を招いた。

➡在日特権を許さない市民の会（在特会）
在日韓国・朝鮮人が経済的便宜などの様々な特権を得ているなどと非難し、差別的な憎悪を掻き立てる街頭宣伝やデモ、集会などを行っている団体。2007年1月から活動を開始した。デモなどの動画をインターネットにアップするなどの手法で支持を拡大してきた。

➡安保法制懇と国民安保法制懇
安倍首相の私的諮問機関「安全保障の法的基盤の再構築に関する懇談会（安保法制懇）」は憲法解釈の変更によって集団的自衛権の行使容認を結論付ける報告書を提出した。これに反対する憲法学者や元防衛大教授ら12人は問題点を指摘する報告書の発表を目指して「国民安保法制懇」を結成した。

➡福井地裁の画期的な判決
判決は原発の運転によって具体的な危険が生じると判断し関西電力大飯原発3、4号機の再稼働を禁じた。また、豊かな国土に国民が根を下ろして生活しているのが国富で、これを取り戻せなくなることが国富の喪失だとし、「原発は人格権より劣位に置かれるべきだ」と述べた。

➡就　活
就職活動の略。通常、学生や失業者など職に就いていない人が、企業や官公庁などに雇用されるための活動を指す。新規学卒者の一括採用が一般的な日本では、このときに就職できなければ好条件での就職が難しいため、熾烈な就活が展開される傾向がある。

ボランティア活動などによる無償の社会貢献、労働を含めた社会問題解決のためのネットワークの形成、政府や自治体とは別ルートでの公共サービスの提供（**新しい公共**）など、新たな社会運動が始まっています。労働運動も、**社会運動的ユニオニズム**という形で、これに呼応しています。

2011年3月の東日本大震災は、それまでの日本の政治・経済・社会のあり方に大きな反省を迫るものでした。それによって生じた莫大な犠牲は、地震や津波という自然災害による天災であっただけでなく、原発事故による人災でもあったからです。

それに、地方行革や自治体再編によって東北地方の自治体の力は震災以前から弱まっていました。そのために防災体制は不十分で、災害救助や復旧・復興支援の活動に当たる人材も充分に確保できませんでした。

また、国・地方のあり方や政策の遂行を一部の政治家や行政担当者に任せてきたことも大きな問題でした。当事者意識を持って政治や社会のあり方について発言し注文を出すことも主権者としての重要な役割であり、民主主義を回復するために必要なことです。

原発事故の後に拡大した脱原発を求めるデモや**官邸前集会**などは、このような反省を背景にしたものだったと思われます。大衆的な異議申し立ての新たなうねりは、2013年秋の秘密保護法案反対運動にも引き継がれました。

このような変化こそが、日本政治の明日を開く力になるのではないでしょうか。自らの発言や投票行動によって政治を左右することができる――有権者は、このことに気づきはじめたようです。

これこそ、真の「主権者」に向けての第一歩ではないでしょうか。それが、日本の政治を変え、前進させる第二歩、第三歩につながることを願っています。そのために、歩み始めるのはあなたです。政治を変えるために力を行使してこその主権者なのですから。

➡新しい公共
公共サービスを社会全体として提供しようという構想。これまで公務員が支えてきた教育や子育て、街づくり、防犯や防災、医療や福祉などに、地域のNPO法人や市民が積極的に参加し、社会全体として支援する新しい仕組みを作ろうということである。

➡社会運動的ユニオニズム
社会運動的な側面の強い労働組合運動。企業内の職場や労使関係を基盤に賃金や労働条件の改善などをめざしてきた従来の運動とは異なり、地域を基盤に非正規労働者や外国人労働者を個人加盟のユニオンに組織化し、社会的正義や経済的公正の追求をめざして社会運動との協力や連携に努めている。

➡官邸前集会
脱原発や再稼働反対を掲げて毎週金曜日の夕方に繰り返された官邸前の抗議集会。首都圏反原発連合（反原連）などが主催して2012年3月29日から始まり、ツイッターやフェイスブックなどの呼びかけで市民が自発的に集まった。最大時には20万人が参加し、8月には野田首相が主催者の代表たちと面会した。

資料27-5　総人口・生産年齢人口・老年人口・年少人口の長期予測（中位推計）

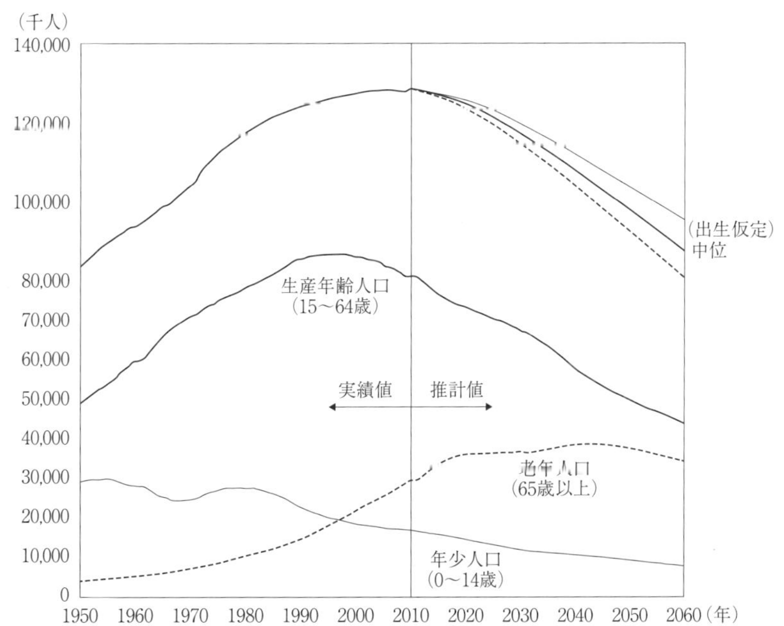

出典：国立社会保障・人口問題研究所『日本の将来推計人口（平成24年1月推計）』より著者作成。

■著者紹介

五十嵐　仁（いがらし　じん）

【略　歴】

1951年新潟県生まれ。東京都立大学経済学部卒業。法政大学大学院社会科学研究科博士課程単位取得満期退学。法政大学名誉教授。大原社会問題研究所名誉研究員。

【専　門】

政治学、戦後政治史、労働問題。

【著　書】

▪単　著

『一目でわかる小選挙区比例代表並立制――新しい選挙制度であなたの一票はどうなる』（労働旬報社、1993年）
『徹底検証　政治改革神話』（労働旬報社、1997年）
『政党政治と労働組合運動――戦後日本の到達点と二十一世紀への課題』（御茶の水書房、1998年）
『概説　現代政治――その動態と理論〔第3版〕』（法律文化社、1999年）
『戦後政治の実像――舞台裏で何が決められたのか』（小学館、2003年）
『現代日本政治――「知力革命」の時代』（八朔社、2004年）
『この目で見てきた世界のレイバー・アーカイヴス――地球一周：労働組合と労働資料館を訪ねる旅』（法律文化社、2004年）
『活憲――「特上の国」づくりをめざして』（績文堂・山吹書店、2005年）
『労働政策』（日本経済評論社、2008年）
『労働再規制――反転の構図を読みとく』（筑摩書房、2008年）
『対決 安倍政権――暴走阻止のために』（学習の友社、2015年）
『活路は共闘にあり――社会運動の力と「勝利の方程式」』（学習の友社、2017年）
『打倒安倍政権――9条改憲阻止のために』（学習の友社、2018年）
『日本を変える――「新しい政治」への展望』（学習の友社、2020年）

▪共・編著

『労働組合をつくりかえる――労働組合の選択』（労働旬報社、1988年）
『日本史史料5　現代』（岩波書店、1997年）
『日本20世紀館―― The 20th century of Japan』（小学館、1999年）
『社会・労働運動大年表〔新版〕』（労働旬報社、1995年）
『現代日本社会論――戦後史から現在を読む30章』（労働旬報社、1996年）
『日本の労働組合100年』（旬報社、1999年）
『日本労働運動資料集成』（旬報社、2005～2007年）
『「戦後革新勢力」の源流――占領前期政治・社会運動史論1945－1948』（大月書店、2007年）
『社会労働大事典』（旬報社、2011年）
『「戦後革新勢力」の奔流――占領後期政治・社会運動史論1948－1950』（大月書店、2011年）
教育科学研究会編／中田康彦・佐貫浩・佐藤広美編著『大阪「教育改革」が問う教育と民主主義』（かもがわ出版、2012年）
『テレビはなぜおかしくなったのか』（高文研、2013年）
『憲法九条の新たな危機に抗して　第二次安倍政権――政治の右傾化と集団的自衛権』（9条の会ブックレット、2013年）
西谷敏・五十嵐仁・和田肇・田端博邦・野田進・萬井隆令・脇田滋・深谷信夫『日本の雇用が危ない――安倍政権「労働規制緩和」批判』（旬報社、2014年）
三階康子・寺脇洋子編『外堀の青春――法大「マル研」と安保闘争の仲間たち』（桐書房、2015年）
五十嵐仁・木下真志編／法政大学大原社会問題研究所編『日本社会党・総評の軌跡と内実――20人のオーラル・ヒストリー』（旬報社、2019年）

【個人ブログ】

「五十嵐仁の転成仁語」http://igajin.blog.so-net.ne.jp/ を発信中。

18歳から考える日本の政治〔第3版〕

2010年11月30日　初　版第1刷発行
2014年8月31日　第2版第1刷発行
2021年3月10日　第3版第1刷発行

著　者　五十嵐　仁（いがらし じん）

発行者　田靡純子

発行所　株式会社 法律文化社

〒603-8053
京都市北区上賀茂岩ヶ垣内町71
電話 075(791)7131　FAX 075(721)8400
https://www.hou-bun.com/

印刷：西濃印刷㈱／製本：㈱藤沢製本
装幀：白沢　正

ISBN978-4-589-04129-6

乱丁など不良本がありましたら、ご連絡下さい。送料小社負担にてお取り替えいたします。
本書についてのご意見・ご感想は、小社ウェブサイト、トップページの「読者カード」にてお聞かせ下さい。